도올의 중국일기

제1권

Doh-ol's Diary in China

통나무

서序

도올 김용옥

중국은 문제다! 수험생도에게 던져진 문제지처럼 풀어야만 하는 과제상황
이다. 그것은 해답으로 주어지는 것이 아니라 문제로서 주어진다. 그 문제를
잘 풀면 합격하고 못 풀면 떨어지듯이, 인생의 굴신이 결정되고, 국운의 흥망이
결정된다.

그런데 과연 중국이 고정불변의 실체로서 존재하는 것일까? 고려인들에게
중국은 무엇이었을까? 거란이 중국이었을까? 여진이 중국이었을까? 송이 중
국이었을까? 고구려인들에게 평균 30년주기로 명멸하는 중원의 나라들의 연
쇄가 중국으로 보였을 것인가?

나에게 중국은 인간의 상상력의 총화라 말해도 무리가 없을 만큼 광막한
무형의 장場이다. 이 장 위에 어떤 그림을 그리는가 하는 것은 그것을 인식

5
서

하는 자의 틀에 따라 결정되는 것이다. 현재 중국은 중화인민공화국이라는 현대적 민족국가nation state의 틀을 가지고 있지만 얼마 전까지만 해도 중국인들 스스로 중국을 천하天下(하늘 아래 모든 것)라고 생각했고 하나의 국가이기를 거부했다. 중국은 바라보는 자의 시각에 따라 무한히 다양한 모습을 드러낸다. 그래서 중국이라는 문제는 접근하는 시각이 없이는 풀리지 않는다. 이 책은 그 하나의 열쇠를 제공하려는 시도이다.

나는 아주 우연한 기회에, 그토록 말만 많이 들어보았던 연변자치주의 문화적 센터인 연변대학에 한 학기 객좌교수로서 가게 되었다. 그것도 단순한 연구자로서가 아니라 중국학생들을 직접 가르치고 학점을 주는 교수로서 초빙된 것이다. 이 한 학기의 체험이 나에게는 너무도 색다른 것이었기에 이 체험을 조국의 동포들에게 꼭 전달해야겠다는 사명감이 들었다. 그런데 그 체험을 주제별로 논문화하는 것보다는 나의 하루하루 생활을 있는 그대로 전달하는 것이 가장 생동감 있고 또 가장 많은 내용을 진실하게 전달하는 길이라 생각되었다. 독자들은 도올이라는 한 인간이 하룻 동안 살면서 느끼는 그 모든 것을 같이 느낄 수 있을 것이다. 그 "느낌"이야말로 독자들이 중국을 이해하는 가장 정직한 루트가 될 수 있으리라고 나는 생각했다.

그런데 문제는, 매일매일 일어나는 일상의 체험의 속도가 너무도 빠르고, 그 내용이 너무도 많고 창조적이라서, 집필이 그 속도를 다 따라잡을 수가 없었다. 나는 이미 올 초에 연변생활을 다 끝내고 돌아왔건만, 나의 붓은 아직도 연변생활의 한가운데 머물러 있다. 하는 수 없이 그 일차분, 심양瀋陽을 떠나는 대목까지 끊어 우선 출판키로 했다. 그 뒤로 이어지는 많은 이야기들도 매우 중요한 주제들을 담고 있는데 계속 펴낼 수 있기만을 갈망한다.

"고희古稀"라는 말은 두보가 지은 "곡강이수曲江二首"의 제2수에 나온다. 두보는 46세의 봄, 현종에게 총애 받던 양귀비가 무참히 살해당했다는 그 소식을 듣고, "애강두哀江頭"라는 만세절창의 칠고악부七古樂府를 짓는다. 애강의 "강"도 여기서 말하는 "곡강曲江"을 가리킨다. 시성詩聖 두보에게 당현종의 로맨스는 사회적 지탄의 대상이라기보다는 성당盛唐의 영화의 상징인 동시에 인간 그 자체의 어리석음의 비애였다. 곡강은 장안의 동남쪽 구텡이 성외에 있었던 표주박 모양의 긴 호수였는데 굽이굽이 흘러 곡강이라 했고, 일부가 황제의 이궁인 부용원芙蓉園 안으로 들어와 있었기 때문에 "부용지芙蓉池"라고도 불렀다. 곡강지는 황제로부터 일반시민들이 같이 즐기는 최상의 행락지였다. 두보는 "곡강의 수변에는 려인麗人(미녀)들이 많다"고 읊고 있다. 서북부에는 명찰인 대자은사大慈恩寺와 행원杏園이 자리잡고 있었다.

이때 두보는 숙종조에서 지위가 있는 관료생활을 하고 있었는데, "곡강이수" 제2수의 첫 구절은 이렇게 시작된다.

朝回日日典春衣
每日江頭盡醉歸

아침 조회를 끝내고 낮에 돌아갈 때면 매일 봄관복을 전당포에 맡겨두고, 곡강의 강변술집에서 만취한 후에나 집으로 돌아간다네

안록산전쟁이 끝나고 피폐해진 삶의 분위기를 전하는 대목이다. 다음 두 구절에서 "고희"라는 말이 나온다.

酒債尋常行處有
人生七十古來稀

술외상값은 늘상 가는 집마다 쌓여있는데,
사람이 태어나서 일흔 살을 산다는 것도 고래부터 참 드문 일이지

　술외상값이 도처에 쌓여있는 것과, 70살 살기도 어렵다는 말이 진정 어떻게
내면적으로 연결되는지, 이 두보 시어의 진의를 파악하기 어렵다. 술에 취한
채 흘러가는 자신의 모습, 주변에 일흔 살 정도의 노인도 보이지 않는 허망
함, 이런 암시는 하여튼 무참한 세월의 흐름을 개탄하고 있는 것으로 보인다.
그리고 갑자기 곡강의 아름다운 봄풍경을 묘사한다.

穿花蛺蝶深深見
點水蜻蜓款款飛

꽃잎 사이를 뚫고 나는 나비는 깊고 깊은 곳에서 펄럭펄럭 그 자태를 드러내고
수면을 가볍게 때리는 잠자리는 화사한 하늘을 유유히 난다

마지막 종결 부분에서 두보는 이 시의 심오한 주제를 간결하게 매듭짓는다.

傳語風光共流轉
暫時相賞莫相違

곡강의 봄의 풍경, 그 아름답고 찬란한 빛, 이 모든 것이 일흔 살에도 이르

지 못하고 무상히 스러져갈 내 몸과 더불어 시간의 흐름 속에 같이 구른다. 나는 곡강에게 말하여둔다. 그대의 아름다움과 이 늙어가는 두보가 잠시 간만이라도 이 순간 서로를 칭찬하며, 서로를 비난하는 일은 하지 않도록 하자고!

나는 말한다. 두보가 도달키 어렵다고 말한 나이에 도달한 나 도올은 말한다. 내가 느낀 그 찬란한 중국과 그 체험을 일기로 미처 다 쓰기조차 버거운 도올, 그대와 내가 같이 시간 속에 유전하건만 이 순간만은 서로를 칭찬하기로 하자고! 나는 서로를 칭찬하는 그 순간을 영원 속에 남겨두고 싶어 이 일기를 독자들에게 공개한다.

2015년 8월 6일 밤

천산재天山齋에서

9월 7일, 일요일

"후회했어요?"

"떠날 때까지, 다 늙어 뭔 미친 짓을 하나? 후회하고 또 후회했지요. 이미 약속을 해놓은 터이고, 평생 신의는 지켜야 한다고 생각했기에 할 수 없이 떠났지."

"지금도 후회하세요?"

"아니, 저 눈부시게 푸른 하늘만 쳐다봐도 오길 잘했다고 … 나를 이곳으로 오게 도와준 모든 분들께 감사하고 있어요. 나의 모든 기와 상상력을 빨아들이고도 남을 저토록 검푸른 하늘은 처음 봐요. 백두의 신령이 날 감싸고 있는 느낌에요."

나는 지난 9월 3일, 인천공항을 떠나 연길조양천延吉朝陽川 국제공항에 도착했다. 연변대학 교수들이 이례적으로 공항 속 짐 찾는 곳까지 들어와서 날 마중하는 것이었다. 그런데 그 짐들을 찾아 가지고 나오는데, 짐표 확인 뿐 아니라 또 다시 엑스레이 검사대를 통과시킨다. 그런데 나는 한 학기 강의를 위해 최소한의 책을 가지고 오지 않을 수 없었다. 그 책이 사과 박스한 상자 되었는데, 검사하는 사람이 군이 그 박스를 열어보라고 명령한다. 카톤 박스인지라 테이프와 줄로 칭칭 감겨있어 열기가 난감했다. 연변대학교수들도 속수무책인 듯 했다. 내 생각에 짐이 문제된다면 특별한 철기류나 폭발물이 관심의 대상일터인데, 순수하게 종이로만 가득찬 박스를 열어보라고 강떼를 쓰는 검사관이 도무지 이해가 가질 않았다. 칼로 테이프 잘라 열어보였더니, 책을 한 권 한 권 다 뒤척여 보는 것이었다.

"나는 고전학의 교수이고 연변대학延邊大學에서 강의하기 위해 가지고 온

연길조양천국제기장延吉朝陽川國際機場의 소박한 모습. 참 편리하고 인간적인 아름다운 비행장이다. 그런데 도문圖們에 거대한 국제공항을 짓고 있다고 한다. 슬픈 일이다. 연길사람들은 "발전"이라는 이름으로 자기터전을 빼앗기고만 있는 것이다.

책을 뭘 그렇게 이상하게 쳐다보시요? 이 책들은 모두 중국고전에 관한 것이라우!"

난 몹시 기분이 상했다. 요즈음 세상에 공항에서 책박스를 뒤져보는 놈들이 어디있나?

"이보시요! 책을 몇 권 이상 이렇게 많이 가지고 들어올 때에는 반드시 사전 검열신청을 내야 합니다."

"당신이 뒤져보면 됐지, 기껏해야 2·30권 밖에 안되는 이 책들을 어디다 어떻게 신고하란 말이요? 비행기 안에서도 그런 주의사항이 들어있는 정보는 접해보질 못했어요."

결국, 실갱이 끝에 통과는 되었지만 참으로 한심하다는 생각이 들었다. 개혁·개방은 "돈버는 것"에 관한 것일 뿐이다. "백묘흑묘"는 사상통제와는 무

관하다. 개똥같은 계급장 하나 달았다고 눈을 부라리는 검사관! 중국이 가야할 길은 아직 멀다는 생각을 연길공항 첫 디딤의 발자욱 속에 새겨놓지 않으면 아니 되었다. 뻬이징이나 상하이 공항에서 이런 꼴을 당할 확률은 희소할 것이라는 생각이 들지만, 하여튼 나는 연길이라는 순박한 향촌감각에 새롭게 적응하지 않으면 아니되었다. 촌놈일수록 한번 뻭서보고 싶은 것이 인지상정, 몇 구절의 의미 없는 규정을 고지식하게 적용하고자 하는 관료주의, 권위주의, 하여튼 나에게서는 멀리 사라져버린 기억들이 되살아 났다. 도올! 여기는 사회주의 국가일쎄!

내가 유학생이던 시절만 해도 김포공항 검사대에 책을 통과시키는 일이 가장 공포스러운 일이었다. 나는 좌파사상의 책들을 유독 많이 가지고 들어왔다.

짐꾸러미 속 겹겹이 쑤셔 넣은 많은 책 사이로, 교묘한 심리작전을 펴서, 문제되는 책을 삽입시켰다. 나는 마음을 조리고 또 조렸지만 결국 한번도 걸린 적이 없었다. 천운이었다. 그때 통과시킨, 누런 쇼핑백종이로 표지를 싼 『모택동전집』, 『자본론』 기타 칼 맑스의 저작들, 북한의 철학사 관련 책들 등등이 지금도 내 서가에 옛 모습 그대로 꽂혀있다. 그러나 지금 중국이 도대체 무슨 책을 검열하겠다는 것인가? 내가 화룬꽁에 관한 책이라도 가지고 들어갈성 싶은가?

박정희시대에 내가 청운의 뜻을 품고 마음을 졸이며 김포공항을 오갔던 그 젊은 모험을 나는 지금 시 진핑의 중국에서 다시 시작하려 하고 있는 것이다. 그 얼마나 터무니 없는 동키호테짓인가?

연변대학 전경. 앞의 대로가 공원로公園路이다. 공원로는 시내까지 관통하고 있다. 오른쪽 끝에 있는 대문이 연변대학 정문이다. 왼쪽 끝에 내가 기숙하는 교수숙사가 있다.

사람이 늙으면 자기에게 길들여진 보금자리를 떠난다는 것은 매우 어려운 일이다. 젊을 때는 아무 곳이나 가는 곳이 곧 보금자리가 된다. 다시 말해서 사는 과정이 보금자리를 창조하는 과정이 된다. 모험이 무섭질 않은 것이다. 그런데 늙으면 길들여진 보금자리를 벗어난다는 것은 생존의 안위安危와 직결된다. 하룻밤을 편히 자지 못하면 다음 날 형편없는 몰골이 되어버리고 하루종일 골골하게 되는 것이다. 그래서 나는 국내에서조차 타지에 유숙하는 것이 두렵다. 그만큼 내 보금자리가 완벽한 것이다. 내 신체적 조건에 최적으로 기배氣配되어 있는 것이다(按: "기배"는 기가 안배되어 있다는 뜻. 나의 조어).

자크 모노가 "우연과 필연"을 이야기했지만, 인생이란 역시 필연보다는 우연이 더 지배적이다. 세포의 활동자체가 필연보다는 우연이 더 결정적이다. 진화라는 것이 결국 우연 때문에 생겨나는 것이다. 우연이 없으면 모험이 없고, 모험이 없으면 창조가 없다. 나는 정말 우연적 계기로 연대延大("연세대학교"의 줄임말이 "연대"인데, 중국에는 "연변대학"의 줄임말이 "연대"이다)에 오게 되었다.

뜻있는 옌따(연대)교수들이 날 초청했을 때, 나는 두 가지를 주문했다. 첫째, 중국학부학생들에게 중국어로 강의하는 기회를 줄 것. 둘째, 반드시 정규적 학점강의이어야 함. "학점"이라는 강제연결고리가 없으면 한 학기 강의를 유지하기 어렵다. 연대에서는 기꺼이 나의 청을 들어주었다. 그리고 날 지난 5월달에 초청했다. 나는 2014년 5월 16일, 옌따 딴칭러우丹靑樓 대강당에서 학생과 교수를 대상으로 대강연을 했다. 내가 생각하는 중국문명의 흐름을 일별하는 내용이었다. 2시간동안 중국어로 기염을 토했는데, 800여명의 청중이 시종일관 집중해서 자리를 지켰다. 아마도 나의 가을학기 강의에 관한 모든 것을 가늠해보기 위한 테스트의 자리였을 것이다. 나의 강연에 관한

知名学者讲坛第5讲

从中国文明之三大纪元看人类的希望

主讲人：梼杌 金容沃

梼杌 金容沃先生系韩国著名思想家。
1968-1972年 韩国高丽大学哲学系本科毕业；
1972-1974年 国立台湾大学哲学研究所硕士毕业；
1974-1977年 日本东京大学人文科学大学院中国哲学系硕士毕业；
1977年 美国宾夕法尼亚大学 东方学研究所参与《管子》英译；
1977-1982年 美国哈佛大学东方语言文明研究所博士毕业。
1990-1996 年韩国圆光大学医学部本科毕业。
从1999年开始先后在KBS1、EBS等电视台做了《论语》、《老子道德经》等
系列讲座。现担任韩神大学教授。曾发表了50多部著作。

时间：2014年5月16日 15:00时   地点：丹青楼1楼报告厅

主办单位：研究生院 马政学院

注：此讲座需凭票入场   咨询电话：0433-2732164

당시 연대에서 만든 포스터. 전교 구석구석에 붙여졌다. 상당히 잘 만든 포스터인데, 제일 끝에는 "주注"라 해놓고 표가 있어야만 입장할 수 있다고 했다. 사회주의국가에서는 그냥 사람이 많이 모이는 것을 경계한다. 나로서는 주注의 단서가 없는 것이 더 좋았다.

흡족한 평가가 내려졌고, 연대에서는 나의 요구조건을 모두 수용하는 적극적인 자세로 돌아섰다.

2014년 5월 16일 단청루 대강연. 2012년 10월 북경대학 강연 이래로, 불특정다수를 대상으로 중국어로 강연한 나의 생애 두 번째 대강연이었는데, 첫 5분 정도는 떨렸으나 곧 익숙해졌다. 학생들이 워낙 진지하게 경청해주어 내가 중국어로 강의하고 있다는 사실을 망각하고 한국말로 강의하듯이 말할 수 있었다. 좋은 강연분위기를 조성해준 마정학원 방호범 원장에게 감사한다(중국말로 대학교는 "대학," 단과대학은 "학원"이라고 한다).

내가 노경老境에 이런 모험을 감행하게 되는 데는 그 나름대로 충분한 이유가 있다. 나는 젊은 날, 1972년 만 24세의 나이에 유학의 장도에 올랐다. 그때만 해도 내가 유학을 가게된 가장 절실한 이유는 우리민족의 역사가 과학을 포함하여 학술적으로 너무 뒤져있다는 생각때문이었다. 서양에 뒤져있어 깔봄을 당한다는 것이 몹시 분했기 때문에, 부지런히 서양을 배워서 서양을 극복해야겠다는 일념에서 조선땅을 떠났던 것이다. 요즈음 학생들은 개인의 스펙이나 캐리어를 위해서, 혹은 더 많은 지식을 얻기 위해서 유학을 간다 할지라도 우리세대의 사람들처럼 거창한 역사의식이나 민족의식에 매달리지는 않을 것이다. 그런 맥락에서 보면, 나는 전통적 의미의 유학생 마지막 세대에 속하는 인물일 것이다. 그러니까 나는 개화기 마지막 주자였던 것이다.

그러나 개화기의 인사들과 내가 달랐던 점은 서방을 배우러 가기 전에 동방을 알아야 한다는

것, 서양의 철학이나 역사·문학·예술을 알기 전에 "나Ich"라는 주체를 세워야 한다는 것이었다. 그래서 당대 중국석학들이 모여 있었던 대만을 먼저 유학가고, 일본에서 전통적 한학漢學을 연마했던 것이다. 그것은 지금 돈 대주며 하라해도 하기 힘든 치열한 구도의 여정이었다. 그만큼 당시는 나의 감성이 감당키 어려운, 오랜 전통 속에서 축적된 당위의 하중이 나의 내면에서 들끓어 올랐다. 내가 내 의지대로 유학을 갔다기보다는 개화기 이래의 우리민족 역사의

김충렬金忠烈, 1931~2008교수. 황 똥메이方東美, 1899~1977선생님과 함께. 1974년 5월 황 똥메이 선생님 자택(台北 牧嶺街六十巷四號)에서 합영. 내가 중국고전을 철학적 사유로서 접한 것은 허주청광虛舟淸狂 김충렬 선생님을 통해서였다. 김충렬 선생은 한학의 대가이면서도 한적을 한학으로서가 아니라 필로소피philosophy로서 폭넓게 강의했다. 김충렬은 그런 사유의 틀을 황 똥메이로부터 전수받았다. 나는 김충렬 선생님과 함께 대만으로 유학 가서, 같이 황교수의 강의를 들었다. 김교수님은 박사학위논문을 제출하기 위한 마지막 과정을, 제자인 나와 함께 했다. 내가 석사논문을 끝내고, 김충렬교수가 박사학위논문을 끝내고, 황교수님이 퇴임 마지막 강의를 하실 즈음, 선생님께서 우리 두 사람을 초청해주셨다. 황교수는 동성파고문桐城派古文 창시인 황 빠오方苞의 16세손으로서 유불도와 서양철학을 통섭하였다. 나는 황교수로부터 인류의 모든 사유를 편견없이 내 삶속에 수용해야 한다는 것을 배웠다.

에드윈 오. 라이샤워Edwin O. Reischauer, 1910~1990는 우리에게는 주일본미국대사로서 잘 알려져 있지만 실제로 그는 40년간의 하바드대학 교수생활을 통하여 페어뱅크John King Fairbank와 함께 동양학을 서방세계의 주요근간학문으로 만드는데 가장 큰 공헌을 한 대학자이다.

그는 동경에 살았던 장로교 선교사 집안에서 태어났다. 일본에서 중고시절을 보내고 오베린대학에서 학부를, 박사를 하바드대학에서 받았는데, 논문의 주제가 엔닌円仁, 794~864의 『입당구법순례행기入唐求法巡禮行記』였다. 『행기』를 다루는 스칼라십과 필로로지의 수준이 동방학자들의 최고수준에 뒤지는 바 없다는 평가를 받았다.

나는 나의 생애를 통하여 유명한 학자를 너무 많이 만났지만 사진을 찍는데 별로 관심이 없었다. 젊었을 때 진리의 탐구에만 몰두했기 때문에 그런 생각을 할 여지가 없었다. 내가 이 사진을 어디서 찍었는지 기억이 확실치 않다. 아마도 하바드대학의 특별세미나실에서 선생님께 개인적으로 배움을 받고 찍은 것 같다. 책상 위에 내가 지금도 가지고 있는 필통이 놓여있는 것만 봐도 그렇다. 라이샤워 교수는 쾌활한 성격의 소유자이며 학생들에게 매우 친절한 분이셨다. 라이샤워 교수님 덕분에 2차대전 말에 쿄오토京都가 폭격을 면했다는 전설도 있다. 일본사람들에게는 한없이 고마운 분이지만 한국에 대한 애정도 깊다. 한국학학자인 맥큔과 같이 한글 표기법The McCune-Reischauer System을 만들면서, 한글 알파벳이야말로 인간의 목소리를 표기하는 가장 보편적이고 과학적인 시스템이라고 공언하였다.

울분이 나로 하여금 떠나지 않으면 아니될 길을 재촉하게 만들었던 것이다.

그런데 요번 나의 연길행延吉行은 어떻게 이루어진 것일까? 물론 내가 연길에 오기까지 그 얽힌 인연이야기는 해도해도 끝이 없을 것이다. 그러나 그런 인맥이야기는 해봐야 별로 재미가 없다. 내가 연길에 온 목적은 젊은 날의 모험을 재현하고픈 "젊음의 충동"이 아직 살아있기 때문이기도 하겠지만, 우선 두 모험의 성격이 매우 다르다는 것을 이야기해야 할 것 같다.

1972년 내가 유학의 장도에 오른 것은 배우기 위해서였다. 그런데 2014년 연길행은 가르치기 위한 것이다. 그러나 배우는 것이나 가르치는 것이나 "교학상장敎學相長"이라 했으니 크게 차이가 날 것은 없다. 「학기學記」에 지극한 도가 있다 하더라도 그것을 배워보지 않으면 그 도의 위대함을 알 길이 없다 했다. 그러므로 배워본 연후에나 자신의 부족함을 알 수 있고(是故學然後知不足), 가르쳐본 연후에나 교육의 곤요로움을 깨달을 수 있는 것이다(敎然後知困). 자신의 부족함을 안 연후에나 스스로 자기를 반성할 수 있게 되고, 가르침의 곤요로움을 깨달은 연후에나 스스로 자기를 보강할 수 있게 된다(知不足, 然後能自反也; 知困, 然後能自强也). 그래서 "교학상장"이라 한 것이다. 가르침이나 배움이나 서로를 자라나게 해주는 과정이라는 것이다. 과정철학process philosophy적인 상즉상입相卽相入의 논리가 배어있는 명언이라 할 것이다.

그렇다면 나는 요번 가르침을 통해서 무엇을 배우려고 하는 것일까?

나는 인류의 근세사에서 가장 에포칼한 두 개의 사건을 들라고 한다면 서슴치 않고 "미국의 탄생"과 "중국공산당의 성립," 이 두 이벤트를 든다. 북아메리카 신대륙의 동해안변을 따라 정착·성장한 13개주의 영국식민지로서, 독립선언을 한지 불과 120년만에 전지구를 지배하고도 남을 만한 초대강국으로 성장하여 20세기 제국주의의 전범을 보인 미국의 역사, 그리고 제국주의적 각축이 극성을 부리기 시작할 즈음, 제3세계 해방의 논리의 전위에 서서 피눈물나는 투쟁의 역정을 거쳐 미국과 어깨를 나란히 할 수 있는 G2의 위상을 확보한 중국의 역사, 이 두 개의 역사는 시·공의 터전이 약간 다르기는

나는 나의 선생님 벤자민 슈왈츠Benjamin Isadore Schwartz, 1916~1999와 내가 찍은 사진이 없는 줄 알았다. 지금 안쓰는 옛 책상서랍을 열심히 뒤져보니, 내가 하바드대학 졸업식날 그의 연구실 앞에서 찍은 사진이 한 장 있는 것이 아닌가? 눈물이 주루룩 흘렀다. 나의 선생님은 나를 너무도 사랑해주셨기 때문이다. "자애로운 아버지"와도 같았다. "보스턴 성인a Boston Sage"이라는 별명을 얻은 그는 러시아계 유대인가정에서 태어나 하바드에서 불란서문학으로 학사학위를 획득했다. 졸업 시 『파스칼과 18세기 철학자들』이라는 논문을 써서 큰 영예를 얻었다. 군복무기간 동안에 일본어를 습득하여 일본어암호해독 작업을 했다. 일천황 항복 시 통역을 했다고 한다. 그는 일어를 거쳐 중국어와 고전한문의 연구에 뛰어난 스칼라십을 발휘했고, 그리고 현대중국에 관해 가장 심오한 업적을 남겼다. 우리나라에서도 권영빈이 그의 『중국공산주의운동사』를 번역했다.
내 평생, 내가 가장 사상적 영향을 깊게 받은 사람을 꼽으라면 역시 벤자민 슈왈츠를 꼽을 수밖에 없을 것이다. 9개국어에 완벽하게 능통한 그의 광대무변한 사고는 나의 사유장벽을 깨뜨리고 "보편적 사유"가 무엇인지를 깨우쳐주었다. 그는 나를 사상가가 아닌 한 인간으로 만들어주었다. 내 옆에 맏딸 승중이가 휘파람을 불며 걸어가고 있는데, 승중은 프린스턴대에서 천체물리학 박사를 했고, 컬럼비아대에서 희랍미술로 박사를 했다. 현재 토론토대학 미술사교수로 재직중이며, 희랍고고학협회 회장직을 맡고 있다.

해도 인류의 운명을 결정해나간 가장 거대한 두 주축으로서 강렬한 대비를 형성하는 것이다. 미국의 두 세기와 중국의 한 세기가 시기적으로 직접 오버랩되지 않기 때문에 사가들이 서로 연결지어 생각하는 것을 삼가고 있지만 실상 "모든 역사는 현대사"라는 테제에서 보면 오늘 우리에게 있어서 이

두 물줄기는 신문명의 탄생이라는 근대적 양태의 변용에 불과하다. 미국은 유럽문명의 축적을 배경으로 하여 신문명을 탄생시켰고 중국은 자체로서 축적되어온 고문명을 바탕으로 신문명을 탄생시켰다. 중국은 고문명이지만 "신세계a New World"를 개창하고 있는 것이다.

모택동이 호남사범학교 은사이자 당시 북대 윤리학교수였던 양창제의 추천으로 북경대학에 가서 도서관 관원으로 일하면서 도서관 관장 이대조李大釗와 문과대학장 진독수陳獨秀의 영향을 깊게 받은 것은 잘 알려져 있다. 그러나 모택동은 애초로부터 맑스주의에 대한 신앙과 혁명투쟁의 신념을 그들을 통해 획득했지만 그것을 과연 어떻게 실현할 것인가에 관해서는 자기 나름대로의 체험에 기초한 독특한 방법론을 이미 터득해가고 있었다. 모택동은 장사長沙로 돌아간 후 "문화서사文化書社"를 만들고, 또 "호남아라사연구회湖南俄羅斯研究會"를 조직했다. 러시아 10월혁명의 역사적 의의를 정확히 이해하기 위한 모임을 만들었고, 유소기劉少奇, 임필시任弼時, 초경광肖勁光 같은 인물들을 배출했다.

1921년 6월 이달李達은 호남에서 자치운동에 열중하고 있는 모택동에게 정중한 편지를 보내 상해에서 중국공산당이 성립하는 대회가 열린다는 것을 알려주었다. 모택동과 하숙형何叔衡은 6월 29일 밤에 장사에서 배를 타고 북상하여 무한武漢을 거쳐 7월 4일경 상해에 도착했다. 이들은 "북경대학사생서기여행단北大師生暑期旅行團"이라는 명목으로 백이로白爾路 389호에 있던 박문여학교博文女校에서 기숙했다. "중국공산당제1차전국대표대회"(약칭 "이따一大")는 망지로望志路 106호(지금 흥업로興業路76號) 아래층 18m²의 방 안에서 비밀리 진행되었다.

참석자는 모택동, 하숙형, 동필무董必武, 진담추陳潭秋, 왕진미王盡美, 정은명鄭恩銘, 이달李達, 이한준李漢俊, 포혜승包惠僧, 장국도張國燾, 유인정劉仁靜, 진공박陳公博, 주불해周佛海 13명이 전국 57명의 당원을 대표했다. 마링馬林과 니콜스키尼克爾斯基 2명이 코민테른共産國際을 대표하여 출석했다. 7월 30일, 중공일대회의가 조계경찰의 주목을 받자 잽싸게 전원이 도주했다. 이들은 다음날 절강성 가흥嘉興(훗날 김구가 도피생활한 곳) 남호南湖의 유람선 위에서 회의를 마무리 짓고 공산당의 정식 성립과 활동방침을 선포했다. 당의 제1강령은 "무산계급혁명을 진행하고 무산계급전정을 쟁취하여 공산주의를 실현하는 것을 최종목표로 삼는다"였다. 이 회의에 진독수는 참석 못했지만 중앙국서기로 선출되었다. 훗날 모택동은 이 사건이야말로 "개천벽지開天闢地의 대사변大事變"이라고 평했다. 슈왈츠교수는 여기에 앉아있던 사람들이 모두 동상이몽이었다고 평했다.

1921년 중국공산당 제1차 전국대표대회가 열린 곳의 건물 안쪽 모습

나는 중국공산당의 역사를 크게 4단계로 대별한다. 그 제1단계는 1921년 7월 상해에서 중국공산당 제1차 전국대표대회가 열린 시점으로부터 1949년 10월 1일 천안문 광장에서 중화인민공화국中華人民共和國이 선포되기까지의 찬란한 해방투쟁의 시기를 말한다. 이 시기의 중국공산당이야말로 인간의 언설이 찬양할 수 있는 모든 현실적 도덕성을 유감없이 구현해나간 간난艱難의 여정을 그려나갔다.

중국공산당 제1차 전국대표대회에 참석한 15명의 밀랍인형상. 우리나라 한인사회당은 하바로프스크에서 1918년 5월 10일 결성되었다. 한인 사회당의 성립이 중국공산당의 성립보다 3년이나 앞선다. 그만큼 우리민족은 세계사의 전위적 조류를 흡수하는데 적극적이었다.

오늘 천안문 광장에 마오 쩌뚱의 사진이 걸려있는 이유는 바로 이 시기에 마오가 구현한 도덕성 때문일 것이다. 그것은 한 인간의 인간적인 투쟁의 역정으로 보아도 너무도 위대하다. 진시황의 만리장성보다도 더 길고 더 험난했던 "장정長征," 주周나라 무왕武王의 혁명이 서안부근에서 낙양으로 동점해나간 과정이었듯이, 마오는 총 한자루 잡아보지 않고 붓 한자루로 연안延安으로부터 대륙을 평정해나갔다. 도시임금노동자 중심이었던 서구적 프롤레타리아의 개념을 중국의 토착세력인 농민대중으로 바꾸고, 헤겔의 단순한 직선적 역사모델에서 생겨난 변증법의 단순모순개념을 중층적인 복수모순개념으로 바꾸었다. 역사는 한 시점에서 하나의 모순관계만 있는 것이 아니라 수 없이 많은 모순관계가 화엄적으로 얽혀있는 인드라망 같은 것이다. 그 모순관계의 경·중을 가려 다양한 전술·전략을 세워야한다는 것이다. 이것은 "생

생지위역生生之謂易"을 말하는 『주역』의 "변통론變通論"과도 상통하는 것이
다. 그리고 그의 「실천론實踐論」은 인간의 인식에 관한 서구의 존재론적 해석
ontological interpretation 방식을 거부하고, 인식을 존재의 문제가 아닌 실천

BÁC HỒ
(Ở CHIẾN KHU VIỆT BẮC.1951)

한대수의 노랫말에 이런 이야기가 있다: "미국이 이제 등장하는데 그 부패한 고딘디엠 정부를 지원하면서 공산주의자라는 이유로 지속된 전쟁의 끝없는 폭격, 약 3,200일의 끝없는 폭격을 밤낮으로 당하면서 미국의 강력한 군사력을 이겨낸 유일한 사람입니다. 호치민! 호치민! 호치민!"

이 동상은 호치민시의 시청 앞에 있는데 "호 아저씨"라고만 쓰여있다. 그의 시체가 하노이의 능 속에 미이라가 되어 디스 플레이 되고 있지만 그는 유언장에 그의 시체를 화장하라고 부탁했다. 호치민은 철저한 무소유를 실천한, 세계사에 보기 드문 정치적 리더이다. 월남의 생명력은 호치민의 무아無我적 도덕성의 구현에서 계속 우러나온다. 2004년 6월 30일 촬영도.

의 동적과정dynamic process으로 귀속시켰다. 인식은 실천을 통해서만 앎의 자격을 획득한다. 실천은 인식을 확충하고, 확충된 인식은 더 큰 사회적 실천으로 나아가게 만든다. 이것은 진보적인 양명학자들이 추구했던 동적인 지행합일론知行合一論의 명제와도 상통하는 것이다.

이러한 맑시즘의 주체적 변용을 통하여 실천의 방법, 모순의 지양, 그리고 강력한 도덕적 기강을 수립하면서 국공합작을 성립시키고, 국민당의 "위초圍剿"(공산당의 소굴을 막강한 군사력으로 포위하여 박멸시키는 작전)를 피해가며, 도덕성의 우위로써 국민의 마음을 점령해나갔던 것이다. 이러한 모택동의 혁명과 정은, 다음에 이어지는 세계최강의 미제국주의를 분쇄시킨 베트남 호치민의 혁명과 더불어 서구일변도의 가치관을 전회시킨 20세기 세계사의 위대한 계기들이라고 찬언할 만하다.

제2단계는 중화인민공화국이 선포된 후로부터 모택동의 죽음에 이르기까지의 격동의 시기, 정치사적으로는 "동아시아 30년전쟁"시기를 카바하고, 미국의 제국주의가 이 세계를 자기 마음대로 말아먹을 수 있다는 신념이 근원적으로 붕괴되어간 시기를 말한다. 창업보다는 수성이 더 어렵다는 당태종의 지혜를 모택동은 철저히 외면함으로써, 자신의 창업의 도덕성을 유감없이 까먹었다. 모택동은 이미 "인민의 벗"이 아닌, "무소불위의 황제"였다. 진시황도

약진기념躍進紀念
(1958년 5월 ~ 1961년 1월 14일) 25.3×30.5mm

연변에 있을 동안에 나에게 새로운 역사의 눈을 뜨게 해준 사건이 발생했다. 우연한 기회에 사람들이 벅찬 마음으로 가슴에 달았던 훈장, 기념장, 표창장, 졸업증, 뱃지 등의 메달을 콜렉션하게 되었다. 나의 연구조교 김인혜가 메달에 대한 혜안이 있어 귀한 자료를 엄청난 양, 수집할 수 있었고, 세밀한 연구를 진행시켰다. 연변지역 사람들은 최근세적 자료의 가치에 대한 인식이 부족한 듯 했다. 그러나 그것은 역사 자체의 해체를 의미하는 것이다. 골골마다 진달래, 촌촌마다 열사비와 학교가 있었던 조선족마을 집집마다 훈장과 표창장이 있었는데 이제 그것이 더 이상 프라이드로 느껴지지 않는 것이다. 연변지역에 메달이 많이 있다는 것은 그만큼 우리 조선동포들이 중국혁명에 적극적으로 가담하였다는 것을 방증하기도 한다. 메달은 현대사의 금석문이라 할 수 있는 것이다.

본서에서는 중국현대사의 이벤트와 관련된 메달을 집중적으로 소개할 것이다. 메달은 가장 정확하게 모든 역사적 이벤트의 성격을 규정해주는 일차사료라 할 수 있다.

여기 처음 소개하는 "약진기념躍進紀念"은 대약진운동을 기념하는 뱃지인데 이것을 달고 있던 중국인들에게는 끔찍한 추억을 상기시키는 뱃지인 것이다. "10년이면 영국을 능가하고 다시 십년이면 미국을 따라잡을 수 있다"는 황당한 모토 하에 5천만 명이 굶어죽어 갔다. 장예모 영화 『살아야 한다活着』에 그 실상이 잘 그려져 있다. 엉터리 철생산을 위해 멀쩡한 생활용품을 파괴하는 무지한 모습이 잘 나타나 있다. 대약진을 주도한 자가 모택동이지만 그 부책임자는 등소평이다. 등소평이 이러한 역사의 실패에 책임이 있다. 대약진의 실패는 또다시 더 큰 비극, 문화대혁명을 낳는다.

누려보지 못한 권위를 휘둘렀다. 그러나 이러한 황제적 권위가 삼반사반운동三反四反運動이니, 대약진운동이니, 인민공사니, 문화대혁명이니 하는 터무니 없는 대중동원운동을 지어내어 수천년의 문화를 파괴하고 인민을 연옥과도 같은 삶의 통고속으로 휘몰아갔지만, 그 나름대로 아주 래디칼한 "평등사회구현의 테제"를 실험한 과정이었다고도 말할 수 있다. "문화대혁명"이 안겨준 폐해는 많은 사람들에게는 지워버릴 수 없는 개인적 트라우마로 남아있고, 또 사회적으로도 중국콤뮤니티를 지탱하는 도덕성의 가치체계를 근원적으로 파멸시킨 죄업은 이미 1981년 중공제11계6중전회中共第十一届六中全會의 "역사결의歷史決議"에서도 정확히 지적된 바 있다. 그러나 인류역사상 "홍위병"이니, "하방下放"이니 하는 따위의 무리한 방식에 의하여 기존의 하이어라키가 내포하는 모든 차등적 질서를 붕괴시킨 사회실험은 미증유의 것이다. 문화대혁명은 당대의 유럽의 진보적인 지성인들에게는 매우 낭만적인 이념투쟁으로 비쳐졌다.

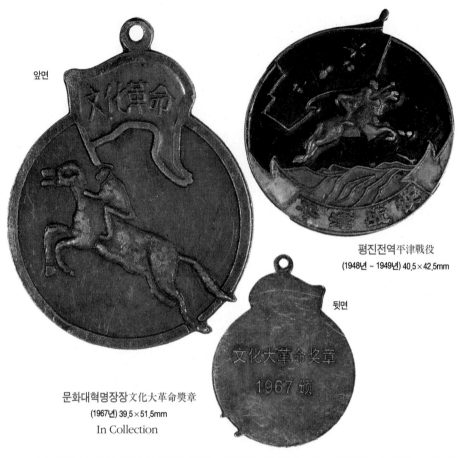

앞면

평진전역平津戰役
(1948년 ~ 1949년) 40.5×42.5mm

뒷면

문화대혁명장장文化大革命獎章
(1967년) 39.5×51.5mm
In Collection

문화대혁명은 1966년 모택동이 주도하여 발동하였고 1976년 9월 9일 모택동이 죽음으로써 비로소 종결된다. 그만큼 모택동의 카리스마가 없으면 존속할 수 없었던 비극이었다. 중국공산당정권에 대한 비판적 시각은 모두 이 문혁의 비극에 뿌리박고 있다. 이 표창메달을 보면 그 구도나 말문양이 임표林彪가 동북야전군 총사령관으로서 대첩을 거둔 평진전역平津戰役(1948. 11. 29.부터 1949. 1. 31.까지 64일간 지속된 제2차 국공내전 중의 해방전쟁. 신중국 성립의 결정적 계기를 만들었는데 조선인의 활약이 눈부셨다)의 기념장과 비슷하게 생겼다(오른쪽 상단). 원래 문혁은 임표를 중용하여 유소기, 등소평을 공격케 함으로써 시작되었다. 임표는 모택동의 공식후계자 지위에까지 올랐다가 다시 4인방에 의하여 제거된다. 이 표창메달은 1967년 반포된 것인데 임표가 제작한 것으로 사료된다. 당시 임표는 "모 주석은 천재이며, 모 주석의 말은 구구절절이 모두 진리이다"라고 공식담화를 발표하고 있었다. ※ 이 책의 사진은 나와 나의 연구조교 임진권의 작품이다.

제3단계는 등소평의 개혁개방으로부터 오늘까지 진행된 시장경제제도입시기를 말한다. 등소평의 "흑묘백묘론"은 기실 실사구시의 실용주의 노선을 의미한 것이었지만, 그 실제적 함의는 인간의 욕망을 극대화시키는 무분별한 차등의 실험으로 중국의 역사를 치닫게 만들었다. 그 덕분에 중국은 G2의 당당한 위상을 확보했지만, 4억5천만의 인구가 도시로 이동하면서 도·농의 격차가 심화되고, 대도시중심의 사회구조는 양극화의 모든 극단적 양상을 표출하게 되었다. 무분별한 개발, 과도한 에너지 낭비체제, 관료주의적 부패양상, 도덕의 해이, 가정윤리의 문란, 천박한 소비주의의 촉진 등등으로 서구 천민자본주의가 걸어온 모든 부작용을 충실히 구현하고 있는 것이다.

한번 생각해보라! 제1단계의 극렬한 해방투쟁, 제2단계의 극단적 평등실험, 제3단계의 극속極速한 개발구현은 인류의 역사가 지향했던 3대 프로토타입의 목표를 단기간내에 극단적으로 달성한 특이한 인류적 실험이라 말하지 않을 수 없다. 미국 역사의 두 세기를 "에너지 낭비형 산업사회"의 구현이라는 한 가지 목표를 향해 민주체제를 정비하고, 과학Science과 기술Technology의 랑데뷰를 창조적으로 구현한 일양적一樣的 실험이라고 그 성격을 규정할 수 있다고 한다면, 중국의 역사야 말로 해방과 평등과 자유의 래디칼한 다원실험 무대였던 것이다.

나는 왜 연변에 오게 되었는가? 나의 연변행은 중국공산당의 세 단계 역사 전개가 필연적으로 보정·지향하지 않으면 아니될 제4단계의 역사성격과 관련이 있다. 제3단계의 질주는 분명 제2단계 쓰라린 체험과 관련이 있을 것이다. 무리한 평등실험은 모든 사람에게 비극을 가져온다는 처절한 체험이 공산주

개혁개방 시대의 상징, 상해 포동浦東. 김정일은 2000년 이곳을 방문하고 천지가 개벽되었다고 찬탄을 금치 못했다. 그러나 반드시 찬탄되어야 할 대상은 아니다. 인민의 눈은 홀릴 수 있으나 인류에게 제시할 수 있는 새로운 내용의 패러다임은 부재한 것이다. 2005년 6월 7일, 『도올이 본 한국독립운동사』 10부작 찍을 때 촬영.

의의 집체주의에 대한 신념을 방기하게 만들었고, 그만큼 제3단계의 개방·차등실험에 몰두하게 만들었다. 그러나 제2단계의 "문화파괴"에 뒤이은 제3단계의 "욕망질주"는, 그것이 바른 자체비전을 수립하기 어려운 상태인데다가 서구적 시장경제의 낡은 모델, 즉 맹자가 비판하는 패도覇道의 "독락獨樂," 농단龍斷의 천장부賤丈夫(2b-10) 모델을 모방하는 수준에 그치는 것이었다.

극단적 평등주의적 공산이념을 말하는 칼 맑스 같은 대사상가도 "욕망의 절제"라든가, "자원의 한정성에 대한 에콜로지칼한 고려"라든가, "문명의 진보의 허구성에 대한 반추" 같은 사유를 근원적으로 하지 않았다. 자원은 무한정한 것이고, 자원의 개발은 인류의 복지와 직결되는 것이며, 역사는 변증법적 발전을 계속한다는 나이브한 낙관성은 맑스류의 계몽주의에 일관되어 있는 것이다. 노동으로부터의 해방이라든가, 국가의 소멸과도 같은 구극적 래디칼리즘은 사실 맑시즘의 허구적 낭만주의에 속하는 것이며 아무런 실내용을 갖지 못한다.

미국의 역사가 만들어온 산업사회모델의 효율성이 제기해온 문제들은 결코 실리콘 밸리의 정보혁명조차도 해결할 수 있는 것이 못된다. "정보혁명"에 대한 모든 논의는 산업사회모델의 유통체계에 관한 효율성의 논의일 뿐, 산업사회가 제기하고 있는 근원적 문제를 역진보적逆進步的Counter-progressive으로 해결하지 못한다. 문명에 대한 문명적 해결은 끊임없이 문명의 문제를 제기할 뿐이다. 유위有爲의 확대만 존재할 뿐 무위無爲의 순환은 묵살되고 만다.

나는 중국이 제1의 해방, 제2의 평등, 제3의 차등적 자유의 극렬한 실험을 "감행"했다고 한다면, 이제야말로 중국이 제4의 도덕과 절제의 래디칼한 실험을 감행할 필요가 있다고 생각한다. 그것은 "국가를 초월하는 힘"을 소유한 중국공산당만이 감행할 수 있는 실험이다(당은 국가 위에 있다). 세계인구의 5%를 차지하는 미국이 세계자원의 25%를 낭비하는 체제를 구축하여 세계 모든 국가의 적자를 합친 것보다도 더 많은 적자를 매년 산출하고 있다. 이러한 미국의 산업사회모델을 세계인구의 25%를 차지하는 중국이 모방하여 구조적으로 안착시킨다면 이 지구는 어떻게 될까? 자원이 금방 고갈날 것은 뻔한 일이며, 인류가 공멸의 길로 들어설 것은 뻔한 이치이다.

지금 인류는 서구에서조차 19세기 전반에 등장하여 후반에나 정착한 "진보Progress"라는 괴물의 사기마술에 걸려 쪽을 못쓰고 있다. 실상 그것은 기독교문명의 "섭리Providence" 사관의 신화적 변용에 불과한 것이다. 무책임한 진보의 대가에 대한 궁극적 솔루션은 "아포칼립스" 밖에는 없다. 그리고 황당하게도 아포칼립스적인 해결방안으로 "혹성탈출"을 꿈꾸는 것이다. 공룡도 이 땅에서 최후를 맞이했는데, 인간이라고 과연 이 혹성을 안전하게 탈출할 수 있을까? 해먹을 대로 해처먹고 장엄하게 최후의 심판을 기다리거나 지구를 탈출하여 외계로 가버리면 그만 이라구? 웃기는 얘기! 공룡은 묵시록적 최후를 맞이했어도 소행성충돌이라는 우발적 계기에 의한 것으로 학계의 진단은 일치점을 발견하고 있다. 다시 말해서 자체의 죄악에 의한 묵시록은 아닌 것이다. 그러나 인간의 묵시록은 인간 자체의 죄악에 의한 것이다. 그러기에 인간은 자신이 창조한 묵시록에 대하여 하느님을 탓할 건덕지가 없다. 그런데 자신의 죄악에 의한 묵시록이야말로 자신의 참회에 의하여 사전에 예방할 수 있는 것이다. 그리고 인간 종자는 겨우 이 땅에서 300만 년밖에 살지 못했다. 그런데 공룡은 2억 년을 살다갔다. 과연 인간이 공룡의 종말을 운운할 자격이나 있을손가?

하여튼 나는 21세기 인류의 미래는 중국문명이 어느 진로를 밟아나가느냐에 달려있다고 생각한다. 많은 사람들이 중국이 어떠한 시점엔가, 매우 가까운 일시내에, 미국을 따라잡을 것을 예언하고 있다. 내가 생각하기에 중국이 미국을 "따라잡는다"는 것은, 중국이 미국과 같은 초강대국의 패권의 지위를 대신하는 것이 되어서는 아니된다. 물론 중국이 미국의 힘을 초월하는 또 하나의 "힘*Macht*"이 될 수 있는 가능성은 얼마든지 상상할 수 있는 것이지만(실제로 그것은 상상으로만 가능하다), 문제는 과연 그러한 "힘"이 되어야만 하는가에 대한 당위성과 그 정당성에 관한 물음에 있다고 나는 생각한다. 미국과 똑같은 또 하나의 힘이 된다면, 그러한 힘에 대하여 도덕적 정당성을 부여할 국가나 개인은 어느 곳에도 없다. 만약 중국이 미국을 초월한다면, 그것은 왜, 어떤 방식으로, 무엇을 위하여 초월하는가에 관한 질문을 전 세계, 지구공동체의 사람들은 던져야 한다. 그 "초월"이란 군사적·경제적 힘의 초월이 아닌 도덕적·문화적 힘의 초월이 되어야 한다. 다시 말해서 미국의 역사가 구축해온 산업제국주의적 모델이 아닌 전혀 새로운 인류역사의 패러다임을 구축해줄 것을 전 세계의 의식있는 사람들은 갈망하고 있는 것이다.

중국은 지난 30년간 매년 분당 같은 대규모 아파트단지를 수백개 만들어왔다. 물론 분당보다도 더 열악한 형태로 지어왔다. 새로운 문명은 인구의 이동이 없이 탄생하지 않는다. 게르만민족의 대이동이 로마제국을 멸망시키고 근세유럽의 문화적 저변을 형성시켰다. 최근 중국의 변화야말로 소시알 모빌리티의 차원에서 볼 때, 급격한 사회구조 변화의 한 전형이다. 그것은 새로운 문명의 패러다임이 탄생할 수 있는 절호의 찬스임에 틀림이 없다. 이 위대한 찬스를 서구 산업사회의 온갖 폐해를 답습하는 저열한 "건설붐"으로 유실시키는 것은 중국지도부의 안일한 자세, 무비전의 방황, 무능과 부패를 의미하는 것이다. 이탈리아의 남부

과거의 미국은 희망의 상징이었고 자유의 낙토였다. 그리고 모든 것이 새로웠다. 그런데
맨해튼은 현재 너무 낡았다. 그리고 보수가 불가능할 정도로 건물들이 짜여져 있다. 건물과
중층적으로 얽혀있는 지하철, 도로, 이 모든 것이 개선의 여지가 별로 없다. 최악의 에너지낭비도시인 것이다.
우리나라 강남의 거리를 가 봐도 공허하다. 허울이 좋을 뿐 장사가 정말 잘되는 집이 몇 채 안 된다. 강북의 아기자기
한 동네가 훨씬 더 건강하다. 이제 세계가 생각을 바꿔야 한다. 2003년 2월 27일 엠파이어스테이트빌딩 앞에서.

소도시를 가보면 천년된 마을이 그 모습 그대로 기능적으로 유지되고 있는 상황이 허다하다. 중국이나 한국에는 이러한 상황은 존재하지 않는다. 전 국토가 사정없이 갈아 엎어지고 있는 것이다. 문명의 전변치고는 너무도 엄청난 전복이다. 이러한 급격한 변화를 "사실"로서 수긍한다 해도, 우리는 그러한 변화를 바람직한 "인류의 소망"으로서, 새로운 문명의 패러다임으로서 선도할 수 있는 지혜를 얼마든지 발휘할 수 있는 것이다.

돈만 아는, 무분별한 건축업자들에게 아파트단지 건설을 맡길 것이 아니다. 집 하나를 잘 설계해서 누가 보아도 편안하고 안락하고 경제적인 집을 지을 수 있듯이, 도시 전체를 이상적으로 플랜하여 지을 수도 있는 것이다. 이러한 기획은 이미 삶의 시공이 고착된 유럽에서는 불가능에 가깝다. 그러나 삶의 시공이 끊임없이 유동하는 중국에서는 얼마든지 가능하다. 그리고 중국은 엔트로피가 높은, 다시 말해서 권력분산이 심화된 민주국가가 아니라는 장점이 있다. 지도부가 바른 비젼을 가지고 바른 정책을 펴면 인류의 새로운 미래가 열릴 수 있는 가능성이 얼마든지 있다. 보통 우리가 말하는 "도시"라는 것은 기획만 잘 하면 에너지소비가 50%가 다운될 수 있는 편안한 도시가 될 수 있는 것이다.

그러기 위해서는 인류의 목표가 "경제"가 되어서는 아니된다. 선거 때마다 떠오르는 "민생民生"운운, 결국 모두 사기성의 타락을 의미하는 것임에도 불구하고 계속 속아넘어가는 "민생"이라는 캣치프레이즈는 정말 가공스러운 것이다.

원래 "에코노믹스economics"라는 것은 "오이코노미아*oikonomia*"라는 어원에서 유래된 것이다. 그것은 가정*oikos*의 짭짤한 운영*nomia*을 의미하는 것이다. 다시 말해서 "짭짤한 가계"를 의미하는 것이다. 여자대학의 가정대학을 "스쿨 어브 홈 에코노믹스School of Home Economics"라고 부르는 것은 그 어원 때문이다. 가정대학의 "가정"은 "家庭"이라 쓰지 않고 "家政"이라 쓴다. 가정은 "집"이 아니고 "정치"인 것이다. 그러니까 원래 "경제"라는 것은 "가정家政"에 예속된 것이다.

지금도 가정을 잘 꾸리는 사람들은 짭짤하고 알뜰하게 가계를 운영하는 것을 지고의 목표로 삼는다. 그런데 현재 국가경제를 운영하는 사람들은 얼마나 사기를 잘 치는가, 얼마나 부풀리는가, 얼마나 소비를 촉진시켜 유통을 촉진시키는가, 다시 말해서 "실물實物"이 아닌 "허물虛物"의 확대에만 혈안이 되어 있다. 중국의 "위앤화"가 세계경제의 기축통화가 되기 위해서는 중국이 세계 최대의 적자국이 되어야만 한다는 아이러니를 망각해서는 아니된다. 미국이 아직도 세계를 지배하는 도덕성을 갖는 것은 군사력이나 경제력에 있는 것이 아니다. 현실적으로 미국의 군사력은 월남인민의 도덕적 투쟁앞에 무릎을 꿇었다. 미국의 경제력도 현재 "중환자실"(ICU)에 들어가 있는 상태이다. 미국이 세계를 지배하는 힘은 "대학"에서 나온다. 미국의 대학은 아직도 세계 문명을 선도할 수 있는 힘을 가지고 있다. 중국이 50년 안에 경제력과 군사력에 있어서 미국을 따라잡을 수 있다고 생각해도 과연 중국의 전체 대학의 힘이 50년 안에 미국의 하바드, MIT, 시카고, 카네기 멜론, 스탠포드, 버클리를 합친 정도라도 따라잡을 수 있을 것인가? 앞이 캄캄한 이야기다!

이러한 문제점을 극복한다고 우리나라 교육부는 "선택과 집중" 운운하면서 과학유망주 교수들에게 일년에 100억씩 10년에 걸쳐 1,000억의 연구비를 지불하고 있다. 그것도 어느 연구소에 지원하는 것이 아니라, 임의적 한 개인에게 1년당 100억을 지불하는 것이다. 전 세계적으로 아무리 위대한 과학자라도, 노벨상을 한 아름 안은 과학자라도 일년에 10억 이상의 연구비를 받는 예는 희소하다. 그런데 우리나라는 실력도 검증되지 않은 젊은 아이들한테 일년에 100억씩을 안기고 있다. 이런 연구비를 받는 사람이 현재 2·30명이나 되는데, 이들은 중소기업회장 보다도 더 유족한 삶을 누리고 있다. 아니! 돈을 쓰느라고 아무 연구도 못하고 있다는게 과학계에 있는 사람들의 정평이다. 이러한 선택과 집중 때문에 대한민국 과학계의 연구비는 씨가 말라버렸다. 진정으로 뜻있는 과학자는 그런 연구비에는 얼씬도 못한다. 이것이 바로 이명박-이주호가 실천한 뉴라이트 신자유주의 정책의 극단적 사례인 것이다.

나는 중국공산당의 제4단계의 바른 비젼의 실천에 도움을 주기 위하여 중국에 왔다. 중국에 올 바에는 연변자치주라는 페리페리가 나에게는 훨씬 더 매혹적으로 느껴졌다. 북경은 우선 공기가 나뻐 사람 살 곳이 못된다. 나는 그곳에 갈적마다 지독한 감기에 걸려온다. 매연의 정도가 우리의 상상을 초월한다. 어떤 때는 1m 앞을 분간할 수 없다.

연길은 뿌얼하통허布爾哈通河(만주말로 버드나무가 무성하다는 뜻)라는 강 주변으로 기다랗게 형성된 도시이다. 그 중심권에 연변대학이 자리잡고 있다. 강 이북을 "허뻬이河北"라고 부르고 이남을 "허난河南"이라고 부르는데 연변대학은 허뻬이에 정남향으로 자리잡고 있다. 연길공항은 허난 서쪽 교외에 있다.

아! 나의 영원한 낭만! 뿌얼하통허! 그 위에 펼쳐진 저 푸른 해맑은 하늘을 보라! 저 하늘이야말로 나의 모든 것을 담은 이상!

얼어붙은 뿌얼하통허! 영하 28˚를 기록하는 추위속, 나는 얼어붙은 뿌얼하통허를 꼭 걷고 싶었다. 내가 어렸을 때는
한강도 사람들이 걸어다녔다. 내가 어렸을 때 느꼈던 살을 에는 추위, 아이들과 고드름 얼어붙은 초가집 처마밑에
서 양광을 쬐면서도 전신을 덜덜 떨곤 했던 그런 추위는 먼 추억이 되고 말았다. 그러나 연변의 겨울추위는 내가 어
렸을 때 느꼈던 그 추위보다도 더 강렬했다. 이 세상에서 가장 짜릿한 느낌을 만끽하고자 하는 사람이 있다면, 88
열차를 탈것이 아니라 뿌얼하통허 위를 30분만 걸어보아라! 코와 귀가 싹뚝 짤려나가는 그 칼바람의 위력을 곧
알게 될 것이다. 저 광막한 만주대륙의 하중이 내 피부 세포 하나하나에 육중한 칼바위가 되어 꽂히는 그 삭풍의 날
카로움은 내 생애에게 가장 강렬한 노스탈자였다. 2014년 12월 11일 촬영.

공항에 내려 뿌얼하통허 강변도로를 달려 연서교延西橋를 건너 바로 올라가면 연변대학에 도달한다. 나는 대학 내 도서관 앞에 있는 외국교수숙사에 정착했다.

내가 연대를 오게 된 가장 중요한 이유 중의 하나가 이곳 사람들이 나를 알고 이해해주기 때문이다. 내가 연길시내를 걸어다녀도 나를 알아보고 인사하는 사람들이 적지 않다. 그만큼 한국 테레비를 많이 본다는 이야기일 것이다. 나는 연변자치주의 역사적 형성과정에 관하여 각별한 이해가 있다. 별로 사람들이 방문하지 않는 곳이지만, 연대延大 동문을 나와 북상을 하면 연변혁명열사능원延邊革命烈士陵園이라는 곳이 있다. 연길에 올 기회가 있는 한국인이라면 이 능원 정도는 꼭 방문해야 할 것이다. 이 능원의 전시관에는 엄청난 항일투쟁의 역사자료가 전시되어 있는데 그 열사로 모신 17,733명의 선열들의 대부분이 한국인이다(물론 여기서

연변혁명열사능원 대문, 이 안을 들어서면 곧 기념비탑이 나온다. 탑뒤로 전시관이 있다.

기념탑의 높이는 27.28m 인데 그 숫자는 특별한 의미가 있다. 비신아래 화환이 새겨져 있는데 민족의 꽃 진달래로 장식되어 있다. "革命烈士永垂不朽"는 총서기 강택민이 1992년 4월 4일 연변자치주 창립 40돌을 맞이하여 휘필한 것이다.

왼쪽사진의 씩씩하고 늠름한 모습은 1937년 7월 16일 조선인 투사 이동광李東光의 영웅적 삶의 모습을 담은 것이다. 그는 남만에서 공산당을 최초로 조직했고 지도했으며 항일련군 제1군을 창설했다.

그는 양정우와 더불어 혁혁한 군공을 세웠으며 가는 곳마다 일군을 격파하였다. 그는 신빈현新賓縣 영릉가永陵街 대와자구전투大瓦子溝戰鬪에서 양정우장군을 도와 싸움을 지휘하다가 적의 흉탄에 맞아 희생되었다.

당시 그는 33세밖에 되지 않았다. 본명은 이상순李相淳, 함북 경원사람이다.

전시관에 소년영웅들의 사진들이 걸려있는데, 이토록 청순하고 아름다웠던 많은 조선의 젊은이들이 중국의 해방전쟁에 목숨을 바쳐 중국공산당의 궁극적 승리를 도왔다. 중화인민공화국의 선포의 이면에는 동북지역에서 조선동포들의 활약이 컸다는 것을 잊을 수 없다.

아랫사진은 1946년 1월말, 조선의 용군 5지대와 연변경비 1·2·3단을 합병하여 연변경비1려延邊警備一旅로 개편하였을 때의 사진이다. 이때는 일본이 항복하고 다시 국공내전이 시작되기 직전이었는데, 당시 공백상태에서 중공은 힘이 없었다. 그런데 만주의 조선인들은 공산당의 입장을 강화하기 위해 용감히 해방전쟁에 뛰어들었다. 털모자를 보면 얼마나 추운지역에서 고생했나를 알 수 있다. 젊은 여성의 모습, 그리고 10대의 소년들의 모습도 보인다. 조선인들은 이러한 자발적 투쟁을 통하여 연변자치주 성립의 정당한 도덕성을 확보하여 나갔던 것이다.

화룡현소선대 총대장-박파렬사
和龙县少选队总队长-朴波烈士。

소년영웅-황금송렬사
少年英雄-黄今松烈士。

49

9월 7일

는 "한국인"이라는 말을 쓰면 안된다. "조선족"이라고 말하면 무방하다). 다시 말해서 연변자치주의 존재는 수많은 조선인들의 피눈물나는 투쟁으로 획득된 것이다. 그 수많은 참변과 승리의 슬픈 이야기는 일일이 다 말할 수 없다. 나는 EBS "한국독립운동사 10부작"을 몸소 찍으면서 그 슬픈 이야기의 현장들을 모두 다녀보았다. 아직 내가 모르는 무수한 이야기들이 있겠지만 기본적인 골격과 흐름은 누구보다도 잘 파악하고 있다.

조선의 독립을 쟁취하기 위하여 헌신한 무수한 동포들의 피눈물의 금자탑인 이 연변자치주가 개혁·개방이후 급속하게 무너져 나갔다. 지금도 한국에서 식당이나 어려운 직종에 근무하는 연변동포들을 발견하기란 어렵지 않다. 50만의

옆의 대화는 바로 이 대학정문 앞에서 이루어진 것이다. 그런데 이 현란한 직선형 네온싸인은 연길도시 전체를 장식하고 있다. 자치주성립 60주년기념으로 중앙정부에서 나온 돈을 이 네온싸인에 썼다하니 아무래도 좀 이해하기 어려운 발상같다.

인구가 한국으로 이동했다하니, 연변자치주는 정당한 존립이 불가능할 정도로 공동화空洞化되어가고 있는 것이다.

　어저께 밤에 교문 앞을 거닐고 있는데 50세 전후로 보이는 두 사람이 나를 유난히 쳐다보더니 계속 따라 붙는다.

　"도올 선생님 아닙네까?"

　"…"

　"맞죠. 맞네."

　"여긴 어떻게 왔소? 연길에 사십니까?"

　"아뇨. 우리는 서울에 살아요. 서울에서 살므라니 선상님 프로만 나오면 몽땅 다 봤죠. 어쩌나 말씀 잘 하시는지 가슴에 꽂히는 이야기 많아요. 여긴 웬일이쇼?"

　"한 학기 강의해주러 왔어요."

　"한국에서도 못 듣는 강의를 여기서 직접 듣는 학생들은 복이 터졌구만요."

　"헌데 연길에 어떻게 오셨어요? 부모님 뵈러 왔습니까?"

　"부모님도 한국으로 다 모셔갔어요."

　"그럼?"

　"아직도 비자문제가 있어서 가끔 와야돼유. 중추절이고 해서 …."

　"한국에선 뭐하세요?"

　"아직도 막노동하고 살죠. 그런데 여기 와보면 괜히 한국엘 갔다하는 생각도 들어요. 10년전에 노무자가 월급이 4·500원 밖엔 안했어요. 그런데 지금은 여기서도 보통 4·5000원은 받습네다 …."

　그의 표정은 좀 슬픈 듯 했다. 한국에서도 뼈빠지게 일해봤자 신분상승이 이루어지지 않았다는 것이다. 그럴 바에는 차라리 이곳을 떠나지 않고 지켰더라면 오히려 유족한 인생을 살았을 수도 있었을 텐데. 아직도 떠돌이 신세인 자신이 부끄럽고, 연길의 화려한 네온싸인을 바라보면 상전벽해의 무상함이 느껴지는 것이다.

나는 한국에서도 중국 동북삼성에서 온 동포들이 고생하고 있는 모습을 보면 가슴이 아프다. 그들이 한국에서 좋은 대접을 받고 있는 모습이 아닌만큼, 그들의 선조들이 대부분 조선의 독립을 위하여 헌신한 열사들이라는 것을 생각하면 가슴이 아픈 것이다. 그러나 그들은 교육을 받지 못했고 그들의 뿌리에 대한 이해도 없다. 한국이라는 좀 발달한 자본주의 사회의 싸구려 부품으로 기능하고 있는 것이다. 지난 번 나는 연변대학에서 강연을 했을 때 이러한 문제에 관해 명료한 언급을 했다.

> **"저는 연변이 공동화되는 것을 원하지 않습니다. 연변자치주는 그 나름대로 유니크한 문화를 유지하면서 남북통일과 세계문명의 앞날을 위하여 크게 이바지할 수 있는 새로운 패러다임을 창조해야 하는 사명을 지니고 있습니다. 그동안 많은 연변의 동포들이 한국으로 빨려왔습니다. 저는 그들의 고통을 이해하는 사람으로서, 한국 문명의 사문斯文을 한 몸에 지니고 있는 자로서, 한국문명의 정화精華를 연변에 되돌리기 위하여, 저는 왔습니다."**

과연 내가 중국공산당의 제4단계를 위하여 무엇을 할 수 있을까? 진효공이 상앙을 밀어준 것처럼, 내가 시 진핑 주석의 고문이 되어 매사 토론할 수 있는 형편이라도 된다면 뭔가 해낼 수 있을지도 모르겠다. 누군가 날 찾아와서 사카모토 료오마坂本龍馬와도 같은 역할을 해보라고 권유한 사람도 있다. 료오마가 사쯔마번과 쵸오슈우번을 화해시키고, 쵸오테이朝廷와 바쿠후幕府

를 화해시키고, 일본전체와 세계열강을 화해시키려고 노력했듯이 그런 노력을 한번 시도해 보라는 것이다. 료오마라 해봤자 토사번의 하급무사에 불과한 자이다. 그 꿈이 가상한 것이다. 도올인들 그런 꿈을 꾸어보지 않을손가? 중국역사의 바른 방향을 정립시키는데 일조를 하고, 그 힘을 빌어 남측과 북측을 화해시키고, 일본의 반성을 촉구하여 동아시아의 정당한 멤버로 만들고, 그리하여 중국과 미국을 진정한 세계공영의 평화를 위한 협력·동반자 관계로 발전시킨다. 중국문명의 바른 도적적 패러다임으로 병든 미국을 건강하게 만들어 세계평화를 수립하자!

물론 아름다운 꿈이다! 나는 이런 얘기들이 불가능한 꿈이라고 생각하지 않는다. 공자가 주공이 꿈에 보이지 않는다고 한탄했다면, 아마도 이런 정도의 꿈은 꾼 사람이었을 것이다. 인간이라면 당연히 꾸어야 할 정도正道의 꿈이 아닐까?

그러나 한번 생각해보자! 일본역사도 료오마의 꿈대로 흘러가지 않았다. 우리는 일본역사의 근대적 계기를 만든 에도성의 "아케와타시明け渡し"(토막討幕세력과 막부세력 사이에 싸우지 않고, 에도성을 천황옹호세력尊皇派에게 비어 내줌으로써 메이지유신의 출발을 성립시킨 사건. 1868년 4월 11일)를 근대적 일본국가의 탄생의 위대한 계기로 찬양하지만, 그것은 근원적으로 인류역사의 후퇴를 의미하는 것이다. 에도봉건제에서 메이지 통일국가에로의 진행은 중세에서 근대에로의 진보가 아니라, 신화적 몽매에로의 퇴보를 의미하는 것이다. 에도봉건제는 매우 정교한 지방분권체제였으며, 그 나름대로 의미있는 파우어밸런스가 취해지는 매우 스마트한 시스템이었다. 그것을 "쿠로후네黑船"를 빙자하여 존황의 절대권력중심체제로 변환시킨 것은 근원적으로 료오마가 꿈꾼 세계가

아니었다. 외세에 대적하기 위하여 통일국가체계를 만든다고 하는 작업은 결국 무서운 대일본제국주의를 발전시키는 밑거름이 되었을 뿐이다. 사카모토 료오마나坂本龍馬 카쯔 카이슈우勝海舟나 아쯔히메篤姬 같은 사람들이 꿈꾼 것은 막부의 주도에 의한 막부의 개혁이었다. "마쯔리고토"(정치)가 쇼오군將軍에서 텐노오天皇로 이동한다는 것은 인류의 평화를 위하여 결코 바람직한 방향의 회전이 아니었다. 박경리선생의 통렬한 말씀대로 일본은 아직도 "신화적 야만" 속에서 살고 있는 것이다.

전국시대의 사상가들이 꿈꾸었던 "대일통大一統"의 꿈도 결코 진시황의 육국정벌류의 통일이 아니었다. 맹자도 그러한 획일적 무력통일을 원하지 않았다. 맹자가 원했던 것은 오로지 "왕도王道"였다. 전국시대의 제후국들이 서로의 아이덴티티와 세력균형과 특색있는 문화를 유지하면서 개방된 통일체를 형성하는 매우 도덕적인 이상향의 꿈이었다. 맹자의 꿈(분권적)과 상앙의 꿈(집권적)은 근본적으로 달랐다. 결국 맹자의 꿈은 짓밟혔다. 제선왕을 떠났을 때, 맹자는 이미 자기의 꿈이 좌절되어가는 것을 인지하고 있었다. 그의 말년의 좌절감 속에서 토로하는 심오한 독백들은 「진심」편에 잘 표출되어 있다. 진시황이 중국을 통일한 후에 오늘에 이르기까지 중국에는 선진시대의 사상가들과 같은 발랄한 창조력을 지닌 인물들이 별로 등장하질 않았다. 생각해 보라! 진시황이후에 가장 창조적인 사상가라 할 수 있는 주희朱熹 조차도 선진고경을 재해석한 인물이지 자신의 사상을 창조한 인물이 아니다. 그의 "집주集注"는 어디까지나 "집集"일 뿐이다. 명치천황이 절대권력을 확립한 후에는 일본이라는 무대에 막부말기에 나타났던 다양하고도 굵직한 인물들이 등장하지 않는다. 일본은 정교한 학문의 축적은 있으나, 사상의 황무지라 말할 수 있다.

오오쿠보大久保利通, 키도木戸孝允와 더불어 명치유신의 3걸중 하나로 불리는 사이고 타카모리西鄕隆盛, 1827~77는 사쯔마번의 하급무사로 태어나 뛰어난 지도력을 발휘해 번주 시마즈 나리아키라島津齊彬를 도와 존황양이파의 거두로 성장하였다. 그는 사쯔마·쵸오슈우맹약隆長盟約을 체결하고 왕정복고·무진전쟁을 지휘, 에도의 무혈개성을 실현하여 명치유신을 굳건히 만들었다. 그는 사카모토 료오마와도 친근한 관계였지만 끝내 입장이 달랐다. 강력한 유신체제를 만들었던 것이다. 그러나 사이고는 결국 자기가 만든 유신체제의 중압을 견디지 못하고, 반란을 일으켜(西南戰爭) 시로야마城山에서 자결하고 만다. 명치천황은 자기에게 반란을 일으킨 역적 사이고의 모든 죄를 사하고 정삼위正三位의 직을 추증했을 뿐아니라 동상건립에 큰 돈을 하사하였다. 천황은 자기가 좋아하는 가벼운 옷차림에 개를 끌고 산책하는 인간 사이고의 모습을 동상에 새기기를 원했다. 미담이라 하겠으나 이 동상의 배면에는 일본역사의 굴절이 아롱지고 있다.

동경 우에노공원
2007년 11월 13일 촬영

도올! 그대는 과연 이 세계사의 엄중한 길목에서 무엇을 할 수 있겠느뇨? 내가 중국에 온다고, 연대에서 강의한다고, 지푸라기 하나라도 무슨 변화가 있을손가? 모든 위대한 사상가들의 꿈은 그렇게 그렇게 좌절되어 갔을 뿐인데 ….

중국에 와서 이야기를 해보면 많은 사람들이 종교적 사유에 함몰되어 있다. 한국의 기독교 광신도들이 중국대륙을 노리는 것도 무리가 아니다. 정신적으로 너무 공허해서 종교적 신앙의 좌표만 세워주면 많은 사람들이 즉각 따라서 실천한다. 나 같은 지력을 가진 자가 중국에 와서 종교를 전파하면 엄청난 세력을 쉽게 형성할 수 있을 것 같다. 그만큼 공산이념은 생명력 없는 퇴물이

요즈음은 누구나 진시황 병마용을 잘 알고 있는 듯이 생각하고 있으나, 우리가 계속 가슴깊게 새겨봐야 하는 것은 BC 3세기의 진시황이라는 역사적 인간a historical character의 사실성이 우리의 상상력을 초월하여 핍진하게 우리의 면전에 다가오고 있다는 사실이다. 중국역사의 모든 기록들은 허황되게 보이는 것조차도 결코 허황되지 않은 사실적 근거가 있다는 것을 진시황의 그랜드 스케일의 무덤(현재 발굴된 부분은 극히 일부)은 우리에게 웅변하고 있다. 이토록 무지막지하게 거대한 무덤을 만든 진시황의 천하통일이 과연 찬양의 대상일까? 저주의 대상일까? 현대중국의 문제와 더불어 끊임없이 제기되는 거대담론이다. 2005년 6월 1일 촬영.

되어가고 있는 것이다. 예수에만 쉽게 미치는 것이 아니라, 불교를 이해하는 방식도, 공자를 이해하는 방식도, 하다못해 전통문화를 이해하는 방식도 모두 종교적으로 이해한다. 불교의 핵심은 철리哲理이지 종교적 계율이 아니다. 공자의 핵심은 인仁이지 도덕규범이 아니다. 전통문화는 사유방식이지 예절이 아니다.

내가 할 수 있는 일이라고는 따지고 보면 아무 것도 없다. 나는 종교인이 아니며, 또 나의 고등한 철학적 사유를 전파하기에는 너무도 토양이 빈곤하다. 그럼 그대는 뭔 지랄을 하기위해 나이들어 연변에까지 왔는가?

내가 연변에 온 이유는 단 하나! 그냥 살기 위해서 온 것이다. 나는 그냥 여기서 한 반년 살면서 중국어를 연마할 생각이다. 나는 이미 십대·이십대에 외국어에 깊은 조예를 가졌다. 나는 고려대학교 철학과에 다닐 때, 이미 대한민국에서 함병춘선생을 빼놓고는 내가 영어를 제일 잘 한다고 생각했다. 그리고 중국어·일본어를 마스타했다. 그러니까 나는 외국어통이다. 나는 사실 어렸을 때부터 우리민족의 후진성을 극복하기 위해서는 우선 영어로 모든 작문을 해야겠다고 생각했다. 그래서 일기도 영어로 쓰고, 영어로 사물을 표현하는 교묘한 방법이나 이디엄을 발견했을 때 희열을 느끼곤 했다. 나는 하바드대학에서 박사논문을 매우 단기간에 완성했다. 한달도 못되는 시간에 방대한 논문을 완성한 것이다. 그만큼 나의 표현력은 성숙해 있었던 것이다. 그러나 나의 어학

내가 한 학기 자취하면서 지낸 연변대학 외국인교수 아파트. 지나놓고 보니 너무도 깊은 정이 들었다. 부엌에 시계가 없어 내가 하나를 사서 벽에 걸어 놓았는데 지금도 잘 가고 있는지 궁금하다. 수위 아저씨가 두 분이 있는데 한 분은 무뚝뚝하고 한 분은 상냥하다. 연속된 낮은 5층 건물은 외국인 학생 숙사이다. 이 건물에 대한 나의 추억은 나의 여생 계속 아물거릴 것 같다.

9월 7일

실력이 정점에 달할수록 나는 나의 한계를 절감했다. 어려서부터 몸으로 익힌 모국어가 아닌 외국어로써 나의 사고의 집을 짓는다는 것이 얼마나 부질없는 일인가 하는 것을 깨달았다. 나의 영어표현력이 네이티브 스피커 최고 지력자의 98%에 달했어도 나머지 2%는 태평양보다도 더 넓은 갭으로 남는다는 사실, 영원히 건널 수 없는 다리라는 것을 깨달았을 때, 나는 "외국어인생"을 포기하기로 마음먹었다. 1982년 나의 귀국은 그 "포기"를 의미하는 것이었다. 그 후로 나는 조선말에 전념했다. 나는 모든 글을 우리말로 썼고, 외국 학회에 나가 본적도 별로 없었다. 나는 우리말을 통해 우리문화와 생활감정, 그리고 살아있는 우리역사와 소통하는 방법을 배웠다. 나는 한국어에 있어서는 우리나라 어느 누구에도, 소설가, 시인, 사가, 엣세이스트, 시론자를 막론하고 어느 누구에게도 양보할 수 없는 고경高境을 획득했다.

그런데 문제기 발생했다. 나의 한국말이 높은 경지를 달리면 달릴수록 나의 문장을 바르게 번역할 수 있는 인물을 만날 수가 없는 것이다. 번역은 정말 힘든 것이다. 내 문장을 번역할려면 나의 사유의 레퍼런스 범위를 소화할 수 있어야 하고, 나의 사유의 미묘한 뉴앙스를 캐취해야 하는데, 그러한 번역가를 만나는 것은 거의 불가능에 가깝다. 이것이 바로 약소국가의 서러움이다. 중국사상가나 문호의 글은 쉽게 내가 우리말로 번역할 수 있다. 그러나 나의 글을 번역할 수 있는 중국인은 만나기가 어렵다. 그만큼 깊게 한국을 공부한 외국인은 별로 없는 것이다.

시 진핑 주석이 공연히 나를 만나지는 않을 것이다. 그러나 나는 시 진핑 주석이 상대하고 있는 중국인을 만날 수 있다. 그것이 바로 문장의 힘이다. 나는 번역에 의존하지 않고, 쉬운 중국말로 직접 중국인과 소통하는 나의 길을 개척해야겠다고 생각했다. 나는 연변에 있을 동안 중국어로 책을 쓸 수 있을 만큼, 중국인들의 생활감정을 꿰뚫을 수 있을 만큼, 나의 중국어를 발전시켜야겠다고 생각했다. 중국이라는 대륙을 움직일 수 있는 유일한 길은 중국인들이 사랑하는 책을 쓰는 것이다. 백화사유유천지白話思維遊天地! 그것이 내가 말년에 연변에 온 실용적 이유일지도 모르겠다.

나의 강의계획은 아직 확고히 정해지지 않았다. 추석이 껴서 학생들 수강신청을 좀 늦게 받아도 괜찮다고 한다. 그러나 내주 수요일(17일) 쯤에는 내 강의가 시작될 것이라고 한다. 수강생이 한 150명 될 것이라는데 과연 그렇게 많이 모일지 … 하여튼 기대된다. 모든 것이 궁금하다.

9월 9일, 화요일

　내가 유숙하는 외국인교수 아파트는 좋은 곳이라면 좋은 곳이고, 시원찮은 곳이라면 시원찮은 곳이다. 우선 교내래서 깨끗하고 주변 환경이 조용해서 좋고, 또 숙사 앞으로 도서관이 있어 내가 공부하기가 좋다. 그러나 아파트 시설이 여러모로 좋지 않아, 불편한 점이 많다. 그런데 나에게 할당된 방은 전 아파트에서 가장 좋다는 특별한 방이어서, 매우 좋은 책상, 응접세트, 단순해서(딱딱한 평상) 좋은 침대가 있다. 외국에서 총장급의 인사가 올 때에나 내주는 방이라고 한다.

　그러나 하나부터 열까지 모두 내식으로 새로 꾸려야 했다. 한국에 있는 나의 보금자리를 떼 옮기는 수준으로 새롭게 방을 단장했다. 이불, 커텐, 책상, 서가, 목욕탕용품, 부엌용품, 모조리 내 수준으로 맞추었다. 이불 하나만 해도 마땅한 솜이불이 없어 거위가슴털 다운 이불로 샀는데, 이불 하나값이 나의 월급을 능가하는 금액이다. 그러나 다행히 이 모든 비용은 중국현지의 독지가가 전담했다. 요 몇일간 내 평생 백화점을 다닌 것보다 더 많은 시간을 백화점과 시장을 쏘아다녔다. 그리고 내 수준에 맞는 것이 없어, 모든 것을 주문생산케 했다.

우리나라에서는 목공소를 아직도 쉽게 찾을 수 있는데, 여기는 그런 곳이 없다는 것이다. 없을리 없다하고 열심히 뒤진 결과 나는 목수

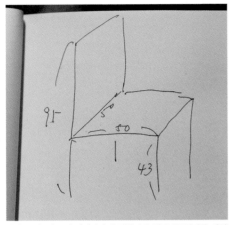

의자 도면: 나는 수평바닥에 수직등걸의 직각나무의자를 제일 좋아한다. 요즈음 허리에 좋다는 의자가 다 엉터리다. 상업제품이 개별적 인체콘투어에 맞추어진다는 것 자체가 어불성설이다. 심플한 원시소재의 자연스러운 제품이 가장 아름답다.

가 있는 목공소를 찾아냈다. 의자, 서가 등의 델리케이트한 문제들이 쉽게 해결되었다. 이제 거의 보금자리가 완성이 되어간다. 사람들이 내 방에 들어서

북대촌은 연대 동북방, 옌지허[烟集河] 너머에 있다. 목재상, 가구상이 많다. 목재소 아주머니와 내가 상담하고 있다.

면 감히 신을 신고 들어올 생각을 못한다. 내 방의 변모된 모습에 신기神氣를 감지하는 듯 …. 여기서는 진공소제기를 "시츠언치吸塵器"라고 하는데, 매우 훌륭한 중국제를 하나 샀다. "메이띠美的"라는 패牌의 제품인데, 필립스나 파나소닉이나 한국제에 비해서도 더 간편하고 작으면서도 흡수력이 강하다. 중국제품의 수준이 이제 외제 모방의 단계를 뛰어 넘어서고 있다는 것을 확연히 느끼게 만든다.

중국제 배큐엄 클리너로 바닥을 치우고 나니 빨린 먼지가 세 통 가득, 참으로 몇십년을 안 치우고 그냥 산 듯하다. 그리고 물걸레로 카페트를 박박 닦고 다시 진공소제기로 빨아냈더니 사람들이 내 방에서 신기를 느끼는 것이다. 구석구석을 먼지 한 톨 없이 다 치웠다. 하여튼 이렇게 부지런을 떤 덕분에 나는 첫날부터 잠을 푹 잤다. 서울을 떠나기 전까지 누적되었던 피로가 오히

내가 찾은 유일한, 국자가局子街 대로변에 있는 목공소. 가구의 주문제작이 가능했다. "류동소수민족재취업기지"라고 쓰여져 있는 것으로 보아 특수목적이 있는 점포 같았는데, 실제로는 평범한 목공소였다. 가구집에서 사는 것보다 맞추는 것이 훨씬 쌌다.

려 여기와서 풀려나가는 느낌이다. 주문제작한 커텐만 새로 달면 방은 대강 모양을 갖출 것 같다.

한국 사람들은 "중국제"하면 무조건 질이 나쁜 것으로만 여긴다. 중국에서 온 "김치"하면, 끔찍한 독물을 먹는 것처럼 생각한다. 한국에서 말하는 "중국제"는 한국의 악덕상인들이 싸구려로 주문해서 만든 저질상품을 의미하는 것이지, "중국제" 전반에 대한 일반적 통념으로 규정하면 곤란하다. 그러나 일례를 들자면, 물건 사방에 가격표나 선전라벨을 붙여 놓았는데 집에 와서 그것을 뗄려고 하면 끈끈이가 너무 지저분하게 남아 제품 자체를 손상시키는 사례가 허다하다. 이런 식의 행태는 아직도 상품에 대한 중국인의 인식이 후지다는 것을 말해준다.

중국에서는 "슈퍼마켓"을 문자 그대로 번역하여 "차오지스츠앙超級市場"이라고 부른다. 연변대학 앞에 치엔성千盛(천가지가 풍요롭게 있는 곳이라는 뜻) 초급시장이 있는데, 대학 앞에 있는 초급시장치고는 우리나라 시내 대형백화점 지하만큼 크다. 물건도 풍요롭다. 한국에서 살 수 있는 모든 것이 다 있다. 특별히 노트는 여기 것이 더 좋다. 서울에는 미국흉내를 내서 스프링이 달린 흉칙한 노트만 있는데, 여기는 정중하게 제본된 좋은 노트들이 많다. 휴지도 여기 것이 더 좋다. 표백이 안된 고급휴지가 싸고 좋다. 온갖 스테인레스 취사도구나 그릇도 싸고 양호하다. 잘 찾아보면 모든 것이 더 순수하고 튼실하다. 중국이 "소박함"과 "단순함"을 잃지 않고 고급제품을 만들어나간다면 많은 제품이 한국을 능가해버릴 것이다. 중국은 이미 세계의 오이엠공장이 아닌 것이다. 자체의 디자인과 자체의 생산능력과 기술을 보유한 나라인 것이다.

"치엔성차오스千盛超市"는 대학정문 맞은편 이 큰 건물 지하실에 널찍하게 자리잡고 있다. 들어가면 항상 한국가요가 들리고, 한국에서 직수입된 제품들이 풍성하게 진열되어있다. 내가 한 학기 동안 가장 많이 들락거린 곳이 치엔성일 것이다. 내가 왔을 때만 해도 주차장이 자유롭게 개방되어 있었는데 떠날 때는 용역회사의 폐쇄적 유료 주차장으로 변모했다. 그 짧은 시간동안에도 일어나는 사회변화는 악성적인 방향이다. 인간미가 사라지고 있는 것이다.

내가 연변대학을 방문한 것은 이번이 처음이 아니었다. 2005년 5월 20일, 해가 어둑어둑 황혼속에 파묻혀 갈때 연변대학을 묵묵히 바라보았다. 나는 그때 독립운동사 10부작을 촬영하고 있었다. 교내에 "항일무명영웅기념비"가 있다고 해서 가보았는데, 몇몇 학생이 사물놀이를 하고 있었다. 이 사진은 그때 연길교외 농촌에서 찍은 것이다. 내가 어릴 때 보았던 마찻길의 풍경이 그대로 내 눈앞에 재현되고 있었다. 지금은 이런 모습이 하루하루 사라져가고 있다. 인류의 역사는 과연 무엇을 구현하고자 하는 것인가? 두 사람과 황소의 시선이 무엇인가를 암시하는 듯 하다.

9월 10일, 수요일

아침에 수위실로부터 멧세지가 든 보따리가 하나 올라왔다. 멧세지를 펴보니 참으로 놀라운 사건이 벌어졌다. 나의 존경하는 친구, 박영재교수로부터 전갈이 온 것이다. 독자 중에서 박영재라는 이름을 알만한 사람은 다 알 것이다. 연대 사학과를 나오고 일본사전공으로 시카고대학에서 박사를 마친 후, 연대 사학과 교수를 지냈다. 최장집·박세일·박영재·김용옥은 미국에서 유학하던 시절부터 사상을 나누던 친구들이었다. 우리는 미국에서 유학하면서 조국의 앞날을 걱정하며 세미나를 열곤했다. 제각기 간 길은 달랐지만 당대 우리는 엘리트의식을 가지고 우리가 앞으로 조국의 역사를 위해 무엇을 할 수 있는가에 관해 열띤 토론을 벌였다.

박영재교수는 체구가 크고 인품이 너그러웠다. 사실 난 그의 개인적 삶에 관하여 소소한 것을 알지는 못하지만, 그가 내 글을 열심히 읽어주고 마음 속 깊이 나를 후원하고 격려해주는 따스한 마음을 지닌 친구라는 것만은 확실하게 기억한다. 그는 문자 그대로 "따르언大人"의 풍도를 지닌 인물이었다. 그런데 어느 날, 홀연히 그는 사라졌다. 누구든지 부러워하는 연대 사학과 교수직을 사직하고 어디론가 떠난 것이다. 그의 종적을 관심을 가지고 조사해 보면 내가 알 수도 있었겠지만, 그런 관심을 갖는 것 자체가 나의 친구에게는 의미 없는 일이라는 것을 나는 잘 알았다. 나는 내 삶에 충실할 뿐이고, 친구가 사라지면 사라지는 대로 흘러버리는 것이 친구를 사랑하는 하나의 멋일 수도 있는 것이다. 그런데 그가 연변대학에서 11년이나 교수생활을 하고 있었던 것이다. 나는 솔직히 그런 사실을 새카맣게 모르고 있었다. 무방비 상태에서 그의 소식을 접하니 너무도 반갑고, 또 그의 홀연한 자태가 하나의 충격으로 다가왔다. 쪽지를 펴보니 이런 내용이 적혀있다:

"김형! 박영재입니다. 혹시 긴요하실 것 같은 물건 몇개를 두고 갑니다. 방도 손전화도 모르니 답답합니다. 연락주시기 바랍니다."

그런데 더 가슴을 치는 것은 그가 나에게 남긴 물건들이었다. 보따리를 펴보니 거기에는, 전화 하나와 연길시 지도 하나와, 내가 좋아하는 붓펜 하나와, 또 대형의 12년산 글렌피디치 스카치 위스키가 들어있는 것이다. 금방 내가 도착한 것을 알고 즉각 준비해 준 품목들에 담겨있는 우정의 자상함에 나는 가슴이 뭉클해지는 것을 느끼지 않을 수 없었다. 그러나 글렌피디치 스카치 위스키는 좀 핀트가 안맞는 듯 했다. 내가 술을 별로 즐기지 않는다는 것은 잘 알텐데, 붓펜까지 넣어주는 자상한 사람이 왜 위스키를 넣었을까? 객지에 도착해서 공적한 마음을 달래기 위해 독배라도 한 잔 하라고 보냈을까? 그런데 위스키 통을 들어보니 의외로 무게가 가뿐했다.

통을 따보고 나는 정말 경악했다. 겉 통속에 술병이 들어있는 것이 아니라 마른 누룽지가 가득 들어있었다!

이 물건들은 어제 밤에 이곳에 전달된 듯 했다. 나는 적혀있는 전화번호를 즉각 눌렀다.

"김형이요?"
반갑기 그지없는 목소리였다.

"난 내일 모레, 한국엘 들어가요. 그래서 불행하게도 김형을 모실 수가 없어요. 내가 사둔 별장이 하나 있는데, 그곳은 김형이 이용할 만 할께요. 장작 때는 방도 있고, 냉장고에 물건도 잔뜩 넣어놓았어요. 공부할 책상도 있고, 가끔 가서 쉬면 몸이 풀릴 겝니다. 택시타면 한 30분 거리지만 몇 푼 안줘도 가요. 그곳이 오봉촌이라는 곳인데 그곳 촌서기 박숙자를 찾으이소. 박숙자가 다 해결해줄 겁니다. 박숙자서기가 누룽지를 잘 만드는데 천하에 그렇게 맛있는 과자가 없어요. 그래서 보낸 것이니 잘 자시소. 저녁에 출출할 때 물 넣고 끓여먹으면 그 이상이 없다니까 …."

다시 못보고 떠날 것 같더니만 조금 있다가 젊은 교수 두 명을 데리고 내 방으로 찾아왔다. 첫 인상이 연륜은 속일 수 없는 것이니 했다. 주변 친구들의 모습은 곧 나를 되돌아보게 만드는 것이다. 나라고 만년 청춘일 수는 없는 것이다. 내 글은 빼놓지 않고 계속 읽었다 했다. 참으로 고마운 일이다. 나는 최근에 나온 『교육입국론』을 한 권 선사했다. 그 글조차 한겨레에서 읽었다 했다. 나는 그곳에 그가 준 붓펜으로 다음과 같이 썼다:

"十年再面, 千年之情"

십년만에 얼굴을 다시 대하니 천년 쌓인 정이 왈칵 쏟아진다는 뜻이다. 같이 온 교수가 모두 인문대학 역사계(歷史系: 중국에서는 과를 "계系"라고 한다) 교수였다. 한 명은 김광희金光熙 부교수이고, 또 한명은 고대 동아시아를 전공하는 김금자金錦子 부교수였다. 김광희 교수는 내 책을 보더니 선 자리에서 한 페이지를 읽고 말한다.

"선생님께도 이런 일이 있을 수 있습니까?"

놀라운 순발력이다. 내가 대학에서 겪은 체험에 관해 쓴 것을 읽고 하는 말이다. 무서운 학구파 같다. 내가 배울 게 있을 것 같다. 박교수는 내가 싸인해 준 책을 펼쳐 보고는 빙그레 웃는다.

"서도 글씨가 많이 늘었네!"

이날 밤 나는 박형이 준 누룽지를 끓여먹었다. 정말 구수했다. 친구의 마음 씀새에 고적한 내 눈가에 눈물이 서렸다.

9월 11일, 목요일

박영재교수가 아무래도 마음이 안놓였던 모양이다. 한국으로 떠나기 전에 날 다시 보기 어렵겠다고 말했는데, 아침에 또 전화를 했다.

"김형! 오늘 점심 약속 있어요?"

"없긴 하지만 바쁘시면 구태여 ….'

"아니, 여기 진짜 철학공부 열심히 하는 친구하나 소개해 줄려구. 김철수 교수라구 고려불교가 전공인데 ….'

"좋죠! 그럼 만납시다."

"11시에 그리로 가겠소."

여기서는 보통 점심을 12시 이전에 해결한다. 그만큼 아침이 이른 것이다. 저녁을 5시경에 먹는 사람들이 많다. 사회주의 국가의 기강이 아직도 남아있는 것이다. 도시문명화가 진행되면 될수록 식사 시간은 늦어질 것이다.

만나보니 김철수金哲洙교수는 내가 5월에 왔을 때 면식이 있었던 분이었다. 연변대학에는 철학과가 문과대학에 소속되어 있질 않고 마커쓰주의학원馬克思主義學院에 소속되어 있다. 단과대학 이름이 "맑스주의대학"인 것이다. 김철수교수는 맑스주의대학 소속인데, 전공은 한국철학이다.

"고려불교가 전공이라고 하셨죠?"

"아닙니다. 제 전공은 고려유학입니다."

"자료가 별로 없어 연구하시기에 고통이 많으실텐데 ⋯."

"저희들은 선생님처럼 뭘 꼭 해야겠다는 절박한 심정이 없어요 ⋯.

그냥 먹고 사는 거지요."

좀 도인 같은 이야기를 술술 뽑아낸다.

박형은 교문 앞 후통胡同(골목길)에 생태찌개집이 잘 하는 곳이 있다했다. 우리는 그곳으로 걸어가며 계속 이야기를 나누었다.

"고려유학을 중세사상이라고 말할 수는 없지 않겠습니까? 중세니 근대니 하는 맑스발전단계도식에 의한 사상사적 규정을 믿으십니까?"

"대안이 없지 않습니까? 역사는 어차피 기술되어야 하는 것이고, 기술하려면 최소한의 틀이 있어야 하지 않겠습니까?"

연변대학 정문을 지나 올라오면 정면에 이 종합루綜合樓라는 건물이 보인다. 매우 웅장하고 아름답다. 교무처, 행정부서, 컴퓨터자동화교실, 정보화네트워크센터, 세미나실 등이 자리잡고 있다. 그러나 우리 눈에 띄는 것은 새파란 하늘과 활기찬 학생들의 발걸음이다. 교정의 하늘과 공기가 그렇게 맑을 수가 없다. 나는 연대의 교정을 점점 사랑하기 시작했다.

나는 말했다.

"꼭 대안이 필요합니까? 그냥 그런 틀을 벗어나면 안됩니까?"

"그래서 저는 학생들에게 이렇게 말합니다. 역사를 기술하는 방식, 즉 시대구분론에는 현재 몇가지 스타일이 있다. 그중에서 너희들이 골라가져라!"

"역사기술이란 골라가질 문제는 아니지요. 하여튼 요번 학기 강의를 하면서 그런 문제를 고민해보겠습니다. 김철수교수님께서 저에게 많은 가르침을 주시면 감사하겠습니다."

"그런데 더 큰 문제는 그런 게 아니라 그말입니다. 여기 학생들이나 일반인들이 학문에 대한 근원적인 경외감이 없다 그말입니다. 문화혁명을 거치고 개혁·개방을 거치면서 '문화'에 대한 감각을 상실해 버렸습니다. 제가 어릴 때만해도 학문이 있는 어른들에 대한 주변의 경외심이 대단했어요. 그게 중국의 힘이었죠. 그러나 지금은 선생님 같은 대학자를 알아보는 눈이 없어요.

더 본질적인 것은 중국사회가 학문이 이 세계를 움직여 나간다는 일반적 신념이 결여되어있는 사회라는 것이죠. 이게 도대체 뭐가 되겠습니까? 지금 중국은 걷잡을 수없는 괴물이 되어가고 있습니다. 이 괴물이 뭔 짓을 할지 예측이 가질 않습니다."

"그래도 중국학생들은 순박하던데요. 내가 강의를 해보니까 한국대학생들보다 더 순결한 향상심向上心이 있어요. 학문에 대한 경외심이 없다해도 순결한 마음 자세만 있으면 어떻게 만들어 봐야죠. 교육이라는게, 독일어로는 빌둥Bildung이라고 하니까, 그냥 짓는 거에요. 순결한 바탕만 있으면 그곳에 건물을 짓기나름이죠. 저는 중국에 대한 신념을 버리고 싶지 않아요."

"글쎄요 ……."

김철수교수는 매우 비관적으로 중국의 명운命運을 바라보고 있었다. 우리가 점심먹으러 간 곳은 "월미도해물"이라는 간판이 붙은 곳이었는데, 월미도를 "越味島"라고 썼다. 맛을 초월한다는 의미인데, 인천 월미도를 그냥 그렇게 쓴 것 같다. 인천 월미도는 "달꼬리"라는 뜻으로 "月尾島"라 써야 한다. 구한말에는 "Rose Island"라는 이름으로 외국에 알려지기도 하였다.

그 집주인 남편이 나진羅津 앞바다에서 배를 4척이나 가지고 어부생활을 한다고 했다. 그래서 이집 생선이 나진 앞바다에서 바로 이송되어온 것이라고 했다. 나진에서 어떤 방식으로 그렇게 빨리 운송이 되어 오는지는 잘 모르겠지만, 그들이 말하는 것만큼 생선이 싱싱하지는 않았다. 미원을 절대 넣지 말라고 신신당부를 했다. 미원은 넣지 않았지만 별로 맛다운 맛을 내지는 못했다. 그냥 흰 국물에 대구를 끓여 내놓았는데 맛있게 먹을 생각이 별로 나질 않았다. 그런데 박교수는 참 맛있는 생선이라고 하면서 부지런히 생선대가리부터 퍼주는 것이다. 그리고 술을 한잔 하자고 했다. 내가 술을 못한다고 하니깐 너무도 아쉬운 표정을 지었다.

"난 여기 와서 낮술을 배웠어요. 점심때 꼭 한두 잔 하지요."
"그럼 저녁때도 또 자시잖어요?"
"물론 먹지요."

김철수는 박영재의 술친구인 것 같았다. 김철수교수의 눈 밑에는 검은 반점이 어른거렸다. 술을 많이 드는 분들의 공통된 한 징표라 할까? 양인은 이미 주선酒仙이 되어버린 듯 했다.

"그렇게 술을 계속 드시면서 건강이 유지되세요?"
"건강하니 술을 먹는 것이고, 술 먹으니 건강한 게 아니겠습니까?"
"위대하십니다. 참 부럽습니다."

도대체 박교수는 왜 그토록 남들이 부러워하는 연세대학교 정교수 자리를 박차고 이 후미진 연변에서 술을 먹으면서 살고 있을까? 박교수의 존재감은 연변대학에 좋은 영향력을 미치고 있는 듯 했다. 그의 학문적 격조나 삶의 느긋함이 많은 사람들에게 모종의 정신적 위안감, 그리고 연변에 사는 것에 대한 프라이드를 주고 있는 듯 했다. 내가 어떻게 여기서 혼자 11년이나 살 수 있었냐는 질문에 그는 이와 같이 대답했다

"여기서 사는 게 좀 여유롭지 않습니까?"

사회구조 전반이 좀 엉성하고 불합리한 데서 오는 여유, 그러면서도 공기좋고 물좋고, 돈만 있으면 생활에는 불편이 없고, 이런 조건에서 유유자적 주선이 되어 노난다 …. 하여튼 박교수는 이미 세속적인 모든 것을 해탈해버린 듯 했다. 확실히 나보다는 한 단수가 높은 삶의 선배로 느껴졌다.

　그는 나 같이 까다로운 사람이 아니었다. 그가 떠나면서 나에게 좋다고 소개한 식당은 대강 미원범벅이었고 나의 기준에서 보면 좀 수준이 떨어지는 곳들이었다. 술을 즐기는 사람들은 음식을 일차적으로 술안주로서 대하기 때문에, 음식에 대한 섬세한 감각이 결여될 수가 있다. 치열한 "일벌레"인 나에겐 느긋한 "주선"의 기호가 잘 맞지 않는 것 같았다. 친구여, 사람은 그렇게 자기 길을 가는 것일세! 편하게 생각하자구! 우리가 이제 살면 몇 년을 살겠다구! 친구여 … 잘 다녀오게나!

"옳~해도 과~꽃이 피~었습니다." 요즈음 한국에서는 과꽃을 만나기 어렵다. 어렸을 때는 도처에 있었는데! 외래종이 설치고 있는 것이다. 나의 숙소 앞에 화려하게 자태를 뽐내고 있는 과꽃을 문득 바라보았을 때 옛 추억들이 피어올랐다. 과꽃을 키우시던 엄마를 생각하면서 셔터를 눌렀다.

9월 12일, 금요일

아침 10시경 L.A.에 있는 이승윤군과 긴 통화를 했다. 이승윤군은 옥스포드대학을 나온 수재인데 현재 실리콘밸리에서 언론관계 벤처사업을 창업중이라고 한다. 이승윤군은 중앙일보 객원기자로서 활약하기도 하는데, 홍석현회장의 귀여움을 많이 받는 젊은이인 것 같다. 누가 뭐래도, 홍석현회장과 나는 친구다. 현대사회에서는 비지니스 리더십business leadership의 사회적 기능이 중요한데, 나는 그러한 도덕적 사회기능을 수행하고 있는 리더로서 홍석현을 자신있게 꼽는다. 홍석현은 끊임없이 독서하고 사유하고, 무엇인가 진정한 가치를 구현하고자 몸부림치는 사람이다. 나는 홍회장의 "속생각"을 좋아한다. "속생각"이라는 것은 겉으로 다 표현하지 못하는 자기 생각이 있다는 것이다. 그가 처해야만 하는 주변세계와 그의 속생각 사이에는 가치관의 괴리가 있는 것이다. 아마도 그 속생각 때문에 손석희 같은 사람이 JTBC에서 버틸 수 있을 것이다. 나는 어떠한 경우에도 홍회장을 이해할려고 노력한다. 그 또한 나에게 항상 인간적인 배려를 아끼지 않는다. 우리는 서로 상통하는 점이 많다. 가정배경이나 학벌, 성장과정이 같은 시대의 공통체험을 분유하고 있기 때문이다. 내가 아무리 "엄하게" 말해도, 그는 나의 말을 존중해주는 아량과 진심을 버리지 않는다.

얼마전에 내가 그에게 중국의 미래에 관해 영문으로 쓴 『대동사회大同社會 *The Great Equal Society*』라는 책을 몇 권 보냈는데, 홍회장은 친절하게도 그 중 한권을 니콜라스 베르그루엔Nicolas Berggruen(1961년생. 투자회사 베르그루엔 홀딩스Berggruen Holdings의 창업자이며 회장. 세계의 정치문제를 고민하는, 싱크탱크 베르그루엔 인스티튜트Berggruen Institute의 회장. 그의 부친 베르그루엔은 베를린의 유수한 박물관 뮤제움 베르그루엔Museum Berggruen을 설립했다. 아버지는 세계적으로 유명한 아트 컬렉터이고 엄마는 오스트리아—알바니아계의 여배우이다. 그가 2011

베르그루엔이 멕시코시티에 있는 몬테리 기술고등교육연구소Monterrey Institute of Technology and Higher Education에서 전지구적 정치에 관하여 강연하고 있다. 그는 "홈리스 억만장자the homeless billionare"라는 별명으로 잘 지칭되는데 생애의 대부분을 전세기나 호텔에서 보내고 집을 소유하지 않기 때문이다. 무소유를 실천하는 그의 방식일 텐데 좀 특이하다. 사람은 초가삼칸이라도 자기 보금자리가 있는 것이 건강에 보탬이 될 텐데 …. 위키사진 전재.

년에 형성시킨 "21세기 카운실The 21st Century Council"은 세계의 전체적 정치행정체계를 논구하는데 유력한 세계정치지도자들, 노벨상 수상의 사상가들, 비지니스 리더들이 소속되어 있다. 그는 유럽의 경제적 위기가 바른 정치적 비젼으로 해결되어야 한다는 신념을 가지고 있다)이라는 뜻있는 독일인-미국인 억만장자에게 선물했던 것이다. 베르그루엔은 그 부친이 독일계 유대인이므로 유대인 혈통의 사람이지만 모친이 유대인이 아니기 때문에 정확하게 유대인이라 말할 수도 없을 것이다. 그는 돈이 엄청 많지만 그 돈을 부모로부터 물려받은 것이 아니라 자기실력으로 번 것이다. 뉴욕대학New York University에서 국제기업재정학 학사를 획득한 후, 불과 25만불의 트러스트펀드를 기초로 해서 오늘의 거부를 쌓아 올렸다. 재정에 관하여 자기실력이 있고 천재적 통찰력이 있으면서 인류문명의 진로에 관해 나름대로 깊은 "우환의식"이 있는 사람 같다. 이승윤군이 베르그루엔에게 나를 만나 볼 것을 강력히 추천했다는 것이다. 베르그루엔은 철강왕 카네기 이래의 미국 부옹의 낭만주의, 필랜트로피스트의 전통을 잇고 있는 훌륭한 인물일 것이다. 베르그루엔에 관하여 쓴 기사를 읽으면서 나의 가슴에 가장 와 닿는 얘기는, 그가 인류의 가장 심각한 문제 중의 하나가 "서양이 동방의 철학을 근원적으로 파악하지 못하는 데서 생겨나는 것"이라고 판단한다는 것이다. 그래서 세계인들의 동방철리에 대한 본질적인 이해가 필요하다고 역설한다는 것이다.

나는 베르그루엔이 어떠한 현실적인 관심의 맥락 속에서 이런 말을 하는지는 잘 모르지만 그 속사정이 매우 깊은 곳에 있다고 한다면 사유가 매우 심오한 사람이라고 말해야 할 것이다. 그러한 맥락에서 홍회장과 이승윤군이 나를 그에게 추천했다는 것이다. 그러나 실제로 사람이 만나서 어떤 실질이 있는 창조적 성과를 낸다는 것은 지난至難한 일이다. 아무리 훌륭한 연구소를 차리고 그 소속멤바로서 세계적으로 명망있는 자들의 이름이 나열된다고 해서 인류의 미래를 위하여 의미있는 성과가 발생하는 것은 아니다. 기실 유명한 사람들이 한자리에 모일수록 의미있는 대화는 이루어지지 않는다. 동상이몽일 뿐이다. 나는 승윤군에게 말했다.

"그 사람 주변에 세계적으로 명망있는 사상가나 정치가, 유럽의 수상을 지냈던 인물들이 즐비하던데, 그러한 사람들 틈바구니에 일말의 명망도 없는 내가 한다리 끼어본들 뭔 일을 할 수 있겠나? 나는 근원적으로 제도권에서 피상적으로 활동하는 사람이 아니거든."

"네! 잘 알죠. 선생님을 특별히 만나보고 싶다고 편지까지 해주셨습니다."

"그분의 편지를 보니깐 L.A.에 내가 들릴 기회가 있으면 한번 만나겠다고 했는데, 그런 곁다리 식으로 한번 만난다고 뭔 의미가 있겠어? 날 진정으로 만나고 싶으면 정식으로 날 초청해야 하고, 참으로 가슴을 열고 진지하게 대화할 수 있는 충분한 사적 시간을 내주어야 하겠지."

"그분이 12월에 한국에 가실 예정인데 그때는 어떠세요?"

"그때는 나는 연변대학에서 강의하고 있기 때문에 한국에 있질 않아요. 그리고 연변대학 강의는 집중을 요하기 때문에 잠깐이라도 한국을 나갈 수는 없어요."

"그럼 언제가 좋으실까요?"

"내년 1월 중이라면 내가 베르그루엔을 만나러 L.A.에 갈 수가 있어요. 베르그루엔이 날 만날 생각이 있다면 최소한 이틀 이상은 시간을 내야되겠죠. 몇십시간이라도 진지하게 머리를 맞대고 무엇인가 진정한 고민을 교환해야 하지 않겠어요? 그리고 그러한 대화를 통해서 서로의 가슴에 자기들 인생을 통털어 헌신할 만큼의 어떤 깨달음 같은 것이 꽂히게 되면, 그 시점에서 인류의 새로운 길이 열리겠지. 난 연구소를 만드는 데 관심이 없고, 더구나 연구소의 부품으로 기능하는 데는 더더욱 관심이 없어요. 베르그루엔이 정치인이 아닌 이상, 그 사람이 할 수 있는 일은 결국 충고advice, 설득persuasion일 뿐인데, 그것은 공식적 대화로 되는 것이 아니에요. 가슴으로 정감이 소통되어야 하고, 사상에 앞서 사적 느낌으로 전 우주를 공유할 수 있어야 해요. 그런 소통에는 돈도 많이 필요 없고, 전시효과도 필요 없어요. 오직 인류사회를 변혁시킬 수 있는 구체적 '행위*Arbeit*'를 해야 해요. 세계를 변혁시키는 것은 '사상'이죠. 사상은 컨퍼런스에서 탄생되지 않아요."

"베르그루엔도 같은 생각이실 꺼에요. 참 좋으신 분이거든요."

"자네가 다리를 잘 놓아보게. 내가 직접 연락해봐야 내가 그에게 별 인상을 주지 못할테니깐."

"제가 좋은 자리를 마련하도록 최선의 노력을 하겠습니다."

"나는 말야! 항상 오늘 하루를 어떻게 사느냐? 그것이 제일 큰 관심이거든. 내 방에서 오늘 공부하고 생각하고 글쓰고 하는 일만으로도 나는 인류를 변화시킬 수 있다고 믿는 사람이거든 ……."

"잘 알겠습니다."

실리콘밸리에서 활약하는 이승윤군의 대성을 빈다.

우리 한국인들은 중국공산주의운동사를 너무도 모택동 중심으로 이해하는 데 익숙해있다. 중국정부의 공식적인 모택동 개인숭배 입장 때문에 그런 인식의 틀이 보편화되어 있지만, 이미 20세기 중국공산당의 역사는 지나간 옛 이야기이므로 보다 객관적이고도 정당한 평가를 할 때도 되었다. 사실 모택동은 전사戰士가 아니다. 그는 문필가였고 붓에서 나오는 힘으로 카리스마를 유지하였다. 붓이 칼보다 강하다는 것은 모택동의 생애가 입증한다고 말할 수 있다.
그런데 인민해방군의 아버지는 모택동이 아닌 주덕朱德, 1886~1976이다. 주덕은 1886년 12월 1일, 사천성 의롱儀隴 사람으로 객가집안에서 태어나 과거제도가 폐지되기 전해에(1905) 이미 "수재秀才"가 된 사람이다. 주덕은 모택동보다 나이가 7살 위이며, 어려서부터 문·무가 출중했다. 과거가 폐지되자 운남육군강무당雲南陸軍講武堂에 입학하였고 또 중국동맹회에 가입한다. 그리고 원세개에 반대하여 공화국을 사수하는 호국전쟁에 가열차게 참가하였다. 맑스주의를 수용하면서 1922년 독일 괴팅겐대학에 유학했는데, 베를린에서 주은래를 만나 중국공산당에 가입하게 된다.

培養社會主義的　學習毛澤東思想

接班人

延邊大學

朱德

一九六四年七月十二日

동북민주련군東北民主聯軍
주덕장장朱德獎章(1947년)
46×53mm In Collection

1925년, 소련에서 군사훈련을 받고, 26년에 귀국하여 북벌에 참가했다가 27년에 남창봉기를 주도한다. 봉기가 실패하자 봉기군을 수용하여 정강산井岡山에 들어가 모택동과 합류하여 홍군紅軍 제4군장第四軍長으로서 혁명군을 창립한다. 이 시기의 홍군을 "모주군"이라 부르지 않고 "주모군朱毛軍"이라 부를 정도로 그는 홍군의 실제적 리더였다. 31년에는 중화소비에트혁명군사위 주석이 되었고, 그 유명한 장정을 실제적으로 이끌었다. 준의회의遵義會議에서 모택동을 옹호하여 장정을 모택동의 지휘 하에 완결되도록 만든다. 제2차 국공합작이 성립하자 팔로군 총사령이 되어 항일전쟁을 이끌고, 46년 국공내전이 개시되자 해방군 총사령이 되어 화북지방의 내전을 지도한다.

건국 직후에 인민해방군 총사령, 인민정부 부주석, 인민혁명군사위 부주석이 되었고, 55년에는 국가대원수의 칭호를 얻는다. 문화혁명 때까지도 비판하는 세력이 있었지만 워낙 절대적 카리스마가 있었기에 실각하지 않았다. 모택동이 죽는 그 해 1월에 주은래가 서거했고, 주덕은 마오가 죽기 두 달 전에 눈을 감았다.

주덕은 화북과 동북지역에서의 조선인들의 활약상에 관해 너무 잘 이해하고 있었다. 그는 총사령으로서 좌권左權 장군을 추도하는 자리에서도 이렇게 말했다: "동무들은 리홍광李紅光 동지를 아십니까? 그는 조선사람입니다. 동북의용군에 참가한 위대한 전사들은 그 동무뿐이 아닙니다." 위에 우리가 수집한 메달은 1947년 "주덕장장朱德獎章"으로 되어있는데 인민해방군의 아버지 주덕이 장개석의 국민당 군대를 상대로 용감무쌍하게 싸워 승리를 거듭하는 동북지역의 전우들에게 수여한 표창메달이다. 이 메달을 받은 대다수의 사람들이 조선인이었고, 그들이 인민해방군의 승리를 결정적인 것으로 만들고 있다는 것을 주덕은 잘 이해하고 있었던 것이다.

상기 글씨는 1964년 7월 12일, 주덕이 연변대학에서 쓴 것이다. 이 주덕의 글씨는 중국의 역사를 깊게 이해하지 못하는 자들은 잘 알 수가 없다. 당시 전국인민대표대회 상무위원회 위원장이었던 주덕이, 1964년 7월 12일 연변대학에 나타난 것이다.

그는 중화인민공화국 부주석 동필무董必武(이따一大 출석자), 중공중앙감찰위원회 서기 왕종오王從吾와 함께 온 것이다. 이들을 초청한 사람이 바로 연변대학을 창시했고, 연변주위延邊州委 제1서기였던 주덕해朱德海였다. 주덕은 주덕해, 림민호林民鎬 교장과 모스크바 동방대학 동문이고, 주덕해와는 연안에서 같이 투쟁하였던 것이다. 주덕은 무엇보다도 연변대학의 위상을 잘 이해하고 있었다. 그가 쓴 글씨의 내용은 "모택동사상을 잘 학습하여, 사회주의의 접반인接班人을 배양하자"의 뜻인데 전반부는 그냥 판에 박힌 소리이고 중요한 것은 "사회주의의 접반인社會主義的接班人"이라는 구절이다. 공장에서 하루시간 일을 마치면 다음 사람에게 일을 넘기고 가는 것을 "지에빤接班"이라고 말한다. 근무교대를 의미한다. 그러니까 사회주의 정통을 연변대학의 학생들이 계승해야 한다는 것을 말한 것이다. 이것은 조선의 동포들이 중국사회의 적통의 자격이 있다는 것을 암시한 것이다. 주덕만이 할 수 있는 이야기다. 그 글 아래 쓰여있는 "연변대학延邊大學"이라는 주덕의 글씨는 연변대학의 모든 로고에 쓰여지게 되었다. 모택동의 서도 글씨보다 훨씬 더 의미있고 생명력이 길고 강한 글씨라 할 것이다. 정당한 역사의 하중을 담은 위대한 로고다. 나는 주덕의 글씨가 간체자로 쓰여지지 않았기 때문에 기분이 좋다. 그런데 그토록 화기애애했던 주덕방문의 불과 2년 후부터는, 주덕해, 림민호는 문화혁명의 광기에 희생되는 비운을 맞이하게 된다. 중국역사에 특이하게 나타나는 광기는 용서키 어려운 것이다.

9월 13일, 토요일

  내가 연변에 온 가장 큰 이유 중에 연변대학이 남북학술교류가 활발한 곳이라는 사실이 포함된다. 나는 우리민족의 가장 큰 과제상황은 역시 남·북문제에 있다고 판단한다. 우리 현대사의 최대의 쟁점은 남북문제이고, 남북문제야 말로 모든 역사의 출발점이 되지 않을 수 없는 것이다. 많은 사람들이 남북문제를 방치하거나 방기하거나 방심하는데, 그것은 실존의 포기를 의미하는 것이다. 실상 한국의 모든 문제는 남북문제를 전제로 하지 않으면 본질적 해결이 어렵다. 우리가 외교적으로 일본이나 중국에 대하여 이니시어티브를 잡을 수 있는 키도 남북화해에 있다. 우리가 경제적으로 안정된 나라를 만들 수 있는 열쇠도 남북화해에 있다. "남북화해"라는 말을 내가 쓰는 것은 "통일"이라는 말은 더 이상 현실적인 개념이 아니기 때문이다. "통일"은 결국 일방이 타방을 강제적으로 병합한다는 현실론을 내포하지 않을 수 없다. 그러나 그것은 진시황적 통일일 뿐이고 남북 양방에 모두 불리하다. 통일의 현실적 방안은 "고려연방제"니 하는 따위의 이념적 도식이나 실질없는 허언虛言에 있는 것이 아니라, 우선 쌍방의 현실태를 있는 그대로 긍정하는 "상호인정"
의 기반위에서 "적극교류"를 하자는 것이다.

교류라는 것은 서로를 배워가는 과정이다. 남한보다 북한사람들이 이념적
으로 경직되어 있는 것은 말할 나위도 없다. 자신의 속마음을 털어놓을 수
있는 여백이 없는 사람들이라는 것은 너무도 명약관화한 것이다. 그런 사람

들과 교류하는 방법은 그들이 편하게 와서 보고 느끼게 해주는 것이다. 하여튼 연변대학에는 북한의 학자들이나 관료들이 많이 온다. 내가 머문 숙사의 윗층에 평양사회과학원 사람들이 몇명 묵고 있는데, 밤마다 모여 유쾌하게 떠든다. 밤마다 술을 드시는 것 같은데, 또 재미있는 것은 한 10시만 넘으면 반드시 떠드는 소리가 그친다는 것이다. 집체적인 생활에 익숙한 사람들 같다. 아침에 보면 복도 엘리베이터 앞에 맥주병이 정확하게 줄맞혀 놓여 있다. 그 대표격인 정책실장이라는 분이 있는데, 매우 문아文雅한 기품을 지니고 있는 분이다. 천생 얌전한 학자풍도의 조용한 분이다. 엘리베이터에서 만나면 서로 깍듯이 인사를 나누는데 더 이상의 이야기는 없다.

옛날에는 외국에서 북한사람들을 만나면 우리가 소름이 끼쳐 쫄았는데, 이제는 우리는 적극적이고 그들이 소극적이다. 내 방에서 같이 차라도 한잔 나누자고 이야기하고 싶어도, 그에게 누를 끼칠 것 같아 말할 수가 없다. 그리고 또 그런 자리를 만들어 본들 그가 무슨 말을 할 수 있겠는가? **사랑하는 사람을 한번 껴안아보지도 못하는 냉가슴**이 우리들 사이에는 놓여있는 것이다. 얼마전에는 연변대학 세미나에 참가하러 김일성·김정일주

북측 사람들은 내가 김정일과 같이 악수를 하고 같이 식사를 한 사람이라는 것을 알면 태도가 달라진다. 나는 어찌 되었든 북한에 스테이트 비지트state visit의 일원으로서 평양을 갔다. 우리는 2007년 10월 2일 평양 인민문화궁전 널찍한 광장 앞에 서있었는데, 나는 이 사진을 찍을 수 있는 위치에 서있었다. 악수를 받는 자의 점잖은 입장에서 사진을 찍는 사람은 아무도 없을 것이다. 그런데 나는 주머니에 넣고 있었던 작은 카메라로 잽싸게 이 사진을 찍었다. 아슬아슬했다. 그러나 아무도 나를 막을 수는 없었다. 그런데 이 방문은 의미 없이 끝나고 말았다. 노무현은 너무 늦게 평양을 간 것이다. 임기 초기에 갔어야 했다. 노무현정권의 최대실책은 김대중의 햇볕정책을 적극적으로 계승하지 못한 데에 있다.

의연구소 소장이라는 분이 왔다. 평양에서 단동을 거쳐 기차를 타고 고된 여행을 하신 모양이다.

식당에서 각기 다른 방에서 식사를 하게 되었는데 그 연구소 소장 전하철全河澈이라는 분이 내가 있는 쪽으로 인사를 왔다. 얼굴이 아주 밝고 깨끗한 학자형의 사람이었다. 아마도 김일성·김정일주의연구소 소장이라면 엄청 높은 지위에 있는 사람일 것이다.

"반갑습니다."

"저는 남측에서 동포들에게 북측에 대한 바른 인식을 갖도록 거침없이 말하는 사람입니다. 앞으로 남·북이 서로 이해를 깊게 했으면 좋겠습니다."

"우리는 역시 같은 핏줄아닙네까? 거저 한마음으로 터놓고 이야기할 수 있어야겠지요."

더 이상의 말은 없었다.

2007년 10월 2일 평양에서 내가 방문한 김책공업종합대학의 전자도서관. 물론 이날 우리 방문단을 맞이하기 위하여 모든 것을 특별하게 꾸며놓았을 것이다. 그런데 전자도서관이라 해도 컴퓨터의 시설이 열악했다. 한복을 입고 앉아있는 공대 여학생의 모 ↗

김영남 상임위원장이 베푼 목란관 만찬에 나는 7번 테이블에 앉아 있었는데 옆에 앉아있는 사람이 누구인지 나는 전혀 몰랐다. 다짜고짜 물었다: "어디서 뭐하는 분입니까?" "김일성종합대학의 총장 성자립입네다." 이게 웬 떡인가? "뭘 전공했소?" "경제학을 공부했소." "사회주의경제학만 공부했겠네요." "부르죠아경제학도 다 공부합네. 근데 당신은 뭘 공부했소?" "철학요." "나도 철학이라 하면 포이에르바하, 칼 맑스를 열심히 읽었소." "주체철학이나 열심히 했겠지. 물질에 대하여 인간의식의 주동성을 강조하는 주체철학은 유심론 아니오?" "허허! 주체철학은 유심론을 포용합네다." "인간의 주체성을 강조하는 사람들이 왜 그렇게 당을 숭상하오?" "수령이 계시지 않소!" "수령의 리더십의 정당성은 누가 체크합니까?" "이 사람 개똥철학 하는 사람 아냐? 당신은 사이비야! 도대체 당신이 누구야?" "나 철학자 도올 김용옥이요." "당신이 도올 김용옥이란 말이요? …… 당신이 그 유명한 도올이란 말이요?" 그는 나에 대한 정보를 잔뜩 가지고 있었다. 실로 놀라운 일이었다. 그는 이렇게 말했다: "도올 선생! 평양에 좀 자주 놀러오시오."

습이 아무지다. 공부를 잘했기에 이 대학에 들어왔고, 그래서 또 안경을 썼을 것이다. 김책공대에는 1만 명의 학생이 있고 2,000명의 교수가 있다고 한다. 김책金策, 1903~1951은 함북 학성군 출생으로 연길에 이주하여 살았고 용정의 동흥중학교를 다녔다. 1940년대 동북항일련군 시절 김일성을 만났는데, 김일성은 그를 극도로 존경했다. 나이가 김일성보다도 9살이나 위이다. 조선민주주의인민공화국 초대 산업상과 부수상을 지냈는데 6·25전쟁 때 전선사령관으로 장렬하게 전사했다. 그래서 북한 정치의 길항에 끼지 않았다. 역사에서 일찍 죽는 것은 행운일 수도 있다. 위 사진은 우리를 환영하는 대동강변의 시민들.

연대延大 일부도서관逸夫圖書館

9월 15일, 월요일

내 방 맞은편에 묵고 계시던 임광빈林光彬목사가 오늘 귀국하셨다. 한국에서 고생하고 있는 연변의 동포들의 복지를 위하여 활발한 NGO활동을 하시는 훌륭한 목사님이다.

오늘 드디어 수강신청이 시작되었고, 내 학부강의 16주 강의안을 제출해달 라는 전갈이 왔다. 나는 즉각 16강 강의제목을 써 보냈다. 그 내용은 다음과 같다.

이 건물은 내 숙소 맞은편에 있는 도서관인데 연변대학의 학생들이 가장 일반적으로 많이 이용하는 도서관이다. 나도 이 건물 안에서 가장 많은 시간을 보냈다. 그런데 건물이름이 "일부도서관逸夫圖書館"이었다. "일부"가 무슨 뜻이냐고 물었 더니 홍콩의 부자 이름인데 중국의 대학이나 중고등학교에 이르기까지 어느 곳에든지 일부선생이 기증한 도서관건물이 꼭 있다고 했다. 그럼 카네기보다도 더 많은 도서관을 지은 사람이 중국에 있구나 했는데, 나중에 나는 충격적인 사실을 발견 하게 되었다.

일부의 이름이 소일부邵逸夫, 1907~2014인데, 본명은 소인릉邵仁楞, 절강 영파寧波 사람이다. 알고보니 그가 바로 그 유명 한 홍콩의 영화회사, 보통 "Shaw Brothers"라고 불리는 소씨형제유한공사邵氏兄弟有限公司의 창업인이었다. 우리가 어릴 때 보았던『양산박과 축영대梁山泊與祝英台』『대취협大醉俠』(방랑의 결투) 등등의 감동적인 명편을 연상하면 쇼브라더스 의 위세는 대단한 것이었는데, 그가 영화산업과 주식투자로 번 돈을 전부 홍콩과 대륙의 교육·예술·문화발전에 쏟아부었 다는 사실은 실로 충격적이다. 그가 세운 건물이 6,013개나 된다고 하니 그 자선사업의 규모를 알 수가 있다. 영국의 옥스 포드, 캠브릿지, 미국의 하바드대학에 중국학생을 유학시키고, 중국연구소를 세우고, 돈황의 벽화를 보존하고, 지진재해를 복구하는 등 실로 엄청난 일들을 했다. 그는 107세까지 건강한 삶을 향유했으며, 엘리자베스2세로부터 "Sir" 작위를 받았 으며, 2003년에는 동방노벨상으로 불리는 소일부상을 창립했다.

하여튼 우리 기업의 현실을 생각하면 참으로 놀랍고 충격적이고 부끄러운 사실이다. 그의 영문이름이 Sir Run Run Shaw 인데, 평생을 뛰어다녀서 생긴 이름이라고 하기도 하는데, 실제로는 본명인 "仁楞"의 표기에서 생겨난 것이다. 연변대학에 그가 기증한 예술대학 건물이 하나 더 있다.

東西文化比較동서문화비교

1. 西方思维潮流全观 서양사조흐름전관

2. 中国哲学史全观 중국철학사전관

3. 什么是历史? 역사란 무엇인가?

4. 柏拉图主义与观念實在论 플라톤주의와 관념실재론

5. 近代性(modernity)的问题 근대성의 문제

6. 孔子是怎样的人? 공자는 과연 어떤 사람인가?

7. 孟子与康德(Immanuel Kant) 맹자와 칸트

8. 朱熹与黑格尔(Georg Wilhelm Friedrich Hegel) 주희와 헤겔

9. 佛教是什么? 불교란 무엇인가?

10. 关于神(God)的理论 하나님에 관한 이론

11. 阳明学的历史意义 양명학의 역사적 의의

12. 朱熹的四书运动 주희의 사서운동

13. 西方现代哲学的诸问题 서양현대철학의 제문제

14. 生命哲学与存在主义 생명철학과 실존주의

15. 怎样了解现代中国? 현대 중국을 어떻게 이해해야 하나?

16. 我讲人类的希望 내가 말하는 인류의 희망

※ 번체자로 써서 보냈는데 학생들이 못 읽는다고 해서 간체자로 고쳐 보냈다.

9월 16일, 화요일

   나는 공부를 주로 학생들이 많이 가는 일부도서관에 가서 한다. 집에 있으면 너무 졸리고 산만해지기 때문이다. 도서관 2층은 칸막이 책상이고 3층은 큰 책상인데, 나는 2층 칸막이 책상에서 고적하게 앉아 책을 본다. 주변에 젊은 학생들이 앉아 공부를 하면, 나는 그 기를 받아 절로 집중해서 공부를 하게 된다. 하여튼 새롭게 책을 읽거나, 쓰거나 하는 일은 고도의 집중을 요한다.

   연변대학 교정에서 학생들이 담배를 피우는 모습이 보이지 않는다. 남학생이건 여학생이건 담배를 피우지 않는다. 나는 이러한 풍경이 기분좋게 느껴졌다. 그런데 나중에 알고보니, 대학교정에서 담배를 피우는 것이 금지되어 있다고 한다. 교수도 자기 연구실 외에서는 담배를 피우는 것을 삼가해야 한다고 한다. 이러한 규칙이 전국의 대학에 다 골고루 적용되는 것인지 어쩐지는 모르겠지만, 하여튼 본받을만한 규정이라고 생각한다. 이런 것을 사회주의국가의 폭력이라 말할 수는 없는 것이 아닐까?

오늘 점심을 먹고 있는데 전화가 왔다. 송영길군으로부터였다. 어떻게 수소문을 했는지는 모르지만 북경에서 온 전화였다.

"지금 북경 청화대학淸華大學에서 공부하고 있습니다."
"잘했네! 송군은 원래 공부하길 좋아하고 독서력이 있는 사람이니깐 유익한 시간을 보낼 수 있겠구만."
"처음에는 갈팡질팡, 좀 분하기도 했지만, 지금은 오히려 잘 되었다는 생각이 듭니다. 큰 그림을 그리면서 공부 열심히 해볼려고 합니다."
"자네 개인문제라기보다는, 나라가 크게 잘못되어가고 있으니 안타까운 일 아닌가? 남북문제도 점점 헝크러지고, 사회응집력은 점점 사라지고, 언론은

일부도서관에서 공부하는 모습. 플라스틱 쇠의자가 좀 불편한데 방석으로 조절하면 그런 대로 견딜 만하다. 옆자리에 있는 가방이 내가 이태원 가죽집에다 주문하여 만든 것인데 벌써 한 십오 년 쓴 것이다. 나는 줄곧 한 자리에만 앉았다.

점점 개판으로 돌아가고 … 다음 대선때라도 어떻게 새로운 전기가 마련되어야 할텐데 ….”

“오히려 제가 떨어졌기 때문에 자유롭게 정권창출을 위하여 파벌을 초월하여 큰 일을 할 수 있을 것 같습니다.”

“자신을 죽이고 대의를 위하여 갈라진 파벌간의 싸움을 종식시키고, 새로운 통합의 기세를 만들어 낼 수만 있다면 얼마나 좋겠나?”

“저는 지금 양안관계兩岸關係를 공부하고 있습니다. 여기서 공부하고 또 대만 정치대학에 가서 그쪽에서 바라보는 시각도 배워볼려고 합니다.”

“남북문제를 고민하는데도 그런 시각들이 큰 도움이 될걸세. 나는 요번 학기 여기서 강의하고 있어.”

“강의를 어떻게 하십니까?”

“중국학생들에게 중국말로 하지. 지난번 북경대학에서 2시간동안 교수·학생들을 웃기고 울리고 다 했는데 뭘.”

“하여튼 대단하십니다.”

“시간있으면 놀러와. 내 강의도 들어보라구!”

“계획을 세워 꼭 찾아뵙겠습니다.”

“맛있는 음식점이 몇 군데 있다구 ….”

9월 18일, 목요일

후유! 이제 겨우 좀 정신이 든다. 요번 주 한주일 동안 나는 정신없이 바빴다. 아니, 바빴다고 할 정도의 한가로운 표현은 나의 충격과 긴장과 불안과 회한과 안도의 모든 감정을 표현하기에는 너무도 부적합하다. 매일 밤 나는 넋을 잃고 곯아 떨어졌다. 일주일 동안 나는 2시간 이상짜리 강의를 4개나 했다. 그것도 낯선 환경에서 내 말이 아닌 남의 말로.

학점이 있는 강의로는 학부강의 한 개와 대학원강의 한 개로 두 개의 강좌가 설강되었다. 그런데 애초부터 나는 나의 강의가 듣고 싶어하는 전교의 모든 학생들에게 공개되기를 원했다. 그러나 학교에서는 그렇게 할 수가 없다고 했다.

제일 먼저 나의 심기를 불편하게 만든 것은 학생들의 수강신청을 추석 뒤로 미룬다는 것이다. 8월달이면 이미 수강신청공고가 나갔어야 할텐데 그렇게 하지 않는 것이다. 일반학생들의 수강신청이 결정된 이후에 마정학원馬政

學院에서 예정된 학생들 중심으로 듣게 한다는 것이다. 다시 말해서 타과에서 임의로 선택하는 학생들을 따돌릴려는 것이다. 그렇게 해야만 수업분위기를 컨트롤 할 수 있다는 것이다. 어중이 떠중이 다 몰려들면 무슨 일이 일어날지 모른다는 것이다. 나는 내 주장만을 펼 수도 없었다. 그리고 학교측에서는 내 강의를 유치한 사실을 좋아하면서도 또한 불안감을 가지고 있는 것이 역력했다. 나는 그들의 입장을 이해해야만 했다. 그들도 내가 입씸이 거칠다는 것을 알고 있고, 나의 자유로운 사상이 이질적 풍토에 어떤 충격을 형성할지에 관해서 모종의 불안감이 있는 것 또한 충분이 납득할 수 있는 것이다. 대규모 학부학점 강의를 하도록 허락한다는 사실만으로도 나로서는 감사해야 할 일이다.

또 하나의 강의는 학생들 대상이 아니라 연변대학 교수님들을 대상으로 하는 것이다. 연변대학 교수님들이 내 강의를 한국말로 듣고 싶어한다는 것이다. 그래서 그 강의만은 한국말로 해달라는 것이다. 대부분의 교수님들이 내 강의를 테레비에서 들어본 사람들이고, 테레비에서 터쳐나오는 그러한 강렬한 한국말 톤이 재현되기를 원하는 것이다. 그런데 사실 나는 연변에서 한국말로 강의한다는 것에 관해 모종의 공포심, 불안감 같은 것을 가지고 있었다. 우선 여기 연변에서 하는 "한국말"을 온전한 한국말로 간주하기가 어렵다는 사실로부터 그런 불안감이 유래한다.

연변에서 하는 한국말은 독특한 억양의, 독특한 표현방식을 지닌 생활언어이고, 그것은 여기 삶의 장, 즉 여기 생활세계Lebenswelt에서 통용되는 언어이다. 그 언어는 내가 한국에서 지식인들을 대상으로 하는 학술강의언어와 거의 무관한 다른 언어라는 생각이 드는 것이다. 그 다른 언어의 장에 익

숙한 사람들에게 내가 유창한 한국말로 씨부렁거려본들 그 의미체계가 온전
하게 전달되리라는 보장이 없었다. 그러나 여기 사람들은 자기들의 언어상황
을 문제삼을 까닭이 없다. 그냥 내 열강과 열변이 듣고 싶은 것이다. 허긴 한
국의 대학에 하바드대학의 미국인 교수가 와서 강의하는데, 그가 애써서 말

하는 한국말 강의보다는 죽이 됐든 밥이 됐든 시원한 미국말로 씨부렁거리는 것을 더 원하리라는 것은 자연스러운 소망이리라!

내가 연변에 와서 최초로 부닥친 강의는 연대교수님들이 듣는 강의였다.

9월 16일(화) 마정학원馬政學院 사범루師範樓 3층 회의실에서 열렸는데 약 50명 정도가 참석하였다. 나는 내가 한국역사를 바라보는 시각에 관해서 아주 큰 그림을 중심으로 이야기했다. 이 강의에 대한 당초의 요청은 한국철학사를 논구해달라는 것이었다. 사실 이 강의를 듣는 사람은 모두가 한국학 전문가들이었다. 그런데 나의 정신세계는 한국철학사를 체계적으로 강의하기에는 좀 디테일한 측면에 있어서 부족한 점이 있었다. 나의 자유로운 생각이나 독특한 관점을 얘기해달라면 얼마든지 할 수 있겠지만, 그것을 한국철학사라는 이름을 걸고 틀을 잡아 얘기하는 것은 몹시 부담스러웠다.

마정학원馬政學院 사범루師範樓: 이 건물은 종합루 뒤에 있는데 옛날에 지은 건물이기 때문에 소박하고 건실하다. 마정학원이란, 마커쓰주의학원馬克思主義學院과 정치여공공관리학원政治與公共管理學院을 합쳐 부르는 것이다. 이 건물 안에는 조선민족교육의 요람인 사범학원이 같이 자리잡고 있다. 연변대학은 본시 조선족교육발전을 위한 교사양성기지로서 출발한 것이다. 사범학원이 있기 때문에 조선민족의 언어와 문화전통이 살아남을 수 있었던 것이다. 건물 전면에는 입지立志, 근분勤奮, 단결團結, 창신創新이라고 쓰여져 있다. 이 여덟 글자는 이 건물이 만들어질 당시 연변대학의 교육이념이었다.

2014년 9월 16일. 마정학원 3층 회의실에서 진행된 나의 한국사상사 강의 제1회분. 이 교실은 천정높이가 적당했고 사이즈가 아담할 뿐아니라 마이크시설이 그래도 괜찮은 편이어서 강의 분위기가 좋았다. 전면에 있는 이동식 녹색 칠판은 여기서도 이미 사용하지 않는 품목이래서 연길시 전체를 뒤져 겨우 한 개를 어렵게 구했다고 했다. 분필은 내가 한국에서 가져간 것을 썼다.

최근에 한국고전번역원과 공개세미나를 주관하면서, 그리고 또 나의 제자들과 "유사회遺史會"(본래 나의 제자들과 일연스님의 『삼국유사三國遺事』를 읽으면서 모임의 명칭을 유사회라고 한 것이다. 잃어버린 역사를 되찾는다는 의미에서 일사事자를 역사사史자로 바꾸어 명칭하였다)를 운영하면서 많은 토론을 하고 자료를 구입했지만 아직 나는 그 자료들을 본격적으로 탐구하질 못했다. 그런데 대부분 나의 강의를 듣는 교수들은 한국의 대학에서 한국의 역사나 철학이나 문학에 관해 박사학위를 획득한 분들이다. 그런 전문가들을 대상으로 내가 한국에 관해 강의를 한다는 것은 좀 무모한 짓이다. 물론 퇴계나 율곡의 문집을 놓고 구절을 풀이하는 작업을 하라면 내가 누구보다도 자신있게 할 수 있겠지만 그런 강독식 강의를 원하는 것은 또 아니었다. 하여튼 쫄리는 심정에서 나는 부지런히 일부도서관에 쑤셔박혀 현상윤선생의 『조선유학사』를 통독하고 갔다. 역시 파이오니어적인 책을 읽으면 문체의 격조나 주관의 심도나 그 간결한 포괄성이 항상 독자를 계발케 하는 힘이 있다.

이날의 강의는 내가 한국말로 하는 강의였기 때문에 별 문제없이 진행되었다. 나는 고조선으로부터 새누리당의 집권행태에 이르기까지의 우리나라 역사전개를 한 큐로 내리 갈겼다. 2시간 반동안 쉼이 없이 휘몰아 쳤는데 사람들은 집중해서 나의 논리를 따라오는 듯 했다. 그런데 나중에 알고보니 나의

수강자들은 대부분이 교수였고 한국학 전공자들이었다.

걱정은 적중했다. 사람들이 내 말을 충분히 알아듣지 못한 것이다. 그냥 기분으로만 따라온 것이다. 그들의 한국어실력으로는 내 강론에 함의되어 있는 이벤트들의 역사적 배경, 그리고 인명, 지명과 같은 고유명사들과 관련된 총체적 의미체계를 연상해내는 것이 너무 버거운 것이다. 나의 첫 강의에는 연대교수들 뿐 아니라 연변의 조선족학교 교장선생님들도 몇분 계셨다고 하는데 그들은 매우 감명을 받았다고 했다. 강의를 듣는 그들의 두 눈동자가 유난히 빛났던 것을 나는 기억한다.

강의를 끝내고 나오는데 김철수교수가 한마디 건넨다.
"강의 중에 그렇게 욕을 해도 괜찮은 게요?"

여기 "욕을 한다"는 것은 내가 강의 중에 선조宣祖 얘기를 하면서 "용서할 수 없는 나쁜 새끼"라고 자연스럽게 몇번 튀져나왔는데 그걸 두고 하는 말이었다. 선조는 글씨도 잘 쓰고 영민한 머리도 가졌고 또 조선사회의 사림士林을 키운 사람이기도 하지만 그는 틀림없이 인간적으로 야비한 존재이다. 그가 율곡을 대하는 태도나, 이순신을 평가한 자세나, 임진왜란이라는 국난의 극복을 전적으로 자기 개인의 공으로 돌리는 졸렬한 언행이라든가, 아들 광해군을 키워주지 못하는 옹졸함은 도저히 용서할 수가 없다. 그래서 말하다 보니, "새끼"라는 말이 튀져나왔는데 김철수교수는 충격을 받은 모양이었다. 학생대상이 아니라 교수대상이었기 때문에 그런 말이 무의식 중에 편하게 튀져나온 듯했다.

"조선시대에는 왕이었지만, 지금 우리에게까지 그가 왕이지는 아니지 않습니까? 우리나라 역사학도들이 아직도 조선의 왕들을 왕으로 모시는 사람이 많아요. 그는 왕이 아니라, 이미 역사라는 관棺속에 들어가 버린 한 개인입니다. 옛날에 다 퇴임한 사람들이죠. 왜 우리가 지금 그들을 왕으로 모셔야 합니까?"

그러자 리홍군李紅軍교수가 한마디 거든다. "욕을 먹어도 쌀만한 짓을 한 왕이니까 욕을 먹는 것은 당연하죠." 하여튼 말을 좀 조심해야겠다고 나는 생각했다.

나를 슬프게 한 사건이 그 다음 날 발생했다. 17일(수요일) 저녁 5시반부터 150명이 듣는 학부수업이 드디어 개시된 것이다. 내 강의가 열린 곳은 서관 4층 403호실이었는데, 참으로 끔찍한 상황에 나는 봉착했다. 연변대학은 최근에 발전을 거듭하여 신캠퍼스를 개발했다. 옛날에 지은 건물들은 그 나름대로 품격이 있고 조촐하다. 그런데 최근에 개발한 확장 신캠퍼스에 지은 건물들은 어마어마하게 큰 규모를 가지고 있다. 한마디로 입구·계단이 어마어마하게 크고 천장이 천정부지로 높은 것이다. 게다가 차거운 대리석 바닥이고 … 나는 불안한 심정으로 리홍군교수를 따라 들어갔다.

교실의 좌석 수가 250개나 되는 큰 강의실이었다. 따라서 150명 정도가 앉아있는 모습이 분위기가 매우 썰렁했다. 그런데 문제는 교탁쪽의 구조에 관한 것이다. 벽면에 거대한 칠판이 붙어 있는 것까지는 좋았는데, 그 앞에 직사각형의 기다란 나무 교단이 있고, 또 그 교단앞으로 파우어 포인트의 전자기기를 갖춘 철상자로 되어 있는 교탁이 놓여있는데 이 교탁의 높이가 내 가슴까지 올라올 뿐 아니라, 옆으로 그 길이가 족히 10m정도로 거대한 것이다. 그리고 내가 그 뒤에 서면 제일 앞줄의 학생과 나의 거리가 족히 15m는 되었다. 그런데 그 교탁은 이동이 불가능할 뿐 아니라 칠판까지 가리고 있고, 학생들과 선생을 완벽하게 격절시키는 것이다.

그것은 마치 팔레스타인 사람들과 이스라엘 사람들을 갈라지게 만드는 분리장벽과도 같은 느낌의 거대 쇳덩어리였다. 그런데 새로 지은 모든 건물의 교실에는 그런 교탁이 놓여있다는 것이다. 무식해도 너무 무식했고, 무자비해도 너무 무자비했다. 그런데 그 교탁을 옆으로 열면 T자형의 모습이 되고 그 속에 마이크가 장착되어 있는데 앰프나 스피커 또한 열악하기 그지없는 저질의 설비였다. 마이크를 들으니 음량조절도 안되고 갈라지는 소리가 도무지 내 목소리로 들릴 수 없는, 저음이 전혀 없는 괴이한 쇠소리가 났다. 그런데 연변대학의 교수들은 어떻게 이런 교실에서 강의를 하는지 도무지 상상이 가질 않았다.

학생들은 내가 교탁의 문제와 마이크를 점검하고 있는 동안 계속 웅성거렸다. 타국의 대학에서의 첫 학부강의! 긴장한 표정으로 조용히 나를 기다리고 있을 것이라고 생각했던 환상이 와르르 무너져 내렸다. 이동 칠판이 있으면,

서관 403호실, 2014년 9월 17일 학부생(本科生) 첫 강의. 천정이 너무 높고, 학생과 교수 사이의 격절이 너무 심하고, 마이크는 저질이었다.

앞 페이지에 있는 교실 같은 것만 이 서관(西部教學樓) 건물 안에 수없이 많이 들어가 있다. 실제적으로 강의실다운 아담한 공간은 전혀 없는 것이다. 나는 이 건물을 올라가면서 외관만 보고 참 좋은 곳에서 강의하게 되어 기쁘다고 생각했다. 그러나 이 건물은 건축설계자와 대학행정가들의 허상이 빚어낸 오류의 결과라 말할 수밖에 없다. 대학은 대학에 고유한 보수적 양식이 있어야 한다. 이런 류의 건물은 공간낭비 풍조의 최악의 전형을 생각없이 답습하고 있는 것이다. Small is beautiful! 어찌하여 인류는 아직도 이 단순한 진리 하나를 깨닫지 못하고 있는가?

흑판에 쓰여진 첫 강의내용

첫 강의 분위기

도올의 중국일기_1

하나 구해 오면 교탁 앞에 놓고 학생들과 거리를 좁혀 이야기하고 싶다고 했지만, 이동칠판을 구할 길은 전무했다. 앞이 캄캄했다. 내가 도대체 어딜 무엇하러 왔나? 이게 도무지 강의실인가? 이게 과연 큰 배움터 대학인가? 지식 교환의 장인가? 그러나 나는 아무것도 할 수가 없었다. 학교측을 믿고 사전 점검을 하지 않은 내가 잘못이었다고 생각할 수밖에 없었다. 그러나 이렇게 "몰상식의 극한"을 달릴 줄은 꿈도 꾸질 못했고, 강의실까지 미리 참견한다는 것은 외인교수로서 주제 넘는 일이었다. 그 자리에서 다음 주에는 교실을 옛 건물의 소박한 장소로 바꾸어 줄 것을 요청했다. 공간의 낭비야말로 내가 가장 증오하는 문명의 질병이다. 그 질환의 공간에 서서 내 첫 강의를 해야만 한다는 것이 나로서는 감내하기 어려운 고통이었다. 그러나 별 수가 없었다. 나는 한국말을 알아들을 수 있는 학생 손을 들어보라고 했다. 그 중 10명 정도가 손을 든다.

학생들은 매우 진지하게 내 강의를 경청했다. 정말 순결하고 귀엽고 호기심에 가득찬 영혼들이었다.

"여러분들은 조선족이든, 한족이든 다 중국인입니다. 그대들은 중국의 운명을 책임져야 할 미래의 세대입니다."

이렇게 서두를 꺼낸 나는 『노자』 61장에 나오는 "대국자하류大國者下流"라는 말을 칠판에 썼다.

"중국은 대국大國입니다. 대국의 청년들은 반드시 대인大人이 되어야 합니다. 소인小人이 되면 안됩니다. 여기 이 노자말 중에 '하류'라는 말은 '하천下賤'하다는 의미가 아닙니다. 하류라는 말은 장강長江으로 치면 저 사천성 어느 곳에 있는 상류를 말하는 것이 아니라 저 남경이나 상해 앞에 있는 망망한 대해와도 같은 하류를 의미하는 것입니다. 천재소년 왕필王弼은 다음과 같은 주를 달았습니다. 강해江海는 큰 곳에 거하며 낮은 곳에 처한다. 그러므로 백천百川이 다 그곳으로 흘러들어 간다.江海居大而處下, 則百川流之。 여러분들은 겸손해야만 합니다. 자기를 낮출줄 알아야 하고 비울줄 알아야 합니다. 그래야 상류의 모든 물줄기를 포용할 수 있게 되는 것입니다.

이것은 무엇을 뜻합니까? 여러분들은 이 세계의 모든 지식을 포용할 줄 알아야 합니다. 그럴려면 이 지구상에 존재하는 많은 문명에 대한 정확한 지식을 가져야 합니다. 그 정확한 지식은 필로로지Philology의 공구가 없이는 획득되지 않습니다. 그런데 중국의 학자들은 중국에 관해서는 많이 알면서도 여타 문명에 대하여 깊은 이해를 가진 사람들이 너무도 적습니다. 지금 대한민국에 회랍어고전을 정확히 해독할 수 있는 학자가 한 100명은 된다고 말할 수 있습니다. 그런데 과연 이 거대한 중국에 100명이 있을까요? 나는 여러분들에게 지금부터 세계문명을 지배해온 사유체계에 관해 광범위하고 정확한 지식을 전해줄려고 노력할 것입니다. 여러분들은 그래야만 대국의 청년으로서의 자격을 지니게 되는 것입니다."

이날 나의 강의주제는 서양철학사를 전관하는 것이었다. 탈레스부터 니체에 이르기까지 그 전반적 사유를 통관하는 작업이었다. 중국말은 외래어의 음역이 참으로 부정확하다. 그런데 그 나름대로 발음 규칙이 정해져있어 중국발음으로 하지 않으면 학생들이 못알아 듣는다. 쏘크라테스도 "蘇格拉底"라고 쓰는데 "쑤꺼라띠"라고 읽어야 한다. 영어식이나 우리식으로 발음하면 못알아 듣는다. 그런데 한번 생각해보라! 갑자기 연변이라는 편벽한 지방의 한 대학의 1·2학년 학생들에게 쏘크라테스의 문답법과 헤겔의 변증법을 논하고, 플라톤의 개념실재론을 얘기하면서 서양철학의 방대한 조류를 써베이한다는 것이 얼마나 무모한 일인가? 그러나 나는 이 어려운 과제를 분명히 쉬운 언어로 알아듣게 전달하고 있었다.

그런데 150여명 중 한 절반, 그러니까 대강 앞쪽에 앉은 학생들은 내 강의에 집중하는 편이었는데, 뒤에 앉은 학생들은 대부분이 졸거나 서로 떠들거나 고개를 숙이고 스마트 폰을 쳐다보고 있거나 했다. 나는 강의를 계속하면서 끊임없이 뒤의 학생들에게 주의를 주었다. 그런데도 계속 딴 짓을 했다.

"너희들은 내 시간에 내 강의를 듣는 것 외에 딴 짓을 해서는 아니된다. 내 강의를 듣는 것이 스마트 폰의 영상을 쳐다보는 것보다 가치없다고 생각되는 사람은 바로 수강을 철회해야 한다. 내 강의를 수강하는 이상, 나의 강의에 방해를 주는 어떠한 행동도 이 교실에서 내 강의를 듣고자 하는 다른 학생들에게 폭력을 가하는 행동이 될 뿐이다. 그러한 폭력은 내가 용서할 수 없다."

타이르고 또 타일렀으나 몇몇 소수의 학생들은 근원적으로 "학문"이 무엇인지, 최소한의 양식이나 감각이 없는 듯 했다. 이 강의를 안배한 사람들의 작전미쓰였다. 대학은 어디까지나 자율적 사회이다. 인터넷을 통하여 미리부터 나의 강의에 대한 충분한 정보를 주고, 참으로 나의 강의를 듣고 싶어하는 학생들의 수강신청을 받아 교실의 분위기를 형성했어야 했다. 그런데 누가 올지 불안하다고 해서, 마정원의 학생들을 강제적으로 듣게 했으니, 강제 동원된 학생은 내 강의에 본질적 관심이 부족한 것이다.

대학은 학생들의 자율성을 믿어야하며 그들 스스로 그들의 분위기를 만들어 나가도록 했어야 했다. 대학은 아무리 내가 컨트롤 하려해도 그 소기하는 바의 결과가 내 의지대로 구성되지 않는다. 일반적으로 말해서 중국에는 아직 대학캠퍼스의 자율적인 성격이 제대로 자리잡은 것 같질 않았다. 통제된 사회의 질병이지만, 통제되지 않은 사회에도 또다시 엄중한 질병들이 있으니 중국만을 나무랠 수는 없을 것이다. 그냥 배워가는 수밖에! 더구나 내가 당면하는 문제들은 궁극적으로 학생개인의 문제라기보다는 대학체제의 문제이고, 사회 전체의 책임을 묻게 만드는 것이다.

원래 7시까지 끝낼 강의였는데, 하도 잔소리를 많이 했기 때문에 나는 30분을 더 했다. 그것은 벌罰이라고 했다. 그리고 최후로 니체를 강의하면서, "신뿐만 아니라 모든 이념은 죽었다. 그대들이 이토록 강의를 듣지 않는다면, 그대들이 과연 내가 누구인지를 모른다면, 이토록 자기의 향상을 위해 절박한 노력을 하지 않는다면 그대들의 미래가 없을 뿐 아니라, 중국의 미래가 없고, 인류의 미래가 없다! 그대들은 노예도덕의 종속자로 살 수밖에 없다. 어찌하여 주인도덕을 지닌 강자가 될 생각을 하지 못하는가!" 나는 마지막에는 상기되어 영어로 강렬하고도 선지자적인 언어를 구성했다. 연변대학의 밤 길을 쓸쓸하게 걸어내려오는 내 심정은 좀 착잡했다. 과연 나는 어떻게 이 캠퍼스에서 나의 삶의 진정한 가치를 발현할 수 있을까? 생각하고 또 생각해봐야 할 문제가 많은 것 같았다.

다음 날, 목요일 아침 9시반 나는 과기루科技樓 8층 제3회의실로 갔다. 대학원 첫 수업이 열리는 날이었다. 대학원생(研究生)들과 첫 대면을 하는 자리였다. 나는 어제 하도 고통을 당해서 수업에 대한 긴장감이 좀 사라졌다. 어제만 해도 정중하게 한복을 입고 갔는데, 오늘은 한복도 입지 않았다. 디자이너 김혜순선생이 만들어준 캐쉬미어 츠앙파오長袍를 입고 갔다. 짙은 커피색의 츠앙파오와 같은 색의 모자가 잘 어울렸다.

나는 과기루 8층에 올라가 조선반도연구협동창신중심朝鮮半島研究協同創新中心에 있는 주임 채미화蔡美花교수를 만났다. 조선반도연구협동창신중심이라 하는 것은 "2011 프로젝트"의 일환으로 성립한 연변대학 집중발전기획사업이다. 보통 "얼링야오야오"라고 부른다. 중국에서는 "1"이라는 숫자를 "이"라고 발음하지 않고, "야오"라고 발음한다. 비슷한 음과 혼동을 주지 않기 위해 그렇게 발음하는 것 같은데, 현대중국어의 특징으로서 보편화되어 있다. "얼링야오야오"는 청화대학 졸업생인 후 진타오胡錦濤 주석이 2011년에 열린 청화대학 100주년기념식전에 갔다가 중국대학을 한층 엎그레이드시켜야 한다는 취지아래 전국의 대학에게 지원계획을 발표함으로써 시작된 것이다. 이른바 "선택과 집중"의 원칙아래 각대학에서 특색있고 장점있는 프로그램을 만들어 신청하면 그 프로그램에게 특별한 재정지원을 한다는 것이다.

도올의 중국일기_1

이 건물에서 나의 대학원 강의가 이루어졌고, 나의 교수연구실도
여기 있었다. 보통 "과기루科技樓"라고 부르는데 서관 건물에 비하
면 매우 상식적인 건물이다. 천정도 낮고 교실 사이즈도 아담했다.

吉林省高校人文社会科学
重点研究基地

朝鲜半岛研究中心

연변대학은 "조선반도연구朝鮮半島研究"(연변사람들은 지금 한국학계에서 "반도"라는 말을 쓰는 것을 금기시한다는 것도 모르는 모양이다. "반도"라는 것은 과거 왜놈들이 조선을 비하하기 위하여 "반도근성" 운운하면서 만들어낸 말이다. 일본사람들은 지금도, NHK 뉴스의 아나운서조차, "쵸오센한토오" 운운하는 것이 보통이다. 우리는 우리 땅을 당당한 대륙의 주체라고 생각했지 반도로 규정하지 않았다. 왜 조선땅이 "반은 섬에 가까운 땅"이라는 엉뚱한 표현으로 규정되어야 한단 말인가? "조선반도연구"는 "코리아연구"로 교정되어 마땅하다)를 내걸어 "얼링야오야오" 프로젝트를 따내었다. 국제적 연계를 가져야 하기 때문에 조선반도연구 협력기관으로서 중국의 난카이대학南開大學, 사회과학연구원(서커위앤社科院), 외교부 산하 중국 국제문제연구원, 한국의 서울대, 연세대, 한중연, 아산정책연구원, 일본의 케이오오대학慶應大學과 결연했다. 현재 이 프로젝트는 성급省級의 수준에 머물러 있기 때문에 4년에 1,000만위앤 정도 지원이 있다고 한다. 열심히 성과를 내어(학술논문, 우수인재양성, 국가에 유용한 방안제시, 국가정책의 즈쿠知庫 역할) 국가급으로 올라가면 1년에 3,000만위앤의 지원을 받을 수 있다고 한다. 내 대학원 강의는 바로 이 얼링야오야오 프로젝트에 뽑힌 특별히 우수한 학생들 20명 정도를 수강케 한다는 것이다(이들에게는 전액 장학금에 생활비까지 지급된다. 성적이 유지되면 박사반진학, 해외유학까지 지원한다). 이들은 보통 "꾸어지옌지우빤國際研究班" 학생들이라고 불리는데, 이 옌지우성研究生 이외의 학생들은 들을 수 없게 했다는 것이다.

나는 어제 좀 실망을 했기 때문에 실의에 차 있었고, 될대로 되라는 심정이 강했다. 소뿔다귀든 개뿔다귀든 내 강의시간만 채우면 되지 하는 소극적 생각에서 강의장에 들어갔다. 다행히 강의장은 작은 세미나실이래서 아담했다. 그런데 마이크시설이 제대로 돼있질 않았다. 작은 탁상용 고정마이크만 있고 제대로 된 마이크가 연변대학 어느 교실에도 없었다. 그런데 고정마이

크가 무선이래서 그 마이크를 손바닥 위에 올려놓고 가지고 다니면서 강의
를 해야 했다. 여기 교수들은 마이크를 들고 강의해본 적이 없는 것이다. 고
정된 장소에 서서만 강의를 하는 것이다. 학생들과 자유로운 감정의 소통에

별로 신경을 쓰지 않는 것이다. 모든 것이 고정되어 있고, 기획되어 있는 것이다. 연변대학은 현재는 거대한 종합대학교이지만 원래 사범대학으로부터 출발한 대학이기 때문에, 리버럴 아트의 후마니타스 정신을 체화하기에는 아직도 형식주의적 측면이 강하게 남아 있을지도 모르겠다. 행정가들의 "안목" 또한 부족하다 말해야 할 것 같다. 내가 이런 문제들을 지적하니깐 어느 교수가 "윗대가리 눈치만 보는 꾀죄죄하고 경직된 관료식 대가리에서 나오기 때문에 다 그모양이죠 ….." 정확한 지적이라 아니할 수 없다. 중국의 교수사회에서도 매우 자유로운 담론이 오간다는 것을 암시해 준다. 단지 사적인 자리에서는 자유롭게 이야기해도 되지만, 그것을 공적으로 표방해서는 아니된다.

사실 "얼닝야오야오 프로젝트"는 올해 최초로 출범한 것이다. 그러니까 내가 가르치는 학생들은 "국제연구반" 제1기 학생 14명이다. 그리고 이들은 연변대학 최우수학생들로서 선발되어 최초의 학기를 맞이하고 있는 것이다. 연변대학의 영예와 자존심, 그리고 대학의 미래(학교등급이나 예산이 이런 프로젝트의 성패에 따라 좌우된다)가 걸려있는 이 중요한 프로젝트의 메이저 렉쳐를 외국인인 나에게 맡겼다는 것은 참으로 학교의 입장에서도 모험이고, 또 나에 대한 무한한 신뢰를 전제로 한 것이다. 나는 연변대학의 배려에 감사할 수밖에 없었다.

나는 강의실에 들어가자 마자 학생들이 매우 집중해서 내 강의를 듣는 자세가 있다는 것을 깨달았다. 역시 이들은 대학원생이고 최고의 엘리트라는 자부심이 있는 것이다. 어제와는 대조적으로 학생들이 엄청 긴장하고 집중했다. 여기서 내가 우선 얻을 수 있는 교훈은 이러했다: "타지에서 강의할 때는 불특정 다수를 대상으로 하지 않는 것이 좋다." 강의는 어차피 나 자신의 발전과 체험을 위한 것이다. 타인을 가르칠려고 너무 애쓸 필요가 없다. 지금 한국에서도 제대로 안되는 강의를 외국에서 내 뜻대로 실현하려고 한다는 것이 얼마나 무모한 짓인가? 도올! 이미 대중강연의 시대는 지났다! 고전적 스칼라십의 시대도 같이 스러지고 있는 것이다. 그러나 나는 나의 이상을 향한 에로스적 여정을 멈출 수는 없었다. 나는 중국학생들에게 후마니타스의 정화를 가르쳐주고 싶었다.

엊그제 교수강의를 끝내고 나오는데 어떤 수강생이 나에게 이런 말을 했다. "선생님의 무신론은 중국공산당의 입장과도 잘 맞아떨어지기 때문에 좋습네다."

물론 그렇게 잘못된 표현도 아니고, 그 사람은 나의 입장을 찬동하는 "찬사compliment"를 던진다고 한 말임에 틀림이 없었다. 그러나 나의 의식속에서 "선생님의 무신론은 …"이라는 표현이 몹시 귀에 거슬렸다. 이것을 당장 그 사람과 변론할 수도 있겠지만, 그것보다는 학생들 모두에게 이런 표현의 문제점을 지적하는 것이 그들이 학문방법론을 개척해나가는데 큰 도움이 될 것이라고 생각했다. 그래서 나는 입씨름의 에너지를 아껴두었던 것이다.

생각해 보자! 과연 나 김용옥이 "무신론자atheist"인가? "무신론자"라는 말은 "유신론자"라는 말을 전제로 해서만 성립하는 것이다. 여기 핵심이 되는 것은 "유신有神"과 "무신無神"이라는 말이다. 있다 없다라고 하는 말은, 보통 우리의 일상생활언어 속에서 "물건"을 대상으로 하는 것이다. "물건"을 서양철학에서는 "물체"라 하고, 중국말로는 "똥시東西"라고 한다.

일례를 들면, "책상위에 있던 필통이 없어졌다." 책상위에 있던(존재하던) 필통이 없다(존재하지 않는다). 이러한 명제 속의 필통에 대하여 우리는 두 가지 사태를 말할 수 있다. 첫째는 필통은 무한자가 아닌 개별자라는 것이다.

대학원 첫 수업 분위기

개별자라는 것은 한정되어 있는 존재라는 뜻이다. 한정되어 있다는 것은 유한한 형태로 규정되어 있다는 뜻이다. 필통이 만약 무한자라고 한다면 그것은 이미 존재의 영역을 떠나 버린다. 더이상 물건(똥시東西)이 아닌 것이다.

둘째, 책상위에 있던 필통이 없어졌다는 사태는, 필통의 공간적 이동을 의미할 뿐이지, 필통 그 자체의 존재론적 "무존재"를 의미하지 않는다. 필통이 없다고 해서 필통의 존재가 부정되는 것은 아니다. 물론 지금 내가 쓰고 있는 "존재"라는 말은 서양의 희랍철학에서 사용되고 있는 의미맥락과는 전혀 다르다. 그러나 독자들은 이러한 문제를 개의할 필요가 없다. 나는 단지 우리의 일상언어의 의미맥락만을 문제시할 뿐이다.

나는 "신은 존재하지 않는다"라고 말한 적은 없다. 만약 내가 "신은 존재하지 않는다"라고 말했다고 한다면, 그것은 이미 신의 존재성을 거부하는 명제가 될 수가 없다. 의식속에 이미 주어로서 신이 있고, 그 있는 신이 존재하지 않는다라는 것을 주장하는 명제이기 때문에, 신은 "존재하지 않는다"의 주어로서 엄존하고 있기 때문이다. 신이 정말 없을려면 신이라는 개념조차 의식에 들어설 자리가 없어야 한다. "신은 존재하지 않는다"라는 말은 기껏해야 "필통이 없다"라는 말 정도의 의미 이상을 의미하지 않는다.

"신은 존재하지 않는다"라는 의미는 실상, 신이 "필통"과 같은 한정된 물건(똥시)이라면 그런 유한자·상대자로서의 신은 존재하지 않는다라는 의미가 될 것이다. 이것은 대부분의 무신론이 함의하는 실제적 명제내용이다.

이렇게 되면, 무신론은 매우 우수한 "신론神論theism"이 된다. 유신론자도 그러한 무신론적 함의에 대하여 반론을 제기하지는 않을 것이기 때문이다. 무신론이 되었던, 유신론이 되었던 그것은 신론의 다른 형태들일 뿐이지, 신의 유·무를 가리는 이론이 아니다. 신이 "물건"이 아니라고 한다면 신은 근본적으로 존재론적 대상이 될 수가 없다. 신은 오직 우리의 "해석의 대상the object of interpretation"이 될 뿐이다. 신은 해석되어야지 존재로서 규정될 수 없다. 신이 진정으로 "무한자"라고 한다면 그 해결책은 스피노자적인 해결책 밖에는 없다.

무한하다는 것은 혜시惠施의 말대로 "밖이 없는 것無外"이다. 밖이 없는 무한사라고 한다면 그것은 무분별한undifferentiated "전체the Whole"일 수밖에 없다. 전체라는 것은 시공의 전체를 포섭하는 우주 전체일 수밖에 없다. 우주 전체가 신이라는 것은 우주라는 시공전체에 존재하는 먼지터럭 하나도 신이 아닌 것은 없다. 태양도, 공기도, 먼지도, 책상도, 엄마도, 아버지도 다 신이다. 이것을 또다시 "범신론pantheism"이라고 불러서는 아니된다. 신이 무한자인 한에 있어서는 논리적으로 귀결될 수밖에 없는 정직한 이론이다.

근세에 무신론 운운한 것은 대체로 "리신론理神論Deism"을 가리켜 말한 것이다. 리신론이라는 것은 근세과학이 발달하면서 사변이성에 의하여 이 세계의 법칙을 발견하게 되자 생겨난 사유체계를 일컫는다. 신이 존재자로서 우주 밖에 따로 존재하는 것이 아니라 이 우주를 지배하고 있는 이법 즉 과학적 법칙 그 자체가 곧 신이라는 것이다. 이렇게 되면 신은 존재성을 주장할 이유가 없어진다. 이 세계는 바로 이 세계에 내재하는 법칙에 의하여 자동적으로 굴러가고 있기 때문이다. 신이 따로 이 세계를 지배하는 독재자일 필요가 없다는 것이다. 대개 무신론이라는 것은 과학의 발전과 더불어 개명한 세계를 맞이하게 된 이성적 인간들이 주장하는 법치론적 리신론理神論을 말하는 것이다. 그러니까 무신론자가 되지 않으면 진정한 과학자일 수 없고, 리신론자가 되지 않으면 "근대적 인간Modern Man"으로서의 자격을 지닐 수 없다. 칼 맑스가 종교는 아편이라 말하고 맑시즘을 무신론이라 말하는 것은 대체적으로 리신론적 사유를 가지고 이야기 하는 것이다.

신론에 관하여 일반적으로 가장 두드러진 사태는 "인격신"에 관한 것이다. 모든 "인격신"은 신을 물건화, 똥시화東西化하는 것이다. 똥시화된 신은 무한자로서의 자격을 지니지 못한다. 인간과 같은 존재처럼 인격을 지니고 말하고 질투하고 사랑하고 명령하고 지배하는 "하나님"은 오직 하나이신 하나님이 아니라 물체화되어버린 쓰레기쪽 같은 것이다. 모든 인격신론은 단언컨대 다 미신이다.

공자의 신관은 신(=천天)을 인격자의 "느낌"으로 토로할지언정 결코 인격자화, 즉 물상화시키지 않는다. 거기에 바로 오묘한 동방인의 신관의 원천이 있다. 신을 인격신(하나의 인격자)으로서 말하는 어떠한 주장에도 우리는 귀를 기울일 필요가 없다. 신을 인격신으로서 말한다고 하는 것은, 그것이 민중의 하느님 인식에 보다 쉽게 접근이 되기 때문에 방편적으로 그렇게 말하는 것뿐이다. 그것을 사실로서, 물체적 사태로서 말하는 유일신관은 유교화된 동방인의 가슴을 파고들기 어렵다. 대체적으로 말해서, 유일신보다는 다원적 신관 즉 다신론이 훨씬 더 고등한 것이고 정직한 것이고 소박한 것이고 민주적인 것이다. 보통 사람들이 유일신관은 고등종교에 속하는 것이고 다신론관은 저등종교에 속하는 것이라 말하지만 이런 메시지는 지난 100년 동안에

서구우월주의가 우리에게 강요하여온 세뇌의 결과일 뿐이다. 모든 종교의 신관은 다신론으로부터 출발하는 것이다.

아니미즘animism으로부터 발생하는 모든 원초적 종교성은 다신을 포용한다. 다신이야말로 우주의 생명력을 감지하는 유기체론적 사유의 원형이다. 희랍의 다신, 로마의 토착적 다신이 기독교의 유일신으로 바뀌면서, 팔레스타인의 다신이 유태인의 유일신으로 바뀌면서, 조선의 만신들이 예수쟁이의 유일신으로 바뀌면서 오히려 인류는 전쟁과 독선의 불행에 시달리게 된 것이다.

그러나 생각해보라! 십계명의 첫 계명이 무엇이뇨? 나 이외의 다른 신을 섬기지 마라! 다시 말해서 시내산에서 모세에게 현현된 야훼의 모습이 바로 다신론자였던 것이다. 나 이외의 다른 신들의 존재를 인정하는 독재자였던 것이다. 나 이외의 다른 신들도 골고루 잘 섬기고 평화를 이룩하자고, 야훼가 시내산에서 모세에게 말했다면 인류의 운명이 바뀌었을 것이다. 야훼는 야비한 똥시였다. 약자들의 피를 빨아먹고 사는 흡혈귀였던 것이다. 구약의 하나님, 꾸란의 하나님, 모두 인류역사의 되돌이키기 어려운 촌스러운 퇴보를 의미한다. 지상에서의 정치적 권력을 탐내는 자들의 독점욕이 만들어낸 허상인 것이다. 지상의 권력의 통일이 없이 만신의 통일이 없다. 유일신은 지상의 가상적 절대권력의 백엎back-up일 뿐이다.

이런 말을 한다고 나를 과연 무신론자라고 말할 수 있는가? 나는 유대인 랍비보다 더 경건하고 진지한 삶을 살고 있으며, 매사에 "신앙"이 두터운 사람이다. 신앙이 없이 내가 일초라도 견딜 수 있을까보냐? 그럼 내가 생각하는 신이란 무엇이냐? 내가 신앙하는 하느님은 무엇이냐? 너의 삶의 모험, 밀음, 신념, 소망의 원천은 무엇이냐?

"여러분! 여러분은 공산국가에 태어나 사회주의 교육을 받았기 때문에 너무도 쉽게 무엇을 규정하는 습관에 젖어 있는지도 모릅니다. 문화혁명 때 그냥 홍위병이 길거리 지나가는 으젓한 신사를 '쩌우쯔파이走資派'라고 규정하면 그 사람은 목이 달아 났겠죠. 나를 '무신론자'라고 규정하는 것은 그와 똑같은 의미맥락을 갖는 오류일 수도 있습니다. 나의 무궁무진한 신에 대한 해석을 접하기도 전에 나를 무신론자라고 규정하는 것은 대화의 가능성을 제약하고 배움의 기회를 묵살하는 오류를 범하게 됩니다. 이제부터 여러분은 나의 강의를 그냥 들으십시요. 규정하지 마십시요. 다 들어보고 취사선택하면 그만입니다. 내 신념을 배우지 않아도 좋습니다. 여러분들은 우수한 학생들로서 여기 뽑혀왔습니다. 장학금을 받으면서 조선의 미래를 고민해야 할 사명을 지니고, 여러 학문의 디시플린을 습득한 학도들로서 이 자리 하나의 프로젝트에 모였습니다. 그러나 한국의 문제를 고민한다는 것은 곧 20세기 인류사의 최난제를 해결하고 청산하는 문제이며, 그것은 좁은 이념의 시선으로는 접근될 길이 없습니다. 여러분들은 아직 어립니다. 무한한 성장의 기회를 가지고 있습니다. 지식에 대한 무한한 호기심을 가지고 가슴을 여십시요. 어떠한 사상이든지 미리 규정·한정하지 말고 그냥 백운白雲이 푸른 하늘을 스쳐가듯 마음에 수용하십시요. 그래야만 중국의 미래가 열립니다. 함부로 규정하지 않는 것, 그것이 바로 공자가 말하는 하오쉐에好學의 첫걸음입니다."

나는 이날 강의에서 어제 못한 강의내용을 다 설파하였다. 플라톤의 개념실재론idealistic realism의 명료한 의미를 해설하면서 서구사상의 기하학주의의

도올의 중국일기_1

얼링야오야오 첫 강의를 마치고 과기루 계단을 내려오고 있다.
왼쪽에서부터 장수張壽교수, 반창화潘暢和 박사반지도교수, 방호범方浩範원장.

원류를 밝히고 헤겔철학과 헤겔반동으로서의 현대사상을 다 이야기했다. 그리고 도가와 유가를 대 전제로 하는 중국철학의 은현隱顯의 흐름을 설파하였다. 나는 한 강좌 속에 모든 것을 집약시킨다.

나중에 이 강의를 들었던 한 여학생을 도서관에서 만났는데, 학생들이 내 강의를 듣고 너무 감명을 받아 서로가 충격을 교환했다고 한다. 그러면서 매우 아쉬워 했다고 했다.

"왜 아쉬워했습니까?"

"선생님께서 한 번만 강의하시고 귀국하시는 것으로 우리는 알고 있습니다."

"저는 얼링야오야오의 한 학기 정규코스를 담당하는 교수로 왔어요. 학생들에게 그런 사실이 공지가 되지 않았나요?"

"학생들은 학사일정에 관해 잘 몰라요. 그 사실을 알게 되면 학생들이 너무 기뻐할 거예요. 제가 오늘 동학들에게 잘 알릴게요."

하여튼 모든 것이 엉성하게 진행되는 것이 중국적 현실의 위대함이라고 말해야 할 것 같다. 나의 한 학기 강의계획도 아직 학생들에게 전달이 되지 않았다니!

"그런데 그렇게 아쉬워할 정도로 학생들이 제 강의를 잘 이해했나요? 내 중국말은 잘 전달이 됐습니까?"

"선생님 중국말은 너무 표준이세요. 듣기가 아주 편하죠. 그리고 칠판에 백묵으로 쓰시는 번체자 글씨는 우리 학생들에게는 하나의 환상이에요. 아무도 그런 글씨를 그렇게 빨리 쓰는 사람이 없으니까요. 얼마 전에 산동대학에서 노교수가 왔는데 산동 토속방언이 어찌 심한지 학생들이 잘 알아듣지 못했어요. 선생님 강의는 중국교수 강의보다 더 이해하기 쉬워요."

"내용이 어렵지 않았나요?"

"물론 어렵다면 어려운 내용이지만 선생님께서 너무 쉽게 해설해주시니까 귀에 쏙쏙 들어왔어요. 그리고 내용이 매우 혁명적이잖아요. 강의 들은 학

아침 8시경, 강의를 듣기 위해 발걸음을 재촉하는 학생들. 이들 대부분이 기숙사에서 산다. 공대건물과 박물관 사이길. 저 푸른 하늘을 보라!

생들이 이런 표현을 썼어요. '후횡후안위呼風喚雨, 전징러震驚了.' 모두 대오를 한 셈이죠."

"호풍환우"라는 것은 멀쩡하게 맑은 대낮에도 갑자기 바람을 불러일으키고 비가 쏟아지게 만든다는 뜻인데, 여기서는 의식의 변혁 같은 것, 정신적 충격 같은 것을 표현하는 말이다.

"저는 오늘 장춘에 있는 제 이모와 통화를 했는데, 이모는 교사를 하는 분이에요. 그 분에게 선생님 강의를 들었다고 하니까, 네가 전생에 무슨 복을 타고났길래 그런 훌륭한 선생님 가르침을 직접 받는가라고 말씀하셨어요. 여기 조선족사회에서는 선생님을 공경하는 사람들이 많아요."

이날 밤, 나는 또다시 마정학원 3층 회의실에서 교수상대강의를 했다. 물론 이 강의는 학점없는 부정기적 성격을 갖는 강의인데, 잠정적으로 매주 목요일 저녁에 하는 것으로 합의를 본 것이다. 그러니까 요번 주는 두 번을 하게 되는 것이다. 마정학원 방원장이 곧 평양을 가야되고 그 기간 동안에는 강의를 안했으면 좋겠다고 해서 요번 주에 두 번을 연 것이다. 나는 이 날 역사학에 있어서의 사실Fact과 해석Interpretation의 문제를 말하고, 모든 역사는 현대사라는 나의 입론을 이야기했다(이탈리아의 사상가 크로체Benedetto Croce, 1866~1952가 제일 먼저 한 말이지만 요즈음 사계의 상식이다). 그리고 나는 선조와 이승만의 행태를 들어 역사의 패턴이 되풀이되는 방식을 논구했다. 그리고 중간휴식을 취한 후에, 마지막으로 나의 "실학론"을 이야기했다. 나의 실학론을 듣는 모든 연대의 교수들이 그러한 논의를 처음 접한다는 충격을 토로했다. 북한에서도 실학에 대한 부정적 논의가 없기 때문에 나의 입론은 매우 생소한 것이다. 그러나 나의 "봉건제논의"에 관한 명료한 사실을 접하는 그들은 나의 학설을 전혀 거부감없이 수용하는 자세를 취했다. 참 놀라운 사태였다. 중국의 학자들은 이미 맑시즘적 도식적 발전사관에서 벗어나고 싶어하기 때문에, 심정적으로 나의 입론이 보다 정밀한 논의로서 마음에 끌리는 것이다.

조선왕조의 어떠한 사상가를 "실학자"로서 존재론적으로 규정하는 것은 야바위꾼의 천박한 짓에 속하는 것이다. 내가 이런 말을 하는 이론적 배경에 관해 알고 싶은 사람은, 나의 『독기학설』이라는 몇 푼이면 살 수 있는 작은 책자를 꼭 사서 읽어봐 줄 것을 간언한다. 조선왕조에는 실학자가 없다! 그들을 "실학자"로서 규정하는 것은 나를 "무신론자"로서 규정하는 것과 똑같은 오류이다. 조선조에서 규정되어야 할 개념이 아닌 개념으로써 조선조의 사상가들을 규정하고, 한정하는 것 자체가 하나의 폭력이다. 임란 이후의 조선조의 사상가들 중에서 "실사구시"적인 학풍을 지닌 사상가나 그런 사람들의 물줄기가 있다는 것을 부정할 사람은 아무도 없다. 우리는 그러한 현실적 관심, 즉 민중의 삶이나 후생·복리에 관하여 보다 적극적인 관심을 표명한 사조에 충분한 경의를 표할 수 있다.

그러나 그들을 "실학자"로 규정하거나, 마치 그들이 그들 스스로 "실학"이라는 규합개념organizing concept으로써 스스로의 사상을 규정하고 마치 의식적으로 실학운동을 편 것인냥 언어적 포장을 씌우는 것은 부당하다는 것이다. "실학"이 하나의 학풍을 규정하는 개념으로서 우리 학계에 등장한 것은 일제식민지시대 1930년대 이후의 사건일 뿐이며, "실학"은 일본의 사상가들에 의하여 사용된 개념을 차용한 것이다. 그들이 쓰는 맥락은 "실학 = 반주자학 = 근대성"의 도식을 명료한 사상패러다임으로 삼는 것이다. 그러나 한국의 실사구시 학풍의 사상가들은 결코 반주자학자들이 아니며, 서구적 의미에서 "근대"를 수립하기 위한 어떤 반봉건의 "시시志士"(일본역사에서 쓰는 개념으로 "토오바쿠討幕"를 외친 하급 사무라이 지식인들)적인 사상가들이 아니다.

  "실학"이라는 개념은 백남운白南雲, 1895~1979이 말하는 "봉건제" 주장으로부터 출발하여 한발자욱 더 나아가 "근대성의 맹아"라는 개념과 관련되어 있는 것이다. "실학"이 있기 때문에 우리는 근대적 인간, 근대적 사회, 근대적 이념을 말할 수 있다는 것이다. "실학" 운운하는 한국의 학자들의 진정한 의도는 일본 관변학자들이 역사적으로 부과한 부당한 시대구분론을 초극하려는 데 있었다. 애국심의 발로의 일환으로서 "실학만세"를 외치는 그 애타는 마음을 왜 내가 모르겠느냐마는, 문제는 서구의 역사가 강요한 "근대 Modernity"라는 테제를 조선의 역사에서 찾을 필요가 근원적으로 부재하다는 사실을 나는 말하려 하는 것이다. 우리의 근대는 시양의 "진보사관Idea of Progress"이나 서양의 "자본주의Capitalism"가 가져다 주는 선물이 아니다. 우리는 그따위 근대를 필요로 하지 않는다.

  근대가 없이도 우리는 과학을 더 잘 배울 수 있고, 자본주의보다 더 풍요로운 인생을 창조할 수 있다. 근대는 우리 스스로의 결단에 의하여 우리가 우리 역사 속에서 창조해나가는 것이지, 실학자들이 있기 때문에 조선왕조가 극복되고, 우리 역사가 근대를 맞이하는 것은 아니다. 조선왕조는 조선왕조로 족한 것이다. 조선왕조는 조선왕조 나름대로 유니크한 가치를 지닌다. 반주자학적인 실학을 찬양하면서 조선조의 주자학적 성과를 모두 "허학虛學"으로 만들어 버린다면, 그것은 조선문명을 바라보는 정당한 자세일 수가 없는 것이다. 내가 이런 말을 하니깐, 어느 학자는 하두 조선과 일본에서 "실학" 운운 하니깐 골빈 중국학자들까지 덩달아 공자孔子까지 실학자實學者로서 규정하는 논의들이 많다고 한다. 뭔가 잘못되어도 한참 잘못된 것이다. 모두가 서구를 모방하면서 자기 역사를 바라보았던 식민지 콤플렉스의 논의가 아닐 수 없다.

하여튼 이날 나의 강의는 아주 만족스럽게 끝났다. 마정학원 부원장교수가 "자기 생애 최고의 강의를 들었다"고 하면서 감명깊었다고 토로했다. 마정학원 건물을 나오는데 김철수교수가 또 한마디 내뱉는다.

"역사는 연속적 측면이 있는가 하면 동시에 단절적 측면도 있는게요. 거 김선상님은 너무 연속적 측면만 보는게 아니겠수. 실학이라는 표현이라도 억지로 써서 역사를 단절시킬려는 노력을 가상하게 봐주어야디, 주자학까지 다 근대적 사유로 간주해버리게 되면 역사가 한통으로 밋밋하게 재미없이 되어버리지 안캈수?"

김철수교수는 꼭 나에게 반론을 던지는데 매우 깊이있고 씨알맹이가 있는 얘기만 던진다.

"주자학에도 근대적 사유를 읽어낼 수 있다고 내가 말한다해서 주자학을 신봉한다는 말은 아니지요. 주자학을 접근하는 방식이 근원적으로 다양할 수 있다는 것을 말했을 뿐이고, 또 주자학의 한 줄기가 실사구시적인 학풍으로 기능했다는 것을 말했을 뿐, 주자학 일색으로 모든 것을 도배질하자는 것은 아니지요. 하여튼 세부적인 논의는 우선 실학이라는 거짓말을 걷어버린 후에 치밀하게 따져봐야 해요. 그건 그렇구, 전번에 가져다 준 커피가 너무도 맛있던데 다 떨어졌어요 …."

김철수교수는 다음날 갓 볶은 커피를 세봉지나 사가지고 왔다. 연변에서 볶은 커피라는데, 한국에서 먹는 어떤 커피보다도 맛있는 고급스러운 커피였다.

이렇게 해서 나의 청춘의 모험, 그 험난하고도 다사다난했던 첫 주의 강의 체험이 막을 내렸다. 대변을 잘 보지 못했고, 오줌의 색깔이 짙었던 것을 보면 요번 주, 상당한 스트레스를 받았던 것 같다. 오늘 밤에는 한번 늘어지게 자고 싶다.

이 첫 주의 모험이 시작되는 동안 나에게 손님이 한 사람 있었다. 요령성遼寧省 공자학회 부회장으로 있는 분인데 나에 관한 명성을 듣고 무작정 찾아온 것이다. 나를 뵙기 위해 한국으로 올려고 했는데, 내가 연대에서 강의하고 있다는 소식을 접하고 연길로 비행기를 타고 왔다. 심양瀋陽에서 문화적 사업에 헌신하는 굴지의 기업인인 듯 했다. 심양은 우리가 어렸을 때는 보통 "봉천奉天"이라는 이름으로 기억했던 곳이다. "성경盛京"이라고도 했다. 횡티엔이라는 이름만 입술에 올렸지 나는 실제로 그 도시에 관해 별로 알지 못했다. 그렇게 크고도 중요한 대도시인 줄을 전혀 알지 못했다.

내가 EBS강의의 교재로 쓴 책 『중용: 인간의 맛』이 중국 해남출판사에서 2012년 10월『中庸: 人類最高的智慧』라는 제목으로 출판되었다. 이 책의 출판과 관련하여 언급해야 할 두 사람이 있는데 연변전통문화교육협회 회장 리우 지아홍劉家宏과 부회장 왕 수란王淑蘭이다. 이 두 사람은 중국전통문화 홍양弘揚에 헌신하는 분들로서 나의 책『中庸』을 2천 부나 사서 중국 전역에 배포하였다. 그리고 내가 연길에 오는 데도 많은 도움을 주었다. 리우 치 회장이 내 책을 접하게 된 데에도 이들의 공이 컸다. 이 두 분께 특별한 감사를 전한다.

우선 인구가 천만이나 된다고 하니 서울과 맞먹는 대도시인 셈이다. BMW자동차 중국공장이 유일하게 심양에 있다고 했다. 그런데 이 사람은 BMW자동차와 관련된 큰 공장을 소유하고 있고 그 외로 국제적인 투자회사·개발회사를 많이 가지고 있는 기업인이다. 상당히 많은 종업원들을 거느리고 있는 기업 회장(똥스장董事長)인데 나이는 40여세에 불과하다. 그런데 우리나라의 젊은 회장과 다른 점은 중국의 대부분의 젊은 회장들은 창업주라는 것이다. 리우 치劉奇라는 이름의 인물이었는데 김우중의 젊은 날을 바라보는 느낌이 들었다.

"어떻게 날 알고 찾아왔습니까?"

"선생님의 『중용: 인류최고의 지혜』라는 하이난출판사의 역서를 다 읽고 감명을 받았습니다."

리우 치 회장은 매우 바쁜 사람이다. 그런데 연길에 머물면서 내 연대 첫 주 강의를 전부 경청했다. 놀라운 성의다. 누구든지 그의 얼굴만 보아도 그의 삶의 자세가 얼마나 진지한지를 가늠할 수 있다. 나는 그와 사제의 연을 맺었는데 심양에 있을 동안 그로부터 많은 도움을 받았다.

해남출판사는 중국사회의 현 체제에 안주하지 않는 진보적인 출판사로서 의식 있는 책들을 많이 출판하여 중국의 진보적 지식인들의 환영을 받는다. 내 책의 출판을 기획하고 책임편집한 분은 임건성任建成 선생인데, 불행하게도 폐암으로 고인이 되었다(상단사진). 참으로 애석한 일이다. 해남출판사는 2012년 10월 12일, 북경사범대학부속 대반점 3층 제1회의실에서 내 책에 관한 학술토론회 및 출판기념회를 열었다. 까오 차오췬高超群, 저자, 역자 김태성金泰成, 치우 훵秋風, 츠언 밍陳明이 참석하여 열띤 토론을 하였고 많은 기자들이 참석하여 성황을 이루었다. 이들은 모두 당대의 유명한 학자들인데 치우 훵은 유교를 현대적 맥락에서 재해석하는 사람이고 츠언 밍은 날카로운 서양철학 학자이다. 나는 치우 훵과 인민대학에서 단독대담을 했는데 중국의 봉황鳳凰독서회 인터넷사이트에 올라 크게 인기를 끌었다.

的智慧》新书发布会

秋风

陈明

해남출판사 출판기념회 때 북경대학에 강연하러 갔다가, 문과대 사합원 안에 있는 이대조李大釗, 1889~1927 선생의 흉상 앞에서 찍었다. 이대조는 중국공산당의 아버지라 할 수 있다. 하북성 낙정樂亭 출신으로서 원명은 기년耆年, 호는 수창壽昌. 1913년 북양법정전문학교北洋法政專門學校를 졸업하고 일본 와세다대학에 유학하여 맑스주의에 눈을 떴다. 1918년 북경대학 도서관 관장으로서 마오를 길러내고, 『신청년』을 편집하고 5·4운동의 중심이 되었다. 그는 일본의 카와카미 하지메河上肇, 사카이 토시히코堺利彦의 사상의 영향을 깊게 받았다. 북경에서 반제·반군벌운동을 지도했으나 장작림에게 체포되어 처형되었다. 그러나 이대조에 대하여 장작림은 관대하려고 노력했으나 그를 죽음에 이르도록 배후에서 압력을 가한 것은 장개석이었다. 장학량도 이대조와 같은 훌륭한 인재를 처형하는 것은 중국의 미래를 위하여 부당한 처사라고 부친 장작림에게 전보를 쳐서, 그를 살리려고 노력했다. 우리말로 "釗"를 "교"로 읽기도 하지만 "조"로 읽는 것이 고음에 더 가깝다.

"참 고마운 말씀이군요. 내 책을 읽고 그 내용에 감명을 받아 날 찾아 왔다면, 당신은 참으로 날 만날 자격이 있습니다."

나는 그에게 요번 주 내 강의를 들어볼 것을 권유했다. 그래도 대 회사 회장인데 일주일 가까이 내 강의를 듣는다는 것은 한국에서는 발상도 아니되는 일일 것이다. 그런데 리우 치는 내 연대 첫 주 강의를 전부 들었다. 호텔에 묵으면서 순수하게 내 강의를 듣기 위해 일 주 가까이 연길에 머물렀던 것이다. 중국에 희망이 있다면 바로 이러한 이상주의적 로망romanticism이 살아 있다는 사실로부터 출발하는 것이다. 자신의 세계를 창업한 자는, 수성의 철학을 반드시 고민한다. 리우똥(劉董: 보통 성에 회장을 뜻하는 똥만 붙여서 약칭하는 방식)은 한 주 동안의 나의 고투를 직접 두 눈으로 목도했던 것이다. 그는 내가 낯선 이국의 대학캠퍼스에서 인간들과 더불어 인간이 되고자 하는 몸부림을 나와 같이 체험했던 것이다. 그는 내 강의를 다 듣고 이와 같이 말했다.

"제가 선생님의 문하생이 될 수 있겠습니까? 저는 정말 배우고 싶습니다."
"그대는 공자와 같은 사람이군요. 정말 호학의 열정이 있다면 내 제자가 못될 것이 없지요."
"선생님, 그런데 부탁이 하나 있습니다."

"말해보세요."

"10월 중으로 한번 심양에 오시지 않겠습니까? 제 친구가 심양사범대학 총장으로 있는데 한번 심양에 오셔서 사대에서 강연을 해주셨으면 합니다."

"한번 스케줄을 맞추어 보지요. 여진족의 고도이자 조선역사의 터전이기도 한 심양을 저는 한번도 못가봤습니다. 가봐야할 곳도 많이 있을 것 같네요. 제가 존경하는 장학량의 고향이기도 하구요. 고구려유적도 주변에 엄청 많다구해요."

"저는 선생님께서 학부강의를 하시면서 학생들을 야단치실 때 눈물이 나왔습니다. 무엇인가 형언할 수 없는 감개感慨가 제 가슴에 서리더군요. 요즈음 선생님과 같이 학생들을 야단치고, 또 학생들에게 뭔가 이상과 진리를 주입시키기 위해 피끓는 가슴을 진하는 그러한 선생은 없어요. 저는 요번 주 사표의 모범을 보았습니다. 선생님의 모든 편의는 제가 담당하겠습니다."

우리는 10월 24일부터 29일까지 심양에 머무는 것에 관해 합의를 보았다. 그리고 가능하면 사범대학 총장과 합의하여 내년 가을학기 심양사대에서 한 학기 강의하는 문제를 논의해보기로 했다. 사대는 교사가 될 사람들을 가르치는 곳이므로 중국사회에 끼치는 영향이 더 크다는 것이다. 그리고 공자학회에서 내 강의를 유치하게 하도록 하겠다고 했다. 학회에 모이는 사람들의 대부분이 현직교사라고 했다. 나의 "교육론"을 들려주면 좋겠다고 했다. 그리고 심양의 고위공직자들을 모이게 해서 나의 강의를 듣게 하겠다고 했다. 하여튼 이렇게 저렇게 해서 나의 중국과의 랑데뷰는 시작이 된 셈이다. 이렇게 나의 격정의 첫 주가 흘러갔다.

출판기념회 당일에 나는 북경대학교 사합원 제5원 보고청에서 강연을 했다. 노자老子, 라캉, 비트겐슈타인, 언어의 문제들을 폭넓게 논구했는데 북대 학생들의 듣는 자세는 매우 수준이 높았다. 러셀, 듀이도 이런 교실에서 강연한 것이다.

민국 초년 사상가들의 서기가 느껴지는 고색창연한 분위기. 북경대학 교수분들이 열두 분 내 강의를 경청했는데, "도올 선생의 스칼라십을 목도하고, 비로소 한류를 탄생시키는 한국문화의 근원을 이해할 수 있게 되었다"라고 총장만찬석상에서 멘트를 해주었다. 2012년 10월 12일.

9월 19일, 금요일

내가 머물고 있는 교수숙사 4층에는 내가 전용으로 쓰고 있는 부엌이 있는데, 그 부엌 앞 방에 토옹土翁 박종일朴鍾一이라는 도예가가 머물고 있다. 수염을 길게 기르고 전통 나염의 개량 한복을 입고 있어 언뜻 나이가 많이 들어보이지만 나의 제자 연배이고 또 내가 친근하게 느끼는 사람이기 때문에 박종일군이라 부르기로 한다. "군"은 낮추는 말이 아니고 내가 제자처럼 생각하는 사람들에게만 허물없이 허락하는 경칭으로 이해해주었으면 좋겠다.

박종일군을 최초로 만났을 때 나는 곧바로 나의 "유수流水와 절수絶水의 미학"을 얘기했다. 그는 나의 지론을 지당한 것으로 수긍했다. 내가 말하는 유수와 절수의 미학이란 차주전자를 기울였을 때 물이 흘러나오는 모양이나 느낌, 또 바로 세웠을 때 물이 깨끗이 끊어져 주둥이 아래로 타고 흘러 내리지 않는 아주 기본적인 기능에 관한 것이다. 예술과 기능은 분리될 수 없는 것이다. 보통 우리가 일상적으로 쓰는 스텐레스 주전자가 주둥이에서 물이 절수絶水가 되지 않고 줄줄 흘러내린다면 아무도 그런 주전자를 사다가 사용하지 않을 것이다. 그런데 우리나라에서 만들어지고 있는 대부분의 다기茶器, 주전자, 차완, 찻잔 모두가 절수絶水가 되지 않는 불량제품이다. 이천 지역 등지의 장작가마에서 나오는 제품들일수록 대부분 기능상으로 쓸모없는 그릇들이고, 따라서 예술성도 없다. 가격만 엄청 비싸고 고귀한 자연의 질료만 훼손시키고 있는 것이다. 슬픈 일이다!

고려나 조선왕조에서 만들어진 모든 위대한 도예작품들이 하나도 정확한

이화여자대학교는 우리나라의 유서 깊은 교육기관이다. 따라서 그 박물관에는 우리민족역사문화의 정화를 전해주는 고귀한 소장품이 많다. 박물관 개관80주년을 맞이하여 "조선백자"특별전을 개최했는데 참으로 위대한 전시였다. 2015년 7월 1일 나는 이대를 방문했는데 장남원張南原 박물관장님, 최경희崔京姬 총장님께서 직접 전시를 안내해주셨다. 장 관장님은 조선 미술사 전공의, 매우 신선한 예술감각을 가지고 계셨는데 학부가 중문과였기 때문에 나와 최영애교수의 정신세계에 관해 깊은 이해를 가지고 있었다.

이화여대박물관 조선백자전에 전시된 작품들

목적이나 용도를 도외시하고 막연한 예술이라는 이름으로 만들어진 것은 없다. 모두 정확한 용도가 있고, 그 용도에 따른 정확한 기능이 있는 것이다. 이천 지역에서 만들어지고 있는 비싼 예술작품이라고 하는 작품의 대부분이 둔탁하기 그지없고, 기능성의 ABC를 지키지 않는다. 찻잔을 입에서 떼었을 때 입술 밑으로, 그리고 찻잔외벽을 타고 찻물이 줄줄 흐르는 그러한 추태를 무슨 예술인냥 찬양하는 위선을 나는 참을 수가 없다. 스님들 대부분이 차공양을 한다고 찻물을 줄줄 흘려가며 밑바닥이 젖은 찻잔을 내밀 때 나는 그런 차를 마시고 싶질 않다. 요즈음 스님들이 터무니 없이 비싼 차를 버리고, 커피로 돌아선다는데 나는 대환영이다. 더 이상 엉터리 차를 마시지 않는 것이 좋으리라! 우리나라 차문화는 망하고 다시 태어나야 옳다.

예술가마라 하는 곳에서 나오는 그릇일수록 쓸모없는 졸작이요, 두 번 다시 인위적으로 만들어질 수 없는 고

이대박물관 소장의 백자철화포도문호白磁鐵畵葡萄文壺는 조선백자 유품 중에서 특이한 걸작으로 꼽히며 국보 제107호로 등록 되어 있다. 18세기 작품. 산화철로 초벌구이작품 위에다가 포도와 잎, 덩쿨을 그렸는데 그 자연스러운 흐름과 농담의 입체적 안배가 도저히 도공의 아마츄어 창작으로 간주될 수 없다. 붓놀림이 경쾌하지 않으면 이런 선율이 나올 수 없기 때문에 당대 최고급의 화 원화가나 문인화의 대가의 작품으로 사료되지 않을 수 없다. 항아리 전체의 은은한 색깔, 몸통의 곡선미, 문기 넘치는 포도문의 배 합은 이 작품을 국보 중에서도 지상의 경지를 과시하는 것으로 만든다. 그러나 중요한 것은 이러한 보물이 평범한 생활용기였다는 사실이다.

귀한 자원의 낭비일 뿐이요, 소비문화의 헛바퀴요, 인식의 저열함이다. 생각해보라! 도자기는 어디까지나 그릇이다. 그릇이라는 것은 용처用處가 있어야만 그릇이다. 가마에서 나오는 예술적인 그릇을 우리가 좋은 만년필을 선호하듯, 생활용품으로 사용하고 싶어서 인사동 가게에 가서 살 수 있을 때만이 우리나라 도자기문화는 생명력이 있는 것이다.

그러나 생활용품으로 한국도자기 본차이나 제품을 쓸지언정, 인사동의 비싼 물건을 사다 쓸 생각을 하는 사람은 아무도 없다. 이것은 돈의 문제가 아니다. 그릇 자체가 엉터리 그릇이기 때문이다. 도예가가 스스로 자기가 무슨 그릇을 만들고 있는지를 알지 못하고 만든 그릇이 대부분인 것이다. 투박하고 못생겼고 사용 불편하고 위압적인 그릇을 누가 비싼 돈을 주고 사리오? 선물용으로? 무지한 외국관광객을 홀리기 위해? 현재 우리나라 도자기문화는 허상이다. 그 가치가 제로에 가깝다.

고려청자의 어느 하나도 정통적인 생활의 기능을 위배하는 것은 없다. 지금 도자기를 만드는 사람들이 주전자 주둥이의 각도를 위로 날렵하게 치켜세우거나, 찻잔의 가장자리 부분을 녹로를 돌릴 때 예리하게 만져 약간 말아올리기만 해도 개선이 될 텐데 도무지 그러한 인식이 없이, 아무 생각없이 판에 박힌 짓만 하고 있는 것이다. 토요토미 히데요시가 조선 서민의 막사발을 흠상했다고 해서 아무렇게나 뭉텅그려 만든 사발이 더 예술적인 것은 아니다. 당대의 막사발은 분청의 거칠음은 있다해도 그 정확한 기능성은 지킨 작품들이다. 서민적 자연스러움이 막가파의 추상성을 의미하는 것은 아니다. 요즈음 도예가들은 뭐인가에 미쳐있고 홀려있다.

예술지상주의는 본시 개똥이다. 그것의 역사적 의의는 오직 예술이 억압받는 전체주의시대에서 예술의 자유를 구가하기 위하여 소수의 용감한 예술가가 순수성을 지키려 노력했다는 데 있을 뿐이다. 개방사회인 한국에서는 예술지상주의는 설 자리가 없다.

인류역사상 예술지상주의는 19세기 후반, 그리고 20세기 초기에나 비로소 대두된 사조였다. 인류역사를 통해 소위 예술가라 하는 사람들은 시민사회의 독자적인 생산기반이나 활동영역을 가진 개체가 아니었다. 반드시 어떤 조직이나 생산체제에 예속되어 있었던 것이다. 따라서 예술지상주의라는 것은 예술에 대한 간섭이 강화되는 집체주의적 사회에 대한 반동으로 생겨난 것인데, 그것은 예술가가 생존의 독자적 기반을 확보할 수 있었던 자본주의 시민사회를 전제로 하지 않으면 성립하지 않는다. 19세기말 자본주의·개인주의가 정착되기 이전에는 근원적으로 인류사에 예술지상주의가 존재할 수가 없었다.

예술은 인간의 삶의 양식을 떠나서 그 나름대로 독자적으로 존재하는 추상적 이데아가 아니었다. 예술은 우리의 삶과 끊임없이 교섭하면서 그 삶의 미래적 가능성을 제시하기도 하고, 또한 현실적 기능을 충족시키기도 하는 심미적 고양高揚이다. "다기의 예술"은 당연히 "다기의 생활기능"을 충분히 충족시키는 기본 전제위에서만 전개되는 다양한 심미적 양식이 되어야 하는 것이다. 내가 이런 말을 했을 때 박종일군이 얼마나 나의 간곡한 말을 절실히 이해했는지는 모르겠지만, 나의 관점에 아무런 토를 달지 않았다.

"선생님 말씀하시는 것을 충분히 구현할 수 있는 실력이 부족한 것이죠.

전통과 현대는 융합되어야지, 현대가 마음대로 미쳐 날 뛰는 것일 수는 없는 것이죠. 주전자 아구리를 정교하게 못 만드는 이유는 실력이 부족한 것입니다. 그렇게 얇게 만들어 치켜 올려서 장작 가마속 고온에서 처지지 않게 한다는 것이 너무 어렵거든요. 그러니까 뭉뚝하게 잘라서 그것도 아랫부분이 밑으로 축 처지게 만드니깐 물이 줄줄 샐 수밖에 없지요. 엉터리 도예가들이 너무 많아요. 선생님 말씀을 잘 알아듣고 배워야 겠지요."

"난 그래서 우리나라에서는 우송又松이 만든 것, 우송의 그릇 하나만 인정해요. 현재 내가 쓰는 다기는 모두 우송 것이죠. 그 친구 다기는 날렵하고 섬세하면서도 기능적 깔끔함이 완벽하죠. 그만한 작품이 없어요."

"작년 7월 언젠가 우송선생님께서 돌아가신 것을 아십니까?"

"옛? 그게 뭔 말이요? 나는 우송의 다기를 구하기 위해 그의 가마에까지 여러번 간 적도 있었지만, 그가 타계했다는 소리는 금시초문인데 … 그렇게 갈 사람이 아닌데, 쯧쯧쯧."

"우중에 산골 댁으로 돌아오시다가 빗물이 분 개천에서 실족하여 그만 …."

나는 정말 아까운 사람이 너무 일찍 스러졌다는 것을 우연히 알게되면서 참 슬픈 감개가 서렸다. 우송은 모든 그릇이 지니고 있는 구조적·기능적 특성을 예리하게 파악하는, 내가 아는 유일한 도예가였다. 아무리 굽기가 어렵다 해도 그 구조적 특성을 세부적인 데까지 섬세하게 구현해내는 고집이 있었다. 적당히 타협하지 않았다. 그는 고려조나 조선조를 살았어도 최고의 도예가로서 궁중의 인정을 받았을 것이다. 그의 작품은 비록 동시대의 작품이 우송의 작품들은 지금 이천 지역 우송박물관에 보존되어 있으므로 내가 특별히 소개할 건덕지는 없다. 내 손바닥 위에 올려져 있는 이 작은 찻잔은 내가 이십 년이 넘도록 애용하는 우송의 찻잔이다. 우선 예술가랍시고 찻잔에 온갖 색칠과 문양을 가하는데 그것은 하나도 찻잔의 자격이 없는 것이다. 차는 우선 그 순결한 색깔로서 음미되는 것이다. 백자가 아니면 차를 우려낸 농담을 알 수가 없다. 그리고 이 찻잔의 모양과 두께와 아구리의 선을 보라! 그 날렵한 곡선은 날카롭지 않으면서도 예리하고 입술에 닿을 때에 아주 부드러울 뿐 아니라 입술에서 떨어지는 순간 깨끗이 절수가 된다. 이 작은 찻잔이 모든 중용, 메소테스(적도適度)의 도를 지키고 있다. 나는 나의 생애에서 아직 이만한 찻잔을 만나지 못했다.

기는 하지만 고전적 걸작품에 비해 하등의 손색이 없다. 우송은 나보다 한참 후배의 연배인데, 내가 젊게 보여서 그런지 날 하대하는 태도로 마구 대했다. 그래도 난 그의 그런 고집에 토를 달지 않았다. 나는 그의 정숙한 딸을 중매시켜 줄려고 노력한 적도 있었고, 그의 가마에서 만든 "동전차"를 즐겨 흠향하기도 하곤 했는데, 그의 타계 소식을 이 두만강 꼭대기 연변에서 문득 접하니 가슴이 뭉클할 수밖에 없었다. 그리고 인생의 무상함에 대한 탄식이 저절로 흘러나왔다. 인생이란 그렇게 그렇게 흘러가려니, 나도 언젠가 실족하여 허우적거리다가 외롭게 스러질 수도 있으려니 ….

"우송 김대희선생님은 저희들에게는 전통과 현대적 가치를 완벽하게 접목시키면서 새로운 창조를 하신 분으로 모두가 방양榜樣으로 삼으려 했던 참예술가셨지요. 김선생님으로부터 그분에 관한 찬사를 들으니까 정말 지희들이 생각했던 것이 정도正道였다는 생각이 듭니다."

인천공항을 떠나올 때, 자현군이 나에게 다기세트와 한국차 두 봉이 든 것을 선물했다. 공항에서 짐만 되는 것을 준다고 생각했는데 여기 도착해서 방안에 쓸쓸히 앉어있으려면 손이 가는 것이 차밖에는 없었다. 그런데 중국음식을 먹다가 한국차를 마시면 그토록 향기가 은은하고 미끈미끈했던 속이 깨끗하게 청소되는 것을 느낀다. 우리 차의 담박함, 포근함은 중국의 어느 명차에서도 느낄 수 없다. 그런데 자현이 준 다기세트에 다완이 없었다. 그래서 박군에게 차사발하나 얻자고 하니까 자기작품을 주는데, 소박하고 아담하고 절수가 정확히 되는 수작이었다.

박종일군은 경주에 자기 가마를 가지고 있는 도예가인데, 귀국할 생각이 이것은 토옹 박종일군이 나에게 무심코 건네준 다완(정확한 명칭은 숙우熟盂)이다. 차는 주전자에서 찻잔으로 직접 따르지 않는다. 먼저 다완에 따랐다가 찻잔으로 다시 따른다. 그것은 매우 실용적인 이유가 있다. 차의 농도를 균일하게 맞추기 위한 것이고, 또 온도를 조절하는 방편이기도 하다. 다완은 백자가 아니더라도 상관이 없다. 색깔을 보는 것이 아니기 때문이다. 주둥이 끝, 물이 떨어지는 최후의 부분이 날카롭고, 보통 작품보다는 절수가 잘되는 각도로 되어 있다. 내가 원하는 것은 이것보다도 약간 더 위로 마감이 되는 것이다. 그러나 수작에 속한다.

연변대학 단청루를 내가 걸어 들어가고 있다. 이 건물 안에 미술학원이 들어 있다. 석희만이 부교장으로 있었던 연변예술학교가 연대에 통합되어 단과대학이 되었다. 내가 대강연을 한 곳도 이곳이며, 토옹의 연구실도 이곳에 있다.

YANBIAN UNIVERSITY
ACADEMY OF FINEARTS

157

없다고 했다. 연변대학에 도예과가 없어, 지금 연대미술대학에 도예프로그램을 창시하고 있다고 했다. 대학에 가마를 곧 만들어 가동시킬 계획이라고 했다. 많은 학생들이 꽤 열심히 그를 따르고 있었다. 사실 도예의 원류는 중국에 있지만, 중국에는 현재 도예가 일상적 삶의 예술로서 보편화되어 있질 않다. 연대에서 프로그램을 개발하고 이곳에 자기 가마를 만들어 작품을 생산하기 시작하면, 세계적인 일가를 이룰 수 있는 기회가 오히려 여기 중국에서 더 잘 형성될 수 있다고 그는 생각하고 있는 것이다. 매우 현명한 판단이라고 나는 생각했다. 그리고 그러한 그의 개척사는 피상적 한류보다 보다 본질적인 공예의 역류를 형성하는 것으로 시대적 의의가 크다는 것을 나는 말해주었다.

토옹이 나에게 미술대학에서 지금 볼만한 그림 전시회가 열리고 있으니 한번 가보실 만 하다고 권유를 했다. 석희만石熙滿, 1914~2003이라는 분의 작품인데, 니혼비쥬쯔학교日本美術學校에 유학한 사람이며 연변대학교 미술대학을 창업한 화가라고 했다. 지금 살아있으면 한 백살되는 고전적 인물이며 한국에서는 잘 모르지만 여기 조선족화가들의 원조가 되는 거물이라고 했다.

나는 토옹이 건네주는 생평과 그림을 언뜻보면서 거친 붓질과 둔탁한 색채감에 무엔가 그윽한 깊이가 느껴지는 것을 느꼈다. 그래서 나는 곧바로 미술대학건물 단청루로 올라갔다. 단청루 1층에는 매우 훌륭한 전시장이 있었는데, 전관을 꽉 메운 그의 작품세계는 무엇인가 나에게 육중하게 전달하는 것이 있었다. 그러나 그가 말년에 그린 그의 자화상을 처다보면서 좀 실망에 빠졌다. 소학교 학예회 그림과도 같이 너무도 평범했다. 자신의 얼굴을 통해서 자기만의 예술세계를 전하는 고심의 흔적이 보이질 않았다. 내면의 추상성이 부족했다.

하여튼 연변에 와서 지금까지 내가 알지 못했던 우리 역사의 다른 단면들을 엿보게 된다는 것은 즐거운 일이다. 석희만은 1914년 8월 20일, 함경북도 무산군 무산읍茂山邑에서, 석태준石太俊의 제2자로 태어났다. 이중섭이 1916년

석희만 만년의 자화상

청구靑駒 이마동李馬銅, 1906~1980 선생(나의 보성중학교 시절의 교감선생님)의 1931년작, 『남자』. 캔버스에 유채, 117×91cm. 한 손에 잡지를 쥔 채 밖을 응시하고 있는 청년의 모습. 이 청년의 먼 시선은 이상을 열망하는 근대인의 자화상이다. 색채감각과 뚜렷한 명암대비가 시원한 느낌을 준다. 이에 비하면 석희만의 색감은 꾀죄죄하고, 불분명한 거친 붓질은 어떤 명료한 감동을 전하지 않는다. 석희만의 작품에 야수파 브라크 작품의 영향이 크다고 하는데 문제는 자기 칼라가 부족하다는 데 있다.

생이고, 소설가 이상李箱 김해경의 친구인 서산西山 구본웅具本雄이 1906년생이니까, 하여튼 비슷한 시기에 조선에서 태어난 예술가들이다. 나는 어렸을 때부터 나의 아버지의 휘문보고 단짝 친구였던 이마동李馬銅 화백을 가까이 뵐 수 있었는데, 우리 아버지와 동갑이니까 1906년생이다. 그러니까 석희만은 우리 아버지보다 여덟살이 어린 사람이다.

석희만은 부친이 무산에서 잡화상을 운영하면서 돈을 잘 벌었기에 부유한 환경에서 컸는데, 형이 도박으로 집안을 말아먹는 바람에 밀려 용정龍井으로

이사를 가게된다. 1933년 2월 용정 동
홍중학東興中學을 졸업하고, 취직한
동생이 거두어주는 학비 30원을 들고
1935년 3월 15일 일본유학의 길을
떠나게 된다. 그는 동흥중학을 다
닐 때 이미 "조선중학생미술전람회"
에서 입선을 했고, 그는 그림을 그리
는 인생이 아니면 딴 진로를 선택한
다는 것은 생각할 수도 없었다. 당시
일본에서 가장 성세가 높은 미술대

젊은
날의
석희만

학은 국립동경미술학교國立東京美術學校이다. 이마동은 우리나라 사람으로서
는 최초로 동경미술학교 본과에 정식 입학한 사람이다. 석희만은 돈이 없었을
뿐 아니라 외국학생특별전형이 없었던 동경미술학교는 들어갈 엄두도 내지
못했다. 그리고 1918년에 개교된 일본미술학교는 사립학교일 뿐 아니라 학비
가 엄청 쌌다. 석희만은 동생이 부쳐주는 돈 월 15원으로 일본미술학교에서
2년을 꾸려나갔다.

그런데 학비를 부쳐주던 동생이 청진에서 교통사고를 당해 학비를 못 보내주
게 되었다. 희만은 귀국할까도 생각했으나 아르바이트로 학업을 계속하기로
마음먹었다. 세탁소에서 빨래하면서 돈을 버는 자리를 하나 얻었던 것이다. 희
만은 일본미술학교에서 2학년 때부터 나체모델을 그리는 드로잉수업을 했는
데, 나체모델로서 아르바이트를 하던 나카무라 마사코中村政子라는 일본여성
과 사랑을 나누게 되었다. 나카무라 마사코는 당시 18세, 키 155㎝의 매우
명랑하고 아름다운 여성이었는데 희만에게 영·수문제를 잘 물어보았고,

희만은 열심히 그녀를 지도해 주었다고 한다.

희만은 마사코의 부모에게 결혼의 허락을 얻어야 했는데, 장인은 희만에게 양자로 들어올 것을 조건으로 내세웠다. 그래서 석희만은 "中村熙滿"으로 창씨개명을 한다. 희만은 일본에서 유학

석희만의 첫 부인, 나카무라 마사코中村政子. 명랑한 여인이었다.

하면서 일본에 동화되었고, 일본숭배사상에 빠져들어 갔다. 1939년 4월, 일본독립미술가협회는 "제9회 미술전람회"를 개최했는데, 석희만의 작품, "빠알간 집紅房子"이 입선한다. 지금까지도 석희만의 작품세계를 평가하는데는 이 "빠알간 집"이 대표작으로 논의되곤 한다.

석희만의 1939년작 『빠알간 집』, 45.5×38.0cm. 석희만의 불란서 야수파적 색채감각이 뚜렷이 드러나는 작품이다. 이 작품을 보면 전혀 자연주의적 형태나 색채의 사실성의 감각이 드러나지 않는다. 오직 주관적인 형태와 색채를 화가의 내심의 표현으로서 드러냈을 뿐이다. 빠알간 집이라고는 하지만 무엇인가 하늘의 색깔과 주변의 정경은 장엄한 신비감을 던져준다. 세부적인 명암의 변화도 이 작품에서는 문제되지 않는다.

　1940년 7월에 부인과 함께 귀국하여 용정제1국민고등학교와 용정여자국민고등학교에서 미술교원이 된다. 나중에는 용정광명중학光明中學에서 미술과 일본어를 가르쳤다. 그는 귀국하여 용정에서 활동하는 기간에도, 우리나라의 많은 일본유학생들이나 얼빠진 상층부의 지식인들이 그러했듯이, 일본천황의 충실한 신민이 될 것을 권유하는 숭일사상을 서슴치 않고 선양했다. 1944년 7월에는 장춘長春으로 활동무대를 옮겨 화가로서 입지를 굳혀나갔다. 그것은 그의 친일활동과 관련있을 것이다. 그런데 1945년 8월 9일 밤, 아내 마사코가 급성맹장염을 앓게 되었는데, 일본의 무조건투항의 전야였기에 방공경보防空警報 싸이렌이 계속 울려 방공호에 들어가 있어야만 했고 병원에 갈 수가 없었다. 다음 날 새벽 급히 병원에 갔는데, 곧 수술에 착수해야 한다는 진단을 받았다. 그러나 방공경보가 다시 울려 수술을 받을 길이 없었다. 수술은 계속 연기되었고, 3일 후인 13일 오전 9시에나 수술을 받을 수 있었다. 그러나 이미 화농성 복막염으로 퍼져 17일 하오에는 마사코는 세상을 떴다. 나이 30세의 한창시절의 일본여성이었다. 그녀는 8월 15일 일본천황이 무조건 투항하는 멧세지를 라디오로 들으면서, 이제 다시는 고향에 돌아갈 수 없겠다고 눈물을 흘리면서 영면했다고 한다.

석희만은 일본이 투항한 이후에도 잔류된 일본인들을 도와주며 장사를 하다가 "小山田幸子"라는 일본여인과 만나 결혼을 한다. 그리고 두번째 일본부인과 3남 2녀의 자식을 낳는다.

나는 더 이상 석희만의 생애에 관해 이야기할 필요를 느끼지 않는다. 그는 모택동에 의하여 중화인민공화국이 선포된 후에도, 그 유명한 "연안강화延安講話"의 예술철학에 걸맞게 활동했고, 또 문혁시기에도 시아황下放 당해 10년정도 예술활동을 중단하기는 했어도 별탈없이 그 시대를 넘겼다. 연변대학을 만든 위대한 두 인물,

석희만 탄생 100주년 기념 전시회장으로 들어가는 입구에서.

주덕해朱德海, 1911~1972 교장과 림민호林民鎬, 1904~1970 교장이 문혁 때 황당하고 비참하게 목숨을 잃은 것과는 대조적이다.

석희만의 막내동생은 와세다대학 문학부에서 서양미술사를 전공했는데, 1984년 석희만이 일본에 계속 살고 있었던 동생을 방문했을 때 동생은 형의 그림세계를 가혹하게 비판했다고 한다.

"형님! 형님의 그림은 너무 어둡고 주제가 불분명해요. 진정한 내면의 생명력이 드러나질 않아요!"

나도 이 날 전시장을 둘러보면서 그의 동생이 한 말을 똑같이 되풀이 했다. 그가 일본 야수파의 영향을 받았다고 하는데, 같은 야수파의 영향을 받은 이중섭의 그림에서 보여지는 추상성이나 선명성, 그리고 박력과 활력, 그리고 삶의 짙은 고뇌, 생의 애환, 환상과 광기 같은 것을 느낄 수 없다. 그렇다고 박생광朴生光, 1904~1985의 그림처럼 자기화된 토속성이나 뚜렷한 색채감각을 느낄 수도 없다. 그리고 같은 시대의 유학생선배인 이마동의 그림이 갖는 뚜렷한 색상대비의 심오한 격조 같은 것을 느낄 수 없다. 한마디로 그림의 격이 다른 것이다.

전시장을 나오면서 나는 토옹의 연구실을 가보았다. 그리고 토옹의 작품들을 몇점 관람하고 내려오는데 재미있는 포스타 하나를 발견했다: "2014년 9월 19일 오후 3시, 단청루 학술보고청, 세계적으로 저명한 도시설계사, 베를린공과대학 교수 라울 분쇼텐白瑞華 강연." 그런데 이것만으로는 내 주목을 끌지 못했을 것이다. 그런데 영어로 써놓은 문구에는 다음과 같이 쓰여져 있었다: "Prof. Raoul Bunschoten. Technical University Berlin. Institute for Urban Design and Sustainable Urban Planning."

演讲地点：延边大学美术学院（丹青楼一楼）报告厅
演讲时间：09月19日15时

智慧城市与可持续设计思路

演讲人：Prof. R... ...unschoten
CHORA city & en...
Institute for Urban... ...nd
Sustainable Urba...
Technical Univer...
德国柏林工业大学
城市可持续发展设计研究所教授

个人简介：
Raoul Bunschoten 教授曾执教英国建筑联盟学院、英国伦敦城市大学、荷兰贝尔拉格学院，现执教于德国柏林工业大学。Bunschoten 教授作为欧盟应对气候变化机构联合主席、柏林市政府顾问及CHORA城市规划与建筑设计事务所的创始人，在智慧城市、低碳城市等发展与设计方面拥有丰富的经验与卓越的思考。其核心方法论UrbanGallery "城市策展法" 在城市群及区域发展领域更独树一帜。

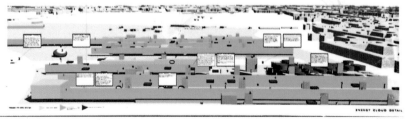

Technische
Universität
Berlin

이 문구에서 나의 관심을 촉발시킨 것은 "Sustainable"이라는 단어 한 글자였다. 여기 "서스테이너블"이라고 한 것은 도시를 설계하되 그 도시가 반드시 "지속가능해야 한다"는 것이다. 그러니까 이 교수의 관심은 어떻게 생태학적인 저에너지의 도시를 만드느냐에 관한 것이다. 단청루 학술보고청은 올해 5월 16일, 내가 학술강연을 했던 바로 그 대강당이었다. 하루에 내 일이 아닌 일로 두 개의 이벤트에 참가한다는 것은 몹시 피곤한 일이고, 늙어가는 내 몸에 적합한 행동이 아니다. 그러나 "지속가능한 도시설계Sustainable Urban Planning"라는 이 한 마디가 몹시 나의 구미를 댕겼다. 더구나 독일의 베를린공대라고 하면, 그러한 문제에 관하여 가장 세계선진을 달리고 있는 기관이고, 발표자는 풍요로운 실제적 체험을 가지고 있을 사람으로 여겨졌다. 내가 "라울 분쇼텐"을 알리 없지만 포스타에 있는 사진을 보니까 매우 진지한 얼굴이었고 대가끼가 흘러넘쳤다. 가자!

석회만 전시를 보고나서 오후 3시의 강연을 들으려 하니 시간이 애매했다. 그래서 나는 기발한 생각을 해냈다. 연변대학에서 내가 9년 전에 가보았던 무명렬사기념비를 생각해낸 것이다. 그때 나는 EBS 한국독립운동사 다큐10부작을 찍고 있었는데 연변대학 사학과의 김춘선金春善 교수의 도움을 크게 입었다.

김춘선 교수는 국민대 조동걸 교수의 제자였는데 실제로 이 지역의 조선민족의 항일투쟁에 관하여 가장 구체적으로 많은 정보를 가지고 있는 인물이었다. 우리 현대사의 보물과도 같은 존재라 해야 할 것이다. 김춘선 교수에게 독립운동에 관련된 유적이 연변대학에도 있냐고 물으니까 김춘선 교수는 날 이 기념비가 있는 곳으로 데려온 것이다. 그런데 그때는 날이 어두워 제대로 찍지를 못했다. 그때 비석이 있는 곳에 오니깐 학생들이 사물놀이를 연습하고 있었다.

연대의 무명렬사기념비는 연대와 시내를 한눈에 굽어내려다 볼 수 있는 뒷산 와룡산 언덕에 자리잡고 있는데 60개의 돌계단 위에 자리잡고 있다. 연변지역 사람들은 조형물의 수치에 관하여 항상 의미를 부여하는데 이 60계단이라는 숫자는 일제패망 60주년을 맞이하여 완공되었다는 것을 말해주고 있다. 명부에 기록된 연변의 항일렬사는 3,125명인데 그 중 조선민족이 3,026명으로 무려 96.8%를 웃돈다. 그런데 이름 없이 희생된 항일투사들은 5만 명이 넘는다. 이 기념비는 그들 무명영웅들의 영혼을 기리는 유일한 기념비이다.

그런데 이 기념비는 정방형으로 낮게 쌓은 담 안 공지 중앙에 원형의 조형을 이루고 있다. 꼭 두 층으로 된 비행접시 모양이다. 상단 비행접시 아래의 기둥 벽면 화강암 오석에서 시침이 되는 반대방향으로, 조선민족의 이주와 개척, 일제의 침략, 독립만세운동, 무자비한 일제의 탄압, 동북항일련군의 무장투쟁, 8·15해방의 희열이 선묘로 새겨져 있다.

사실 연변대학의 창시자들은 모두 항일투사들이었다. 주보중, 임춘추, 주덕해, 림민호, 최채 등 이들 모두가 동북항일련군, 동북민주련군, 그리고 조선의용군 출신들이다. 항일무명영웅의 희생이 없었더라면 8·15해방이 있을 수 없었고, 조선민족의 배움의 전당인 연변대학이 탄생되지 않았을 것이다. 연변대학은 바로 조선민중의 피로 쌓아올린 공든 탑이었다. 하단의 동그라미는 평화를 상징하고 상단의 동그라미는 활활 타오르는 성화의 형국이다. 그것은 조선민족의 불요불굴의 개척정신과 투쟁정신이다. 연대의 교휘에서도 연대라

항일구국의 일념으로 일제와의 투쟁에서
이름없이 산화해 간 수만 영령들의 숭고한
넋을 길이 새기고저 이 비를 세웁니다.

爲紀念在抗日救國鬪爭中
英勇捐軀的成仟上
萬無名英靈, 特立此碑.

This monument has been erected in honor
of those tens of thousands of noble souls
who, though nameless, met with heroic
deaths in the resistance movement against
Japanese imperialism.

도올의 중국일기_1

9월 19일

는 각진 글씨는 비상할 듯이 살아 꿈틀거리는 용의 형국이다. 그 용머리에 얹힌 이응에 해당되는 빨간 점이 바로 태양처럼 타오르는 민족의 정신이다. 연대를 내려다보고 있는 이 기념비의 의미를 우리 민족 전체가, 그리고 연대의 학생들이 항상 되새겼으면 하는 마음으로 나는 기념비 성소를 내려왔다.

사실 연변은 중국 전체에서 보자면 아무래도 편벽한 곳이다. 사실 한국 감각으로 쳐도 옛날 강원도 인제 정도의 느낌이 드는 후미진 산골이다. 그렇게 시골스러운 곳에서 베를린공대의 도시설계자를 만날 수 있다는 것, 참으로 이 세계는 하나의 네트워크 속에 있는 것이 분명했다. 나는 오후 3시 정각에 학술보고청에 나타났다. 나는 내 강연 때의 체험을 미루어 그 강당에 사람이 기껏해야 한 반쯤 앉어있으려나 했다. 내가 강연할 때에는 포스타도 많이 붙어 있었고, 플랭카드도 있었고, 또 사람이 너무 올까봐 티켓을 발권하여 사람을 제한시키는 등, 벼라별 짓을 다 했는데 결과적으로 북만 떠들썩하게 치고 결과적으로는 예상만큼 사람이 오지 않았던 것이다. 그런데 라울교수는 조용히 포스터 몇장 붙어 놓았을 뿐인데 연대 학생들이 몇 명이나 오랴!

그런데 강연장을 들어서는 순간 나는 충격에 휩싸였다. 강당 전체가 만석이었고, 학생들이 조용히 앉아서 강연자를 기다리고 있는 것이다. 그러니까 내 말대로, 학생들을 "콩즈控制"(컨트롤)할려고 애쓰지 않으면 오히려 더 좋은 결과를 가져온다는 것이 입증되고 있는 것이다. 대학은 자율의 장이다. 현재 우리나라 대학캠퍼스에서 베를린공대교수 강연이라고 포스타 붙여 놓아보았자 50명 이상 오기가 힘들 것이다. 한예종 같은 우수한 학생이 모여 있는 캠퍼스에 노벨상 수상자가 온다고 야단법석을 쳐도 20명 모이기가 힘들다고 한다. 그런데 연변대학에서는 대강당 500석을 완전히 꽉 메우고 있는 것이다. 이것은 무엇을 의미하는가? 중국은 지금 "배움의 열정"으로 가득차 있는 것이다. 나의 경우는 조직자들이 너무 나를 과대평가 하고 있는 것이다. 편하게 듣게 하면 많은 학생들이 스스럼없이 진지하게 들을 것이다. 모인 학생들은 대부분 공대계열의 학생이었고, 구체적으로 건축설계, 도시설계, 랜스케이핑, 예술디자인 계열의 학생들이었다. 라울교수가 말하고자 하는 주제에 관

하여 모두 진지한 관심이 있는 것이다. 도시오염을 어떻게 줄이고 쾌적하고 안락한 중국사회를 만들 것인가? 어찌하여 중국사람인들 이런 문제가 관심이 없을손가?

나는 라울이 관심을 가지고 있는 주제에 관하여 깊은 관심이 있다. 그러나 같은 주제라 할지라도 라울이 말하는 것과 내가 말하는 것은 너무도 큰 격차가 있다. 나는 "성시城市"를 만드는 문제에 관하여 철학적 성찰을 말할 수 있지만, 그 성시를 어떻게 만드는가에 관하여 구체적 발언을 할 수가 없다. 그러나 현재 중국의 문제는 "소프트"의 문제일 뿐만 아니라, "하드"의 현실이 마구 진행중이라는데 있다. 라울은 도시를 만드는 전문가이다. 전문가의 발언이라는 것은 그것이 의뢰인이나 기획자들의 요구를 만족시키거나 현실적인 공능이나 이익이 클 때는 바로 채택되게 마련이다. 우리가 살고 있는 시대를 움직이는 것은 철학자가 아니라, 자본과 결탁하여 이 세계를 움직이는 테크노크라트, 그리고 테크니션들이다. 궁극적으로 이 세계를 크게 움직이는 것은 철인일 수도 있지만, 그러한 상황은 인류역사에서 드물게 나타난다. 라울의 발언은 최소한 중국도시형성문제에 관하여 나보다는 더 구체적인 영향력을 지닐 것이다. 나는 사변이성의 원리를 말하지만 라울은 실천이성의 방법론을 말한다. 나는 시 진핑에게 거시적 비견을 줄 수는 있지만, 시 진핑이 구체적으로 예산을 집행하기 위해 부리는 테크노크라트들에게 영향을 주는 것은 라울이다.

라울은 본시 네델란드 사람이며, 직장으로는 베를린공대의 교수가 되었는데, 살기는 지금 런던에서 산다고 했다. 나는 그가 무슨 말로 할까 걱정했는데 다행히 영어로 발표를 했다. 그의 영어는 거의 네이티브 스피커의 수준이었다. 그는 아마도 영어, 화란말, 독일어, 불어 정도는 완벽하게 하는 사람일 것이다. 그의 발표는 현재 그 밑에서 박사학위를 하고 있는 중국학자에 의하여 통역되었는데, 통역자는 그의 발표내용을 숙지하고 있었다.

강연을 통역할 때, 우리나라 통역자들이 가장 오류를 범하는 사실은 "센텐스 바이 센텐스," 즉 버바팀verbatim으로 직역하려고 시도하는 것이다. 강연이란 어차피 청중에게 자기 생각의 내용을 전달하려는 것이다. 그 내용을 도외시하고 형식에 치중한다면 통역과정에서 내용이 사라진다. 우선 말을 짧은 단위로 끊는 것은 발표의 흐름을 죽일 뿐 아니라 듣는 사람에게 불안감과 답답함, 그리고 분절에서 오는 산만한 느낌을 선사한다. 통일적 흐름이 사라지는 것이다. 강연통역은 반드시 패러그라프 단위로 끊어서 통채로 의역을 해야하는 것이다. 통역이 강연내용을 다 전달할 수는 없다. 정확한 사상흐름만 전달하면 되는 것이다. 어차피 강연자의 말은 원어로 다 기록되기 때문에 왜곡되거나 변형될 일이 없다.

통역은 해석이지 축어적逐語的 직역이 아니다. 우리나라의 통역자들이 반드시 숙지해야할 이 원칙 하나도 우리나라에서는 대체적으로 지켜지지 않는다. 상해희극학원 개막식에서 상해부시장이 나와서 "오늘 이 자리에 참석해 주신 누구, 누구"하면서 한 20명 정도의 고관이름을 나열했는데, 미국인 교수 통역자가 "오늘 이 자리에 참석해 주신 유명하신 여러분들"하고 한마디로 축약했는데 청중들의 박수갈채를 받았다. 때에 따라서는 이런 방식이 진짜 통역이다. 부시장이 나열한 사람들은 이미 중국사람들이 알아들었다. 그런데 거기 모인 세계인들은 그 사람들의 이름을 기억해야할 필요가 없는 것이다. 하여튼 그날 통역은 조금 더 길게 끊었으면 좋았을 것이라고 생각했는데,

그래도 상당히 소화된 의역으로 진행되었다. 훌륭한 통역인이었다. 단지 톤이 너무 단조로와 중국학생들의 졸음을 재촉했다.

"제가 복도를 지나는데 중국학생들이 저를 아인슈타인과 같이 생겼다고 쑥덕거리는 것을 들었어요. 제가 머리가 시어서 그렇게 보이나 봐요. 그런데 베를린 시내를 걷게 되면 많은 사람들이 나에게 달려와 누구아니냐고 물어봐요. 난 그 누구가 누군질 알아요. 내가 베를린 필 하모니의 지휘자, 사이먼 래틀Simon Denis Rattle(1955년 영국생)하고 너무 비슷하게 생겨서 날 그 사람으로 착각해요. 특히 일본 관광객들이 나에게 잘 달려오더군요."

강의자는 첫 도입부분에서 이런 죠크를 해서 말미를 터갈 수 있는 여유를 얻는다. 라울의 죠크는 뭐 대단한 성공은 아니었다해도 학생들을 친근하게 끌어당기는데 어느정도 유효한 멘트였다.

내가 들어왔을 때 강당이 꽉 차서 앉을 자리가 없었다. 그런데 대강 제일 앞자리는 한 줄이 VIP석으로 비어있게 마련이다. 나는 제일 앞줄 정가운데로 뚜벅뚜벅 걸어들어가서 앉았다. 그런데는 거침없이 들어가서 앉으면 아무도 문구를 달지 않는다. 그러나 쭈빗쭈빗하면 곤란하다. 마치 그 자리가 나를 위해서 준비된 것인냥 들어가 앉으면 그만이다. 사실 경호원이 지키는 특별한 이벤트에는 그런 짓을 하면 아니되겠지만, 대부분의 학술강연은 앞자리를 메꿔주는 것이 발표자에 대한 예의이기도 한 것이다. 내가 정가운데로 들어가 앉자마자 옆에 있는 사람이 인사를 한다. 연변대 건축과 교수인데 호서대학에서 박사학위를 했다고 했다. 학위공부를 하는 동안 기숙사에서 내 테레비강의를 열심히 들었다고 했다. 이렇게 연변대학교수들은 각방면의 인재들이 한국에서 교육을 받았다. 나는 앞자리 정 중앙에 앉아있는 당당한 자격을 획득한 셈이다.

라울은 학생들에게 스마트 폰을 가지고 있는 사람, 손을 들어보라고 했다. 강당을 메우고 있는 학생들, 500여명 중 10명 정도를 빼놓고는 모두 손을 들었다.

"보세요! 여러분들은 이미 스마트한 세계에 살고 있군요. 전 아직도 스마트 폰을 가지고 있질 못해요. 간단한 옛날 전화 통화기 하나 ⋯."

여기 그가 말하는 "스마트한 세계"라고 하는 것은 그가 말하려는 주제, 즉 "스마트 시티"와 관련되어 있다. 그가 말하는 "지속가능한 성시城市"는 바로 "스마트한 성시"인 것이다. 모든 것이 연결되어 있고, 통합된 정보에 의하여 유통되며, 그 구조는 에너지 사용을 최소화하는 방식으로 배열되어야 한다.

"제가 지금부터 말하려고 하는 주제는 이런 것이죠. 어떻게 하면 우리가 사는 도시를 스마트하게 만들 수 있는가? 제가 말하는 스마트 시티smart city는 에코 시티eco-city라고 말할 수도 있고, 서스테이너블 시티sustainable city라고 말할 수도 있죠. 그런데 여러분들이 가지고 있는 스마트 폰은 결코 스마트하지 않아요. 제가 말하는 스마트의 의미를 여러분들이 사용하는 스마트 폰, 즉 일상생활의 편리함은 좀 해결해주지만 번거로움을 더 많이 가져다주는 그 스마트 폰의 의미로 해석하면 곤란하죠. 여러분들의 스마트 폰은 스마트하지 않아요. 스마트 시티를 만든다고 하는 사람들 중에 스마트하지 못한 사기꾼들이 너무 많습니다. 조심하세요!"

나는 라울의 이 첫마디에 매혹되었다. 스마트 폰이 결코 스마트하지 않다는 그의 지론은 그가 어떠한 관심의 소유자인지, 그리고 얼마나 진지한 휴매니스트humanist인지를 말해주는 진실한 멘트였다. 그는 우선 도시는 3층의 입체구조를 가지고 있다고 설명했다.

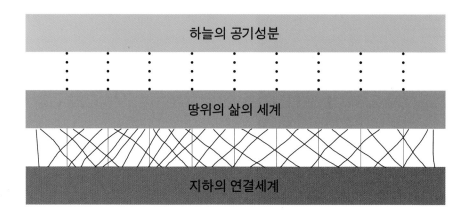

이 3층의 입체구조를 항상 동시에 고려하지 않으면 스마트 시티는 이루어

지지 않는다고 설명했다.

　지금 내가 그의 발표내용을 여기에 다 설명하는 것은 불가능하다. 왜냐하면 요즈음 학술발표는 문과·이과를 막론하고 모두 컴퓨터 영상이미지를 통하여 이루어지기 때문에 이미지 연속 강의이지, 내용의 핵심을 전하는 논리적 강의가 아니다.

　그는 9년전 중국정부초청으로 와서 대만해협부근의 복건성 해안도시들을 스마트하게 만드는 작업에 착수하여, 여태까지 중국을 50회정도 방문했다고 했다. 우선 중국을 알고 중국을 이해하려면 그 정도의 참여를 해야만 하는 것이다.

　스마트 시티는 우선 정부의 적극적 지원이 없이는 불가능하다. 따라서 정부 고위관리들의 명료한 인식이 필요하다고 말했다. 지금 그는 독일의 옛 공항 주변으로 포진된 도시를 스마트하게 연결하는 작업을 하고 있으며, 베를린이라는 도시에 10개의 특별지구를 설정하여 그 지구를 스마트하게 만드는 작업을 하고 있다고 하면서 그 작업과정을 소개했다. 그런데 그가 하는 작업은 어떠한 모델을 확정지우는 것이 아니라, 학생들에게 끊임없이 창조적인 상상력을 동원하여 끊임없이 모델을 만들고 해체하고 또 다시 만들고 하는 작업을 계속하고 있다고 말했다. 도시의 스마트함이란 대기에 CO_2 배출이 줄어야 하며, 지상의 공간에는 에너지 소비가 절감되어야 하며, 지하의 유통체계가 현대화되고 효율화되어야 한다. 이러한 방식의 코디네이션은 너무도 복합적인 함수를 무궁무진하게 내포하기 때문에 단정적인 모델은 있을 수 없다는 것이다.

그러면서 그는 중국의 전통적 마을이나 도시가 대부분 스마트하다고 말했다. 중국학생들에게 그대들은 주체적으로 사고해야 하며, 중국의 농촌이나 도시를 **바꾸어야만 할** 그 무엇으로 생각하지 말고 **배워야만 할** 그 무엇으로 생각해주기 바란다고 말했다.

그의 강의가 끝났을 때, 우레 같은 박수가 터져나왔다. 그리고 질문을 해도 된다고 했는데 아무도 손드는 자가 없었다. 그래서 내가 손을 들었더니 마이크가 나에게 왔다. 나는 유창한 영어로 말하기 시작했다.

"오늘 그대의 강의를 너무도 잘 들었다. 그대의 강의는 매우 포괄적이며, 인간세의 매우 근원적인 문제를 내포하고 있다. 그대가 도시의 문제를 접근하는 방식은 비단 테크놀로지 전공자의 입장에서 발언하는데 그치지 않았다. 인간이 살아가야만 하는 삶의 근원적인 문제의식을 지적하고 있는 것이다. 중국문명에는 문명文明의 지혜만 있는 것이 아니라, 반문명反文明의 지혜도 있다. 유가의 건설만 있는 것이 아니라 도가적 억제와 해체가 있다. 문명을 촉진하는 사상이 있는가 하면 문명에 역류하는 무위無爲의 지혜가 있는 것이다. 그래서 동방의 문명은 그 나름대로 지속가능한 유기체적 화엄구조를 잘 이루어왔다. 그런데 그런 발란스를 깨도록, 문명의 진보에만 매달리도록 만든 것이 바로 서양의 등장이었다. 오늘 우리 동방이 안고 있는 모든 문제는 바로 서방의 그대들이 가르치고 조장해온 사유의 결과이다. 특히 건축분야에 있어서 서양의 건축가들은 바우하우스적인 사유를 정당한 것으로만 생각하면서, 무제약적인 공간의 낭비와 에너지 낭비, 그리고 전통적 삶의 파괴를 일삼아 왔다. 서방의 이러한 복음은 근원적으로 잘못된 것이다.

나는 지금 도시의 구체적 문제에 관하여 그대와 토론할 시간은 없다. 세부적인 문제는 여기 학생들이 더 잘 질문할 것이다. 단지 내가 말하고자 하는 것은 역사적으로 그대가 말하고 있는 지향점은 바로 그대들이 저질러온 죄악의 속죄로서 간주되어야 한다는 것이다. 그대는 더욱더 강렬하게, 중국의

지도층들이 추악한 개발을 내세우지 않도록 발언해야 한다. 그들이 새로운 문명의 패러다임을 창조할 수 있도록 강하게 충고해야 한다. 이것은 인류의 미래가 걸린 중요한 문제이기 때문이다."

내가 앉자 찬물을 끼얹듯이 고요해졌다. 라울은 말했다.

"나는 당신의 의견에 전적으로 동의한다."

그리고 학생들의 활발한 질문이 이어졌다. 나의 질문이 학생들의 활발한 질문을 촉발시킨 것이다. 학생들의 질문은 주제에서 동떨어지지도 않았고 매우 진지했다.

"중국의 도시가 스마트하게 변하려고 한다면 가장 구체적이고도 보편적인 난점은 무엇일까요?"

"중국은 어차피 잘 살려고 노력하고 있고 그렇다면 중화학공업의 발전이 필수적입니다. 중화학공업도시로 스마트하게 만들 수 있읍니까?"

"중국에도 여러가지 스마트 프로젝트들이 진행중입니다. 유럽국가들도 많은 스마트 프로젝트를 진행중입니다. 이 양자의 성격에 차이가 있다면 어떤 차이가 두드러집니까?"

"저는 예술대학 학생인데요, 저는 조경에 관심이 많습니다. 스마트 시티에 있어서 조경은 어떤 역할을 하나요?"

수많은 질문들이 쏟아졌는데 라울교수는 모든 질문에 간결하고 명쾌하게 솔직한 답변을 했다. 그는 조경에 관해 이야기 하면서도 중국인들이 소주蘇州에 정원을 만든 지혜에 관해 이야기 했다. 그리고 문명은 자연으로부터 배우지 않으면 안된다고 말했다. 자연이야말로 낭비없는 순환의 스마트 시스템이라고 말했다. 그러면서 자기가 런던 시내 한복판에서 살고 있는데 쿼드랭

글(사각)로 둘러싸여 있는 아파트 마당 한복판에 큰 나무 술통을 몇개 놓고 음식찌꺼기를 써서 채소를 기르고 있는 정황을 설명했다. 쓰레기를 만들지 않는 삶을 살려고 안간힘을 쓰고 있는데, 오늘 아침에도 부인과 그 채소 물 주는 문제에 관해 통화했다고 했다.

그리고 그는 중국의 미래건축가들을 향해 꼭 한마디 기억해주기를 바란다고 하면서 다음과 같은 의미심장한 멧세지를 덧붙였다.

"물론 건축이란 설계자의 구상의 자율성을 존중해야 합니다. 설계가 어떤 모양을 취하든, 스카이 라인이 반듯하든, 삐뚤어지든, 프랑크 게리의 건축처럼 꼬불꼬불하든 쭈굴쭈굴하든지 간에 난 상관하지 않아요. 그런데 아키텍트가 반드시 명심해야만 할 중요한 사실은 그 건축이 반드시 사용자의 요구를 만족해야 하며 그들이 진심으로 그 공간을 접수해야 한다는 것입니다.

강소성 소주 졸정원拙政園은 유네스코문화유산으로 등록되어 있는 세계적인 개인정원으로 현재의 면적만 해도 5.6헥타아르에 이른다(원면적 13.4헥타아르). 명나라 정덕正德연간에 어사 왕헌신王獻臣이 은퇴하여 도관과 불사를 내쫓고 개인정원을 만들었다. 졸정이란 정원을 가꾸는 졸한 일들도 훌륭한 정사政事라는 뜻이다. 문징명文徵明이 이 정원의 아름다움에 취해 「졸정원도」 31폭을, 그리고 시를 썼다. 왕헌신이 죽고 나자 그의 아들이 이 정원을 도박장에서 하룻밤에 날려버렸다. 하여튼 이 정원의 모습은 500여 년을 유지했는데 태평천국의 이수성李秀成이 이곳에 충왕부忠王府를 세운 것은 유명한 사건이다. 현재 관광객이 너무 많아 소조한 원래의 느낌이 없어 아쉽다. 2014년 7월 7일 촬영.

月落烏啼霜滿天江楓漁火
對愁眠姑蘇城外寒山寺夜半
鐘聲到客船 李大釗

소주 하면 한산사寒山寺를 빼놓을 수 없다. 소주성 서쪽 창문 밖 5km, 풍교진
楓橋鎭에 위치하고 있다. 이 사진이 바로 풍교楓橋이다. 양무제 천감天監 연간,
502~519에 세워진 묘리보명탑원妙利普明塔院인데 당나라 때 명승 한산寒山과
습득拾得이 주지하는 바람에 한산사가 되었다. 장계張繼, 715~779라는 시인이
과거 떨어지고 내려가다 처량한 심정을 읊은 『풍교야박楓橋夜泊』으로 더욱 유
명해졌다:"달이 지자 까마귀 우짖고 서리 가득한 하늘 / 강둑 단풍과 고기잡이
불빛 서로 마주보며 근심 속에 조네 / 고소성 밖 한산사 / 야밤의 종소리 객선을
때리는구나." 윗 글씨는 중국 공산당의 아버지 이대조의 글씨. 이대조가 얼마나
문기 서린 인물인가를 말해준다. 우리나라 최부崔溥, 1454~1504가 이 풍교에
와서 읊은 얘기들이 『표해록』에 적혀있다. 최부는 앞 개울을 사독하射瀆河라
했는데, 이것은 경항대운하京杭大運河 길이다.

풍교와 연결된 성벽에 철령관鐵鈴關이라는 누각이 자리잡고 있는데 이 관문은 명나라 가정嘉靖연간에 만들어진(1557) 본격적인 군사방어체계물이다. 인서트 사진은 풍교 다리의 반대편 동네 모습이다. 누각에 어구안민禦寇安民이라는 오진현吳進賢의 글씨가 있는데, 당대에 이미 왜구들이 여기까지 와서 노략질을 일삼았다는 것을 알 수 있다. 일본인의 만행은 하루이틀의 짓이 아니었음을 알 수 있다. 최부도 제주도에서 풍랑을 만나 이 지역에까지 밀려온 것을 보면 바다물길이 통했던 것이다. 자곤 군이 비디오를 찍고 있는데 나의 소주기행은 www.hooz.com에서 볼 수 있다.

소주는 오吳나라의 중심지이다. 공자와 동시대의 오왕 합려와 그의 아들 부차, 그리고 월왕 구천의 이야기는 우리에게도 친숙하다. 이 호구虎丘는 소주에서 가장 높은 언덕인데 인공적으로 만든 것이다(그래봐야 해발 36m밖에 안된다). 쇼동파가 "소주에 왔다가 호구를 아니 와보는 것은 평생 후회할 일到蘇州不游虎丘乃憾事也"이라 했다. 이 언덕에 깊은 호수가 있는데 검지劍池라 부른다. "풍학운천風壑雲泉"이라는 글씨는 서법대가 미불米芾의 글씨이다. 바로 이 푸른 연못 밑에 합려의 무덤이 있고 그 무덤에 천하의 보검 3천 자루가 같이 묻혔다는데 아마도 분명한 사실일 것이나 아무도 발굴할 수 없었으니 영원한 수수께끼일 것이다.

이 너른 암반이 『사기』 「손자오기열전」에 나오는 재미있는 장면의 현장이다. 손무孫武가 합려에게 군대지휘의 모범을 보인 곳이다. 궁중미녀 180명을 훈련시켜보라 하니, 손무가 그 두 편대의 대장인 합려의 두 애첩, 명령을 무시하는 두 애첩을 과감히 처단함으로써 전 부대가 일사불란하게 행동하도록 만든 곳이다. 합려의 무덤을 만든 공인들을 죽인 곳이라고 말하기도 한다. 중국의 피사의 사탑이라고 부르는 호구탑은 8면7층인데 강남에 현존하는 유일한 전결구 고탑이다. 후주에서 시작되어 북송 건국 다음 해(961)에 완성되었다. 탑의 높이는 47.7m. 탑기반이 무르고 약해 점점 기울어지고 있으나 11세기를 그대로 버티어왔다.

이 웅장한 서문고성장胥門古城墻은 합려의 명에 의하여 오자서가 쌓은 것이다.『사기』「오태백세가」에
나오고 있다. BC 514년에 완공되었다. 당시는 "합려성"이라고 불렀다. 이 위대한 오자서를 합려의 아들
부차가 백비(월왕 구천의 돈을 먹은 놈)의 꾀임에 빠져 죽인다. 오자서는 오나라 망하는 것을 내 눈으
로 보겠다 하고 자기 두 눈을 파내어 이 문에 걸어놓으라 했다. 그래서 오늘날도 이 문을 서문胥門이라
부른다. 오나라는 결국 오자서의 죽음과 함께 멸망한 것이다. 우국지사를 대접하지 않는 나라는 필망
한다. 오늘 우리나라에도 해당되는 역사의 교훈이다. 소주는 1986년에 도시성립 2,500주년 축제를 했다.

창문閶門은 소주 고성의 서편 서문胥門 윗쪽에 자리잡고 있는데 사람들이
특별히 가보지 않는 곳이지만 내가 찾아간 이유는 최부가 이곳을 특필했
기 때문이다. 이 부근에서 명나라 안찰어사 두 사람과 재미난 대화를 나눈
다. 그들의 가장 중요한 질문은, "어떻게 당신네 나라는 수당의 대군을
그렇게 여지없이 물리칠 수 있었소?"라는 것이었다. 수양제나 당태종이
고구려에게 대패당한 사실을 인정하고 그 비결이 그토록 궁금했던 것이
다(그 대답은 『표해록』을 찾아볼 것). 또 이런 기록이 있다: "자정 무렵에, 달빛
을 받으면서 노를 저어 북쪽으로 가 창문閶門을 지나니 창문 밖에는 통파
정通波亭이 호수를 굽어보고 있는데, 옛 이름은 고려정이었다고 한다. 송
원풍연간에 세워진 것으로 고려의 조공사신을 접대하던 곳이었다." 한길
사에서 나온 서인범·주성지·조영록 역의 『표해록』(2004)은 사볼만 하다.

창문閶門 밖 운하에서 바라보는 소주의 풍경. 소주는 동방의 베니스, 운하도시이다. 그런데 최부의 기록에 의하면 이 장면쯤에 고려정이 위치하고 있었다. 고려와 송의 관계가 얼마나 빈번했었나 하는 것을 말해준다. 고려는 송과 대등한 위상을 지니는 황제국이었다. 그런데 우리나라의 사가들은 고려를 조선왕조보다도 힘이 더 나약한 나라인 것처럼 왜곡된 기술을 하고 있다.『고려사』 자체가 조선왕조의 사가들에 의하여 철저히 왜곡된 문헌이라는 것을 인지하고 있지 않기 때문이다. 소주에는 운하를 이용한 산업운송체계가 지금도 매우 활발하다.

나는 소주의 대기업인 우 니엔뿨吳念博 회장의 초청으로 소주를 갈 수 있었다(2014. 7. 5.~7. 9). 소주라는 고도古都는 라울 교수의 말대로 "스마트한 도시"의 한 전형을 보여주는 것이다. 오태백은 왕위를 동생 계력에게 양보하여 조카 문왕이 대성할 수 있게 해주었다. 문왕은 주나라를 세우고 중국문명의 기업을 완성했다. 그러니까 소주는 남쪽에 있지만 중국문명을 창출케 한 근원지라는 프라이드가 있다. 소주 사람들은 항상 양보하고 근면하며 자신의 부富를 겉으로 드러내지 않는다. 상해도 소주의 상업자본을 배경으로 흥기한 도시이고, 양명학이라는 것도 소주의 상인─지식인들을 배경으로 성장한 근대적 사유이다. 나는 우뚱吳童의 전자회사 꾸더倨德Good-Ark Electronics에서 강연을 했는데 우수 직원들이 나의 강의를 너무도 진지하게 경청했다. 우리나라 보통 회사의 분위기와는 너무도 다른 그 무엇이 있었다. 우 회장은 오태백의 후손이라는 자부심이 있다. 그는 자기 회사를 유교의 한 이상향으로 만들기 위해 도덕적 모범을 보이면서 산다. 근면, 채식, 여민동락, 인의예지의 실천, 그리고 에코시스템에 관한 철저한 배려가 전 직원에게 일상화되어 있다. 중국의 미래는 이런 곳에서 새롭게 피어나고 있는 것이다.

吳念博 會長

소주 하면 빼놓을 수 없는 것이 쿤취崑曲이다. 쿤취는 명말 소주부 곤산현崑山縣에서 발원하여 소주, 상해, 무석 일대에 퍼졌다. "백희지모百戱之母"라는 아칭雅稱을 지닐 정도로 모든 요소를 종합하고 있다. 소주인들의 우아한 감성을 나타내는 대표적인 예술이다. 판소리도 한국말의 구조적 특성을 전제로 하지 않고서는 이해되지 않는다. 중국의 다양한 희곡은 중국 성조언어의 특성에서 태어나는 것이다. 우 니엔뻐 회장은 우리 일행만을 위한 특별한 공연을 마련해주었는데 나는 소주곤곡전습소라는 곳에 탕현조湯顯祖, 1550~1617의 『모란정牡丹亭』을 감명깊게 관람했다. 셰익스피어와 동시대의 작가이다. 과거에 급제하여 입신출세 하려는 야망을 품은 젊은 서생과 고관의 딸 사이의 생사를 초월한 사랑을 다룬 연애고사이다.

곤곡은 태평천국난 시기에 엄청난 타격을 입는다. 그 후원지들이 모두 디도의 데산이 되었기 때문이다. 곤곡은 북경으로 올라가 북경화되어 경극京劇Peking Opera의 한 모태가 된다.

곤곡은 고상하고 심오하면서 난해하다. 음악도 딱딱한 편이다. 그러나 창법이 화려하고 완전婉轉하다. 표연表演이 세밀하고 풍요롭다. 고풍의 아취가 살아있는 귀족 취향의 희곡이라 말할 수 있다.

어떠한 경우에도 건축가의 일방적인 폭력은 허락되지 않습니다. 그 공간에 거주하는 인간의 삶의 주체성이 일차적으로 존중되어야만 하는 것이 건축입니다. 미래의 건축가들이여! 잊지마소서! 건축은 모양이 아니라 삶입니다!"

강의가 끝나고 나는 그에게 나의 책, *The Great Equal Society*를 선사했다. 그는 내 책을 선물 받더니 반드시 읽겠다고 했다. 자기에게 절실히 필요한 것이 중국의 철학을 이해하는 것이라고 했다. 그를 연변대학에 데리고 온 인물은 뻬이징교통대학北京交通大學의 시아 하이산夏海山이라는 인물이었다. 건축과 예술학원 원장이며 성시규획설계연구원城市規劃設計研究院의 원장인데 중국정부에 꽤 영향력이 있는 거물인 것 같았다. 그런데 사람이 아주 스마트하게 생겼고 젊었다. 그에게 나를 소개하자, 그는 나를 즉각 알아보는 듯, 상당히 친근한 맨드를 했다.

"저의 대학에도 한번 와 주서서 상의를 해주시죠!"

기회가 되면 북경교통대학에 가서 "지속적 도시계획에 관한 철학적 성찰과 중국의 미래"라는 제목으로 한번 강연할 수 있으면 좋겠다는 의사를 표명했다. 이렇게 저렇게 해서 인연은 펼쳐지게 마련이다. 어차피 중국을 위해 온 이상에는, 다양한 기회를 포착해야 한다.

모두 인사가 끝났을 때 교수들이 강단위로 올라와 기념사진촬영을 하자고 했다. 그런데 포진한 방식이 자연스럽게 라울 중심이 아니라 나의 중심이 되었다. 광한루에서 이몽룡이 휘저은 것처럼, 남의 잔치에 와서 휘두른 격이 되었다. 내가 출두명령을 내려야 할 대상은 중국의 지도부다. 중국의 지도부가 정신을 차리고 스마트 시티를 설계해야 하는 것이다.

라울은 말했다: "결국 중국의 설계는 여기 오늘 내 강의를 들은 중국 젊은 이들의 의식세계 속에 있는 것이죠."

백두산 천지, 2005년 5월 27일

9월 19일

9월 20일, 토요일

일전에 말했듯이 내 방 바로 윗층에 북한의 사회과학원 사람들이 머물고 있다. 이들은 낮에는 매우 엄숙한 얼굴을 하고 있는데, 밤에는 꼭 술을 마시고 이야기를 하면서 소리를 지른다. 건물이 얼마나 방음시설 고려가 없는지 윗층에서 하는 소리가 다 들린다. 너무도 의미없는 말들을 지껄인다. 앞서 말했듯이 이들의 떠드는 소리가 대강 10시면 잦아들기 때문에 난 불만이 없었다.

그런데 어제밤에는 10시경, 그들이 떠드는 소리를 듣고도 잠에 들었는데, 12시 반경 그들의 고성방가에 놀라 눈을 떴다. 쿵쾅거리는 소리가 계속 울리고, 무슨 군가 같은 것을 크게 틀어놓기도 하고, "우리의 소원은 통일" 그런 노래도 흘러나오고, "혁명" 운운하는 소리가 계속 들린다. 밤 12시 반에 이 아파트에 묵고 있는 사람들이 한둘이 아닌데, 묵과하기에는 과한 사태였다. 나는 얼마전에, 이들이 오는 25일에 평양으로 돌아간다는 소리를 들었다. 그 책임자 동지와 엘리베이터에서 부딪쳤다.

"돌아가신다고 들었습니다."

"25일에는 떠납네다."

"가시기 전에 한번 저녁이라도 제가 모실까요?"

"됐습네다. 잘 들어 가갔습네다."

내가 할 얘기는 더 없었다. 그런데 갈 때가 됐다고 저렇게 술을 퍼먹다니, 참을려 해도 잠을 잘 수 없으니 딱한 일이었다. 내가 직접 가서 타이른다는 것은 역시 많은 문제를 일으킬 수도 있다. 나는 나의 임조교를 보냈다.

임조교가 4층 방문을 두드리는 소리가 들렸다. 한참 있다가 조교가 내려왔다. 그런데 그들이 떠드는 소리는 여전했다.

"가서 얘기를 해봐도 제 얘기를 들을 수 있는 정신들이 아닙니다. 제가 쳐들어가서 야단을 칠 수도 있겠지만 그렇게 되면 충돌이 생길 터이고, 제가 내려

내가 처음 금강산을 갔을 때는 큰 여객선, 설봉호를 타고 갔다(2003. 1. 20). 그때만 해도 나는 곧 통일이 이루어질 것 같다는 환상을 가졌다. 현대아산 김윤규 사장과 함께 희망에 부풀었던 그 가슴을 기억한다. 나는 해금강에서 평양에서 내려온 정몽헌 회장을 만났다. 그는 진지하고 진솔한 인품의 만년청년이었다. 그러나 그가 일 년 반 후에 타계하다니! 우리 민족이 과연 이렇게 안일하게 살아야 할까? 통일의 부푼 꿈이 어제 일이었는데!

209

가서 건물 수위를 깨워서 데려가 보겠습니다."

"그리해라."

임조교는 학교 당직 수위를 데려갔는데, 가서 얘기를 해보니, 북한 사람들이 말하기를 자기들이 난동을 부리는 것이 아니고, 연변대교수 한 분이 술을 한 박스 사가지고 와서 계속 퍼먹으면서 자기들 말을 듣지 않는다는 것이다. 그

2005년 5월 21일. 중국 도문圖們과 북한의 남양시를 잇는 조중우의교朝中友誼橋에서. 도문의 한 여관에서 "두만강 푸른 물에 노 젓는 뱃사공…"이란 노래가 작사되었다는 고사가 있다. 이 다리는 우리 민족의 애환이 서린 다리인데 내가 서있는 곳은 한 발자국만 더 가도 북한땅을 침범하는 죄를 범한다. 국경이라는 인위적 분계선의 허망함을 너무도 절절하게 느끼게 해준다. 왜 우리는 이 다리를 마음대로 왕래할 수 없는 것일까?

래서 자기들도 연대교수의 주사를 받아주고 있는 중이라는 것이다. 임조교 말이 그들의 말이 전혀 거짓말 같지는 않다는 것이다. 그렇게 말하니까, 수위 가 말하기를 저희는 교수님들의 행동에 관해서는 왈가왈부 할 수는 없다고 말하면서 내려 가버렸다는 것이다.

내가 올라갔다면 뭐라 말했을까?

"이녀석들아! 나는 김정일위원장과 백화원에서 식사를 한 사람이야! 최소 한의 예의라도 지켜야 할 것 아닌가!" 이런 소리를 해봤자, 뭔 의미가 있겠는가! 참는 수밖에 없다. 임 조교말이 젊은 친구 한사람이 나와 자기에게 죄송 하다고 통사정을 했다는 것이다. 그들의 주사는 2시 경까지 계속되었다. 그런데 잘 들어보니 떠드는 내 용은 이런 것이었다.

"혁명을 할려면 철저히 해야하고, 술을 먹을려 면 확실히 취해야돼!" 뭐 이런 쪼의 명제를 두서없 이, 깨진 레코드판 모양 되풀이 하는 것이다. 나는 이날 밤, 우리 조국의 한심한 모습을 생각하면서 몹시 우울했다. 북한의 젊은 아이들은 저렇게 울 고 있고, 나는 올라가 볼 수도 없고, 이게 나의 조 국의 현실이려니 생각하니 눈물이 나왔고, 술에 취 한 동포들의 주정이 측은하게만 느껴졌다. 다음 날 정책실장 책임자가 나에게 정중한 사과를 했다. 떠 나기 전까지 그들은 다시 술주정을 하지는 않을 것이다. 잘가게! 동포여!

9월 22일, 월요일. 청명하기 그지없는 날씨

리홍군李紅軍교수가 도서관에서 공부하고 있는 날 찾아왔다. 학부강의 문제로 교실을 바꾸기 위해 여러 군데를 보아 두었는데 선생님의 재가를 받고 싶다는 것이다. 옛 건물쪽으로 배정을 했다는 것이다. 종합청사 건물엘 먼저 갔다. 법학과, 경제학과 학생들이 주로 강의를 듣는 곳이라고 했다. 605, 607호실을 보았는데 교탁이 옆으로 비켜 세워져 있긴 하지만 여전히 육중하고 썰렁하기는 마찬가지였다.

그래서 사범루 마정학원엘 갔는데, 1층 1132호실에 아주 이상적인 교실이 있었다. 천정도 높지 않고, 좌석이 150석인데, 공간낭비가 없었다. 그리고 마이크시설이 여느 교실보다 훌륭했다. 그리고 교탁도 높지가 않았다. 그리고 칠판도 아주 훌륭했다. 나는 한국에서 내가 좋아하는 일제 백묵을 사가지고 왔다. 요번 주 강의는 성공할 수 있으리라는 확신이 들었다. 나는 리홍군교수에게 『사랑하지 말자』라는 책을 선사하면서 거기에 이렇게 썼다: "我們的冒

종합청사綜合樓

종합루 601호 강의실

사범루 1132호 강의실

險已開始了. 이제 우리의 모험은 시작되었소."

　이교수와 교정을 걷는데 학생이 이교수에게 인사하며 이렇게 말을 건넨다: "밤머감까?" 우리 학생 같으면 "식사하셨습니까?" 이렇게 말할텐데, 그들은 교수에게 직설적으로 행동의 현재를 묻고 있는 것이다. "밤머감까?"는 "밥먹으러 가십니까?"를 의미하는 것이다. 그런데 이들의 말투가 오히려 조선왕조 사람들의 옛말을 보존하고 있다는 느낌이 든다. 요즈음 젊은이들이 핸드폰 채팅에서 축약된 말을 쓰는 것도 전통의 회복인지도 모르겠다.

　어제 한 학생에게 "참 총명하군" 그랬더니 즉각적으로 "아이 총명합니다"라고 대답한다. 우리 학생같으면 "저는 총명하지 않습니다." "저는 총명하지 못합니다"라고 말했을 것이다. 그런데 주어가 빠지고, 부정사가 앞으로 나와있다. 이것도 아마 옛 표현이 아닐까, 나는 그렇게 생각한다.

9월 23일, 화요일. 흐림

연길은 하늘 공기가 너무 좋고 깨끗해서 하루라도 날씨가 흐리게 되면 금 방 우울해진다. 너무도 찬란했던 하늘이 뿌옇게 가려지는 느낌이 들면 으슬 으슬해지는 것이다. 햇빛만 찬란해도 추위는 별로 느끼지 않는다.

교문앞을 어슬렁 거리다가 한참 남쪽으로 내려갔는데 골목길에 갑자기 큰 건물이 나타났다. "이쓰터영성依斯特影城"이라고 쓰여져 있다. "극장 이스트" 라는 뜻이다. 누구에겐가 이스트라는 극장이 있다는 소리를 들은 적이 있 다. 건물은 매우 현대식으로 지은 새건물인데 관리가 소홀한 듯 지저분했다. 이스트라는 극장은 괜찮은 극장으로 연길사람들이 잘 이용하는 곳이라고 언 뜻 들었기에 한번 들어가 볼 생각이 났다. 프로를 보니 중국 공포영화, 애정 영화가 몇편 있는데, 역시 사람들에게 인기가 있는 것은 헐리우드 액션영화 인 것 같았다. 실베스타 스탤론이 기획해서 만든 『익스펜더블 Ⅲ』가 상영중 이었다. 온갖 나이든 액션 배우들이 떼거리로 나오는 영화인데, 이름난 배우들이 많이 출연하는 영화일수록 좋은 영화일 확률은 떨어진다. 유명한 배우가 많이 나온다는 것 자체가 시나리오가 빈곤하다는 뜻일 수도 있다. "익스펜더블expendables"이란 군대용어로 작전상 시간을 벌거나 특수한 목적을 위하여 희생되는, 구제될 것을 전제로 하지 않는 병력이나 물자를 의미한다. 중국어로는 『깐쓰뛔이敢死隊』라고 번역되었다.

내가 『깐쓰뛔이』를 보기위해서 영화관을 들어 갈 이유는 없겠지만, 중국대학 주변의 영화관의 실태를 알기위해 한번 들어가 보기로 했다. 4층으로 올라갔다. 영화표를 사는데 놀라운 것은 입장권이 자그만치 "70위앤"이나 된다는 것이다. 70위앤이면 우리나라 돈으로 13,000원이나 되니깐, 현실적으로 우리나라 극장값보다 더 비싼 가격이다. 시간을 보니까 이미 15분 정도 시작한 프로가 있길래 그것을 들어가겠다고 하니깐 그 표를 끊어주었다.

연대 앞길 야경. 밤중이면 출출하니 괜히 어슬렁거리게 마련이다. 복무청사연길랭면服務大樓延吉冷麵은 정문 맞은편에 있는데 냉면맛도 좋고, 특히 "꾸어빠르어우鍋巴肉"(탕수육의 일종)가 일품이다. 뜨거운 탕수육을 냉면 얼음국물에 찍어 먹는다.

제7관(치하오팅七號廳)에 들어 갔는데, 놀라운 것은 좌석이 거의 다 매진되어 사람들이 가득 앉아있는 것이다. 나는 맨 뒷줄에 한 자리가 있어 앉았다. 그런데 극장 좌석이 계단식으로 되어 있는데도 스크린이 잘 보이질 않았다. 왜 그럴까?

우선 의자 행렬들의 사이가 엄청 벌어져 있는데 그 의자 앞쪽으로는 무슨 옛날 성당이나 교회처럼 앞에 긴 나무 책상이 놓여 있었다. 도대체 극장에 왜 책상이 필요한가?

그리고 가장 결정적인 이유는 스크린이 눈높이로 올라와 있는 것이 아니라 저 아래로 내려가 있는 것이다. 그 내려가 있는 수준이 하도 낮아 자막 글씨가 잘 보이지 않을 정도였다. 그러니까 책상위에 놓여 있는 물건들, 그리고 불필요하게 벌어진 행렬사이 때문에 앞줄의 사람들의 머리가 스크린을 가리는 것이다. 그리고 스크린은 저 밑으로 내려가 있다. 자막을 볼려고 몸을 움직이면 궁둥이가 걸상 끝에 걸릴까 말까! 2시간을 그짓을 하고나니 허리가 끊어질 것 같았다. 그리고 사방에서 뿜어대는 입냄새, 방구냄새, 음식찌꺼기 냄새 …. 내 인생에서 가장 열악한 극장관람 환경을, 가장 비싼돈 주고 체험하는 것 같았다.

학생들이 아침에 먹는 "떠우지앙豆漿"(콩국으로 중국인들의 대표적 아침식사)이 불과 "2위앤"밖에 되지 않는다. 그런데 70원을 받는 극장에 사람들이 가득 앉아있고, 그들이 보고 있는 영화의 질이란 너무도 형편없는 수준이고, … 중국사회의 부조리와 이질감은 이런 데서도 절실하게 느껴진다. 중국사회의 가장 큰 문제는 곳곳에서 접할 수 있는 "엉터리 디자인 감각"과 그것을 용인하고 있는 중국인들의 무감각, 그리고 "퍼블릭 루드니스public rudeness"(공적인 자리에서 남을 배려하지 않는 행동양식)이다. 여기 "루드니스"란 무례도 되지만, 조야粗野하다는 뜻도 된다. 공공의 선善을 고려하지 않는 것이다.

화평만세和平萬歲
항미원조기념抗美援朝紀念(3주년)
중국인민부조위문단증中國人民赴朝慰問團贈
(1953년 10월 25일)　39×39.5mm　In Collection

이 뱃지는 1953년 10월 25일 북한을 방문한 중국인민들이 가슴에 찼던 기념뱃지이다. 그 위에 보면 "항미원조기념"이라고 쓰여져 있는데 이것은 무슨 의미일까? 독자들도 아는 사람은 알겠지만 중국인들은 6·25전쟁을 "미국의 침략에 항거하여 조선을 원조한 전쟁"이라는 뜻으로 "항미원조"라고 부른다. 언제 항미원조를 시작했을까? 1950년 10월 19일 중공군(中國人民志願軍)은 압록강을 건넜고, 25일 운산에서 최초의 교전을 했다. 이 10월공세는 박천, 온정리, 희천, 오노리, 함흥, 초산으로 이어졌다. 그러니까 참전일은 1950년 10월 25일이 되는 셈이다. 그러니까 3년 후인 1953년 10월 25일은 정확하게 참전 3주년이 되는 것이다. 그런데 6·25전쟁은 기나긴 협상 끝에 1953년 7월 27일 휴전이 성립했다. 휴전의 당사자는 유엔군과 북한과 중국이었다. 남한은 참석처 않았다.
이 뱃지는 과연 무엇을 의미하는가? 중국인민들이 휴전이 성립하고 나자, 대거 평양으로 몰려가 북한인민들을 위로했다는 뜻이다. 그 날짜가 항미원조참전 3주년 기념일인 1953년 10월 25일이다. 이 뱃지가 연변지역에 많은 이유는 항미원조참전자가 연변동포 중에 많았다는 것을 의미한다. 연변의 조선 젊은이들은 동포와 싸우는 비극적 전투에 참가하여 목숨을 잃은 자가 8천 명이나 된다. 이 뱃지를 달고 평양으로 위문 간 단원들은 앞서 보여준 도문 조중우의교를 건너갔을 것이다. 뱃지 하나가 이토록 많은 역사적 사연들을 정확하게 증언하고 있는 것이다. 이제는 전쟁이 끝났다! 평화의 시대를 구가하자! 그들은 평화의 상징 비둘기를 가슴에 달고 갔던 것이다.

9월 24일, 수요일. 처음 비오다. 서울도 비온다고 한다. 태풍권

아침에 비가 와서 장에 나갈 수 없었다. 나는 여기 온 후로 학교 서문西門 밖 후통胡同에서 열리는 시장에 나가 한두 개 무엇을 사오는 취미가 생겼다. 시장이래야 뭐 광장처럼 대단한 것이 아니고, 농부 몇 사람이 길 양옆으로 마대자루를 펴놓고 그 위에 한 옹큼씩 자기들이 직접 기른 물품들을 쌓아놓은 풍경이다. 이 시장은 아침 6시부터 8시 사이에 열리는데 학생들이 일찍부터 학교에 오는 습관이 있기 때문에 그곳에는 학생들이 아침 요기를 할 수 있는 점포들이 몇집 있다. 이 후통(중국에서는 골목을 "후통"이라 한다. 원래 "衚衕"이라 썼는데 지금은 "胡同"이라 쓴다. "衚衕"이라는 글자가 생겨먹은 것을 보면 알 수 있듯이 원래 한자가 아니라는 생각이 든다. 이것은 원나라 때 생겨난 글자인 것이다. 몽고말을 음역한 것이다. 원나라 때의 시에 "後衚環村盡溯遊, 鳳山寺下換輕舟。골목 뒤로 향촌을 뺑 돌라 물길이 있다. 봉산사 절 아래에서 경쾌한 배로 갈아탔다." 이런 구절이 있다.)은 바로 옌따(연대) 시먼(서문)으로 연결된다.

중국에서 전통적으로 먹는 아침식사로
서 가장 보편적인 것이 "떠우지앙豆漿"이
라는 것이다. 우리나라 사람들이 만드는
걸죽한 콩국과는 달리, 중국 떠우지앙은
스킴밀크처럼 맑다. 그리고 콩의 특유한
고소함이 배어 있다. 맑은 국의 시원함과
콩의 향기가 절묘하게 배합되어야 상품上
品이다. 옛 사람들이 떠우지앙을 먹는 방
식은 반드시 "사오뼁燒餅"과 같이 먹는 것

여기 사진에 보이는 풍경은 내 숙사에서 내려다보이는 아파트의 광
경이다. 그런데 아파트 한 동과 한 동 사이에 지저분하게 낮은 판자
촌 같은 것이 있다. 처음에 나는 그것이 왜 아파트 사이에 있어야
하는 것인지, 그 용도가 무엇인지, 아파트를 지으면서 동네 빈민들
을 배려하기 위한 판자촌을 다시 지은 것인지, 도무지 그 광경이 이
해가 가질 않았다. 어느 곳이나 그런 풍경이 있었기 때문이다. 문의
끝에 나는 그것이 아파트에 사는 사람들을 위하여 창고를 따로 지
은 것이라는 사실을 발견하고 놀랐다. 창고라면 왜 지하실에 짓지
않았나? 나는 순간 『위지』「고구려전」에 있는 "부경桴京"이라는
가옥구조를 생각해냈다. 고구려의 가옥을 얘기하는데, "고구려인
들은 큰 창고를 따로 짓지 않는다. 집집마다 별도의 소창을 스스로
지니고 있다. 이것을 이름하여 부경桴京이라 한다. 고구려인들은
청결한 것을 좋아한다. (부경에) 술독을 묻어 술 발효시키는데 솜씨
가 좋다. 無大倉庫, 家家自有小倉, 名之爲桴京. 其人絜淸自
喜, 善藏釀." 여기 경京(=桴)이라는 것은 일본말의 쿠라(창고)의
어원인 것으로 사료되고 있다. 이 아파트 사이에 있는 창고는 연변
뿐 아니라 동북삼성에서 흔히 볼 수 있는 보편적인 가옥구조이다.
이것은 그들의 터전과 사유와 생활양식이 고구려전통을 면면히 계
승하고 있다는 것을 방증하고 있는 것이다. 고대사는 현대사 속에
숨어있다. 전통은 하루아침에 사라지지 않는다.

이다. "샤오삥"은 속에 아무 것도 들지않은 직사각형의 호떡이다. 그런데 이 호떡의 표면에는 맛있는 "즈마芝麻"(깨)가 깨알처럼 박혀있어야 한다. 그리고 기름에 데치는 것이 아니라, 화덕가마 속에서 구어야 한다.

그런데 또 샤오삥은 샤오삥 단독으로 먹지 않는다. 반드시 김이 펄펄나는 샤오삥을 갈라서 그 사이에 "여우탸오油條"라는 것을 끼워 먹는다. 여우탸오는 기름에 튀겨 낸 꽈배기인데, 속이 비었고 설탕을 무친 것이 아니다. 그리고 바삭바삭 바스러지는 느낌이 있어야 제대로 된 것이다. 눅진 오징어처럼 질기면 안된다. 그러니까 여우탸오를 끼어넣은 뜨끈뜨끈한 샤오삥과 따끈따끈한 떠우지앙 한 사발을 먹는 느낌은 아침 식사로서는 천하에 양보할 것이 없다. 주요섭선생의 소설을 보면 "쏘삥"이야기가 많이 나온다. 그런데 이 세 가지 조건이 갖춘 떠우지앙을 먹는다는 것은 이미 사라진 옛 이야기가 되어 버러가는 것 같다. 내가 타이완따쉬에臺灣大學를 다닐 때만 해도 따쉬에 정문 왼편구석에 떠우지앙 명가名家가 하나 있어 통근하는 모든 학생들의 필정처必停處였다.

시먼西門 앞에 떠우지앙을 아주 잘하는 집이 하나 있다 하길래 가보았더니, 떠우지앙을 떠주는 사발이 우선 크게 문제가 있었다. 유치한 원색 프라스틱 사발에 또다시 비닐을 씌워서 그 비닐봉지위에 떠우지앙을 담아주는 것이다. 그 집이 포장마차가 아니고, 버젓한 상점인데, 깨끗한 수도물이 콸콸 쏟아지는데도, 그 짓을 하고 있는 것이다. 물론 일손을 절약한다는 것은 이해할 수 있지만, 비닐문명이 무슨 선진문명인듯 생각하고(비닐봉지가 더 깨끗하다고 생각하는 것이다. 거기에 포르말린류의 화학약품이 묻어있다는 생각은 안하는 것이다), 또 그것이 파생하는 환경오염에 관한 아무런 의식이 없는 것이다.

그런데 떠우지앙을 만든 분이 곱게 늙으신 할머니였는데, 떠우지앙의 맛 자체는 천하일품이었다. 옛 떠우지앙 맛을 잘 보존하고 있었다. 다음부터는 내 도자기 사발그릇을 가지고 와서 떠달라고 하면 되겠다고 생각했다.

그런데 떠우지앙이 한 그릇에 2원, 그러니까 300원 남짓하다. 그리고 "떠우후우나오豆腐腦"(무엇이든지 말랑말랑한 것에 "뇌腦"라는 표현을 쓰는 용례가 있다)라는 것이 있는데 아주 부드러운 순두부에다가 간장과 "시앙차이香菜"(지독하게 냄새나는 셀러리 잎새 같은 것)를 넣어서 먹는데 2원이었다. 그러나 불행하게도 여우탸오는 있기는 한데 식어 눅진 오징어처럼 질겨빠진 것만 있었다. 그 당장에서 기름에 튀겨내야 하는데 일손이 없으니 새벽에 일정량을 만들어

놓는 것이다. 그리고 왜 사오삥이 없냐고 하니깐, 지금은 사오삥 만드는 곳이 거의 없다고 한다. 가마에 불을 때서 그 즉석에서 구어낼 수 있는 연료비를 감당할 길이 없는 것이다. 그만큼 사오삥 인구가 줄어들고 있는 것이다. 그래서 대신 찐빵, 우리식 만두류(우리가 만두라고 부르는 것에 해당되는 "만터우饅頭"는 중국에서는 커다란 식빵을 가리킨다. 만터우는 밀가루를 발효시켜 부풀린 것으로 속

에 들은 것이 없고 크기가 아동머리만한 것이다. 우리가 말하는 한국식 "만두"는 중국에서는 "빠오쯔包子" 혹은 "쟈오쯔餃子" 계열이다)를 찌고 있었는데 별로 맛이 없었다. 나는 떠우지앙 한 그릇과 질긴 여우탸오를 하나 먹었다. 3위앤이면 해결되었다. 훌륭한 한끼 식사가 우리돈 500원 이하로 해결되는 것이다.

내 앞에 남학생 두 명이 앉아서 떠우후우나오를 먹고 있는데 한 학생은 "시앙차이"를 빼달라고 하는 것만 봐도 시대감각의 차이를 느낄 수 있다. 이미 전통음식이 입맛에 맞질 않는 것이다. 나는 시앙차이를 무척 좋아한다.

"나는 연대에 온 객좌교수이다. 중국철학을 강의하고 있다. 학부학생인가?"
"네, 그런데 중국말을 아주 잘 하시네요. 저희들보다 더 표준발음을 사용하시는 것 같군요."
"난 중국말을 못한다고만 생각이 드는데, 하여튼 고맙군. 격려해줘서. 어느 과에 다니는가?"

"전자계산학과에 다니고 있습니다."
"졸업하면 대개 진로가 어떠한가?"
"공부 잘하는 학생은 대개 상해나 북경으로 진출합니다. 또는 한치에 들어가기도 하지요."

여기서 "한치"라고 말한 것은 "韓企"를 의미하는 것으로 한국기업에 취직한다는 뜻이다. 90년대까지만 해도 서울대의 컴퓨터공학과는 최고의 카트라인을 과시했다. 지금은 결코 그런 정황이 아니지만, 당대만 해도

최고의 수재들이 컴퓨터공학과에 들어갔던 것을 생각하면, 여기는 그만큼 문명의 싸이클이 뒤늦은 것은 확실하다.

그런데 이 우수한 학생의 입에서 튀저나온 "한치"는 아직도 한국기업의 위상을 말해주고 있지만, 한국기업의 위상이 앞으로 언제까지 유지될지, 그것은 참으로 우리 국가가 고민해야만 할 문제일 것이다. 벌써 그 학생의 의식세계 속에서 한치가 뒤에 튀저나온 것을 보면 상해나 북경의 중국기업에 "한치"가 밀리고 있다는 것을 말해준다. 두 학생은 떠우후우나오를 마시고 후루룩 자리를 떴다.

나는 후통을 내려오면서 물건을 팔러온 할아버지, 할머니들의 모습을 유난히 살펴보았다. 그들의 얼굴은 구름 한점 없는 연변의 하늘에 그을려, 검다 못해 짙은 홍갈색의 색조를 띤다. 그 검붉은 구리빛 얼굴에는 짙은 주름이 골골이 깊게 파여 있는데 눈은 너무도 반짝반짝 빛난다. 도무지 나이를 가늠할 길이 없다. 그런데 중국에서 경험하는 사실은 대머리가 비교적 적다는 것이다. 농부할아버지·할머니의 머리는 검고 숱이 많다.

벌이고 있는 좌판을 살펴보면 종류가 다른 것이 아니라, 모두가 비슷한 채소와 과일을 똑같이 벌여놓고 있다. 그런데 옆에서 누가 무엇을 팔든 사든 일체 신경을 쓰지 않는다. 무엇을 팔고자 하는 사람들의 자세가 아니다. 꼭 마조馬祖스님이 말씀하신 일면불 월면불 같이 앉아있다. 그곳에 앉아 있는 것 자체가 즐거운 표정이다.

무위無爲의 해탈인이라고 해야 할 것이다. 그런데 강낭콩을 한 사발을 사도 1위앤이고, 빨간 고추를 한 움큼 사도 1위앤, 깻잎을 한 웅큼 쥐어도 1위앤이다. 맛있는 강낭콩을 한 사발이면 한국슈퍼에서는 최소한 1만원은 주어야 한다. 그런데 그것이 160원에 불과한 것이다. 품질은 더욱 좋다. 한국이 6·70배 더 비싼 것이다.

가장 충격적인 사실은 고구마 한 보따리에 8위
앤밖에는 안한다는 사실이다. 그런데 한 보따리
에 8개정도 들어가 있는데 하나의 크기가 어린애
팔뚝보다 크다. 그런데 옛날에 우리가 먹던, 너무
도 맛있는 밤고구마다. 껍데기가 건강한 붉은 황
토색인데, 그것을 쪄서 가르면 노오랗고 절단면
이 부슬부슬 은가루를 뿌린것처럼, 부드러우면
서 구수한 냄새를 풍긴다. 우리나라는 유전자 조
작이니 "호박고구마" 운운하면서 옛 고구마가 사
라졌다. 왜 우리민족은 우리 고유의 것을 그렇게
얕잡아 보는지 알 수가 없다.

여기의 토속 식품들은 정말 한국에서 먹어볼
수 없는 옛 맛, 우리민족의 고조선·고구려·발해
고토의 황토 내음새를 그대로 간직하고 있다해
야 할 것이다. 고구마 하나를 증기 솥에 찌어 한
끼를 때우는 것이 미원 투성이의 중국음식 독성
을 해독시키는 묘안이 되었고, 묘미가 되었다. 감
자도 20개나 들어가 있는 한 보따리가 4원에 불
과하다. 감자 맛도 한국에서 맛볼 수 없는 짙은
진미이다. 최소한 영국의 버킹검 궁전에서 먹는 감
자맛보다는 확실히 더 맛있다고 해야 할 것이다.

돈을 낼 때, 그들의 발음이 "쓰콰이四塊"인지

"스콰이+塊"인지 분간키 어려웠다. 그래서 1원짜리 열장을 주었더니, 넉장만 받고 여섯장을 내어준다. 그들은 정직한 것이다. 직접 농사지은 물건들을 그토록 싼 값에 팔고 있는 이 시장사람들의 모습이야말로 "중국의 원래모습", "중국의 희망"이 아닐까, 나는 그렇게 생각한다.

오늘 뜻하지 않게 주목할 만한 사건이 하나 발생했다. 현금의 한국에서는 죽었다 깨이나도 경험할 수 없는, 충격적인 사건이면서도, 중국의 현실을 우리에게 알려주는 너무도 처절한 삶의 한 장면이기에 여기 적어 놓는다.

이제 가을학기가 개학하자마자 곧 중화인민공화국의 건국기념일이 닥쳐오고 쌍십절(신해혁명의 시작, 무창봉기. 1911년 10월 10일)에 이르기까지 긴 휴가가 이어진다. 이 때 학교는 텅텅 비게된다. 그래서 나는 이 기간 동안에 집안集安에

십년전까지만 해도 이런 골목시장에 팔러 나오는 농부들은 100% 조선족이었다고 한다. 그러나 지금은 조선족이 거의 없다.

연변대학의 체육시설은 매우 훌륭하다. 모든 시설이 학생들이 쉽게 이용할 수 있는 곳에 위치하고 있다. 우리나라 초중고등학교, 대학에 이르기까지 모두 운동장을 없애고 건물을 때려 짓는데 광분하고 있는데 이것은 진실로 망국의 길이다. 체육, 특히 생활체육을 경시하는 나라는 반드시 망조로 들어선다. 위대한 정신은 오직 건강한 몸에서만 피어나는 것이다. 항상 발랄하게 운동하는 연대학생들.

있는 광개토대왕비를 가 보기로 했다. 그런데 집안의 유적에 관해 여기 안내하는 사람들이 잘 알고 있는 것 같질 않았다. 여기 고구려 유적이라하면, 내가 알기로는 두 발로 가장 많이 뛴 사람이 울산대학교 사학과의 고구려사 전공의 전호태교수이다. 그래서 아무래도 여기 있는 사람들을 믿을 수가 없어서 나는 전호태교수의 책들을 사 보내라고 통나무에 부탁을 했다. EMS로 빨리 전교수의 책을 사 보내라고 재촉했던 것이다.

엊그제 나는 북경교통대학의 시아교수에게 내 책을 보내면서 우체국에 갈려고 했더니 우체국에 갈 필요가 없다는 것이다. EMS로 부치면 된다는 것이다. 나는 EMS로 부칠려면 학교 앞 우체국 본점에 가야 될 것이 아니냐고 물었더니, 왈 EMS는 전화만 걸면 바로 내 숙사로 집배원이 달려온다는 것이다. 거 참 편리한 제도라 생각했다. 그러면서 말해준 사람이 자기 아는 집배원을 하나 보내 주겠다고 했다. 그랬더니 늑날같이 내 방으로 한 사람이 달려왔다. 나는 책 두 권과 편지를 보내야 했는데, 불과 20위앤밖에 들지 않았다. 그래서 내가 부칠 것이 있으면 또 부탁하겠으니 전화번호를 놓고 가라고 했다. 그 집배원은 쏭 즈휑宋志峰이라 했는데 자기 명함을 놓고 갔다. 그런데 "중국우정中國郵政 EMS"라는 마크가 달려있는 명함을 한 장이 아니라 열 장 쯤 놓고 갔다. 왜 그렇게 명함을 많이 주냐고 했더니, 주변에 필요한 사람이 있으면 전해달라는 것이다. 그 명함은 내 숙소 응접실 탁자 한 구석에 놓여있었다.

그런데 오늘 한국에서 전호태교수의 책 EMS소포 뭉치가 날아왔다. 나는 소포는 아래층 수위실에 놓고 가려니 했는데, 곧바로 소포를 내 방으로 직접 가지고 온 것이다. 여기서는 집배원을 "란터우위앤攬投員"이라고 하는데, 리우치劉琦라는 EMS란터우위앤이 직접 내 방에 들어온 것이다. 나는 그때 대변중이었기 때문에 조교를 시켜서 대신 소포를 받게 했다. 리우 란터우위앤은 총총 사라졌다.

그런데 재미있는 사건이 발생했다. 그 짧은 시간에 리우는 탁자위에 있던 쏭 즈휑의 명함을 본 것이다. 리우는 쏭 명함의 이름과 전화번호를 알아보지 못하게 볼펜으로 찍찍 지워버리고 자기 이름과 전화번호를 썼다. 그리고 말하기를 "이 사람은 이제 집배원 노릇을 하지 않아요"라고 했다는 것이다.

내가 변소를 나와보니 리우 치가 긁어놓은 명함이 놓여 있는데, 문제는 나머지 아홉 장의 명함이 사라졌다는데 있었다. 아무렴 그것은 나의 소유가 되어버린 나의 방의 "사직 물건"인데, 우편배달부가 가지고 가버린다는 것은 도무지 용납이 되질 않았다. 나는 부리나케 1층으로 내려가 보았으나 이미 그의 종적은 찾을 길이 없었다. 나는 방으로 돌아와 리우가 남겨놓은 전화번호로 다이알을 눌렀다. 얼지우치 링링 ….

"리우 치 선생인가?"

"그렇습니다."

"방금 연대 외국교수기숙사 3층을 다녀간 배달원이지요?"

"그렇습니다."

"그런데 왜 내 방의 사적 물건을 가지고 가버렸는가?"

"뭔 말씀이신지요?"

그가 말하는 톤은 막되먹은 보통 노동자들 답지 않게 정중하고 명료했다.

"쑹 즈횡이라는 배달원의 명함에다가 자네의 이름과 전화번호를 써놓고 간 것은 이해할 수 있는데, 어찌하여 나머지 명함을 다 가지고 가버렸는가? 자기소개만 했으면 됐지 남의 물건을 가져가 버리는 것은 이해할 수 없는데. 더구나 이 사람은 더이상 배달부 노릇을 하지 않는다고 말했다니, 자네는 거짓말을 하고 있지 않은가? 이 사람은 엊그제까지 내게 집배원 노릇을 해준 사람이고, 나에게 하도 많은 물건을 보냈기 때문에 내가 누구인 것조차 알고 있었던 사람이었는데 어찌하여 자네가 거짓말을 하는가?"

나는 화가 나면 중국말이 잘 된다.

"안 그렇습니다. 제가 쑹씨에게 자기 명함을 가져가도 좋다고 허락을 받고 한 일입니다."

"자네가 여기 오기 전에 쑹씨하고 통화래도 했단 말인가?"

"그렇습니다. 걱정할 것 없단 말입니다."

"어허! 자네는 쌩 거짓말을 하고 있구만! 자기 잘못을 인정하고 사과를 해야지 어쩌자구 쌩 거짓말을 지어내는 것인가? 자네가 어떠한 이유에서든지 9개의 명함을 가지고 간 것은 내 방에서 도둑질을 한 셈이야!"

내가 말한 "도둑질偸東西"이라는 표현에 상대방은 심히 심기가 불편해진 것 같다.

"어찌하여 날 도둑놈으로 휘몬단 말입니까?"

"말은 바로 해야지, 도둑질한 것이지 도둑질 아니고 무엇인가?"

"난 치워야 할 물건을 치운 것 뿐입니다."

"내 방 물건 치우는 것은 나의 소관일쎄. 사과하지 않겠다는 것인가? 그럼 난 자네를 우선 EMS책임자에게 고발할 것이고, 거기에 해결이 되지 않으면 연길 상부기관에 얘기할 것일세."

그는 이런 말을 듣더니, 자기가 다시 내 방으로 오겠다고 했다. 그래서 나는 기꺼이 오라고 했다. 와서 흉금을 털고 이야기해보자고 했다.

5분도 안되어 그는 내 방에 나타났다. 25세가량의 몸맵시가 매우 깨끗한 정숙한 느낌의 청년이었다. 사실 그는 어차피 나의 물건을 계속 배달할 사람임에 틀림이 없었다. 내가 생각하기에 엊그제 내기 소개받은 사람은 이 지역 구역책임자가 아닌 듯 했다. 그러니까 이 구역 사람으로 볼 때는 그가 침입자가 된 것이다. 리우는 "도둑질"이라는 말에 대하여 계속 항의를 했다. 그러나 나는 그가 당초에 잘못을 시인하고 사과를 했더라면 내가 그런 표현을 썼을리 없다고 했다. 자신의 잘못을 인정하지 못한 업보 때문에 나의 표현이 극단으로 치달은 것이니 나의 표현은 원칙상 잘못이 없다고 했다. 그랬더니 그 청년은 "공안公安"을 부르려면 부르라고 소리치는 것이다. 좋다고, 하고 내가 전화기로 가서 공안을 부르려는 시늉을 하니까, 그는 그제서야 다음과 같이 양보를 했다.

"허락없이 그 명함을 가져간 것에 대해서는 제가 잘못했습니다. 그러나 저는 도둑질을 하지 않았습니다. 쏭씨는 이 구역사람이 아닙니다. 이 구역은 제가 담당하고 있습니다."

나는 그에게 일장 연설을 했다.

"나는 중국인들을 사랑합니다. 당신과 같이 건강한 청년이 열심히 일하는 모습을 보면 나는 기분이 좋습니다. 나는 중국을 사랑하기 때문에 중국에 왔고, 중국의 청년들의 바른 가치관을 위해 가르침을 베풀고 있습니다. 생각해 보십시오. EMS문제를 떠나, 한국에서 나에게 보내준 소포를 안전하게 내 방문에까지 배달해준 당신에게 나는 무조건 감사해야 하는 사람입니다. 그러나 당신이 당신의 생활전선에서 생기는 문제로 당신의 권리를 주장하려 했다면, 당연히 나에게 자신을 소개하고, 이 구역 담당은 나이니까 나에게 모든 것을 부탁해 주십시오, 라고 했다면 모든 문제가 그 시점에서 아름답게 끝났을 것입니다. 그런데 당신은 나의 방에 이미 나의 사적인 물건이 되어버린 것에 손을 댄 것은 잘못한 것입니다. 호텔에서도 청소부는 호텔 자체의 물건외의 손님의 어떠한 쪽지도 손을 대서는 아니되는 것입니다. 이제 나는 당신을 이해했으니 앞으로 잘 지내봅시다."

나는 리우군을 문 밖에까지 전송하면서 즐겁게 헤어졌다.

여기까지, 이것은 중국의 현주소의 한 장면이다. 우편배달을 놓고 이렇게 젊은이들이 치열한 생존경쟁을 벌이고 있는 문명의 장! 그들이 과연 몇푼을 받겠는가? 한국의 청년이 과연 이런 짓을 하겠는가? 자신의 영역을 고수하기 위해 약간의 실수는 범했지만 고투하고 있는 그 중국청년의 모습에서 나는 생활전선의 가련함과 치열함, 그렇지만 무한한 가능성을 소지한 중국역사의 현실에 대해 공포스러움까지 느꼈다. 우리나라의 청년들은 너무 안일하게 오늘 하루를 살고 있는 것은 아닐까?(나는 연대를 떠날 때까지 리우 군과 아름다운 관계를 유지했다.)

내가 살고 있는 아파트의 서쪽 끝으로 나있는 창문에서 내다보는 석양. 연변의 하늘은 유난히 맑기 때문에 석양 또한 강렬하게 나의 눈 속에서 이글이글 타오른다. 광활한 만주벌의 열기가 느껴지는 이 황홀한 석양을 나는 매일 쳐다보고 또 쳐다보았다. 아마 지금도 리우 군은 이 석양 속을 다니면서 열심히 땀을 흘리고 있을 것이다.

9월 24일

연대 뒷산 와룡산에서 바라보는 모아산帽兒山. 모아산은 예로부터 연길·용정 지역에 사는
사람들에게는 산신제를 지내는 성스러운 곳이었다. 그 모양이 삿갓 모양이라서 모아산이
라고 하는데, 삿갓 쓴 목동이 이 산에 사는 악귀와 싸워 이겼다는 기맥힌 전설이 있다. 목동
도 싸우다 같이 죽었는데 그 삿갓만 남아, 그 삿갓을 산정에 묻고 목동을 추도했다고 한다.
1962년 6월 국무원 총리 주은래가 연변 지역을 시찰하였는데 모아산을 쳐다보고 왜 이렇게
벌거숭이냐고 지적하였다. 그때부터 사람들이 식목을 부지런히 하여 울창한 숲으로 변모시
켰다. 밑에 있는 타워크레인이 상징적으로 연변의 건설붐을 말해주고 있는데 대부분 인민
의 삶과 크게 관계없는 조잡한 건설업자들의 장난이다. 해발 517m. 산꼭대기에 발해유
적지가 몇 기 발견되었는데, 발해의 봉화대가 있었다. 저 너머가 용정이다.

237

9월 26일, 금요일. 너무도 청명한 날씨

날씨가 너무 아름답다. 그 찬란한 하늘은 한국의 "천고마비天高馬肥"라는 이야기가 이미 오염된 공기 속에 박제화된 엉터리 말이라는 것을 깨닫게 해 준다. 연대 캠퍼스에서 밤하늘을 바라보면 아직도 별이 총총하고, 스치는 밤 공기는 내설악 백담사계곡에서 느끼는 그런 아삭아삭한 차거움이 느껴진다.

오늘 아침 마호병에 떠우지앙을 담으러 갔더니 할머니가 편찮으신지 떠우지앙을 만들지 않았다고 한다. 떠우지앙 집에서 내려오다가 희한한 광경을 목격했다. 누군가 길거리에 있는 수채구멍, 그러니깐 길 중간 중간에 나있는 맨홀을 빨간 종이로 덮고 있었다. 맨홀을 새빨간 종이로 덮고 사방에 작은 돌을 놓았다. 아스팔트 길이었는데 여기저기 새빨갛게 덮혀 있었다. 한국서는 보지 못하던 광경이었기에 웬일인가 하고 기다렸더니 조금있다가 온통 꽃으로 덮힌 벤츠차가 하나 나타났다. 신랑·신부가 탄 결혼식 차임이 분명했다. 이른 아침에 후진 골목을 들어오는 것을 보면, 신혼여행을 끝내고 자기들이 살 집으로 돌아오는 것이 분명했다. 나는 옆에 서있는 아저씨에게 중국말로 물었더니 한국말로 대답한다.

"이게 뭔일입니까?"

"중국사람들은 결혼하면 꼭 이렇게 해요. 빨간 색은 무조건 길색吉色이야요. 그러니 살 집으로 가는데 수채구멍 밑에서 더러운 것 올라오지 말라구, 저렇게 막는 거야요. 빨간 것으로 덮으면 나쁜 귀신들도 범접하지 못하니께니 그렇게 하는게요."

"아저씨는 한국말을 잘 하시네요."

"우리 사위가 성남 살아요. 딸이 거기서 한국사람하고 결혼했디."

"폭죽은 왜 터트려요?"

"중국사람은 아주 슬플 때나 아주 기쁠 때나 폭죽을 터트려요. 기분을 전환시키는 게지."

"그것도 귀신과 관련있지 않나요?"

"물론이디. 귀신을 쫓는 것만 아니라 좋은 귀신을 부르기도 하는게지. 공중에 있다가 소리듣고 돌아오는 게지 거럼 …."

어제 나는 강의를 두 탕이나 했다. 첫 강의는 대학원 강의였는데,

결혼할 때는 반드시 벤츠를 탄다고 한다.

내가 처음으로 출석을 불러보았다. 그랬더니 학생들이 "따오"하고 대답한다. "따오到"는 "도착해 있다"라는 뜻이다. 한국학생들은 "네"라고 하는데 사실 "따오"가 더 정확한 대답인 것 같다. 나는 명륜동 옛 성균관의 출석부 이름이 "도기到記"이었던 것이 생각났다. 대학원 학생들이 이제 내 강의에 점점 익숙해가는 것 같다.

여기 학생들은 인간이 어떻게 자유롭게 사유할 것인가, 그 사유방법에 관해 배워 본 적이 없다. 그래서 내 강의가 매우 생소한 것이다. 지식의 이념적 내용만 배웠지, 그런 이념들이 어떻게 생겨났고, 어떤 논리적 구조를 가지고 있고, 또 우리 삶에 어떤 의미를 지니는지, 그리고 어떻게 비판될 수 있는지, 그런 자유로운 사색을 해본적이 없는 것이다. 맑시즘이라는 것에 대해 나는 전혀 반감을 가지고 있지 않지만 서양사상의 아주 미세한 한 가닥에 불과한 초라한 사상이라고 내가 말했는데, 나중에 어떤 학생이 나에게 달려와 나의 그런 말을 들으면 "모색돈개茅塞頓開"하는 느낌을 받는다고 했다. "마오써뚠카이"는 꽉 막혔던 것이 뻥 뚫린다는 것이다.

저녁에 교수들을 위한 강의를 했는데 한국의 소론과 양명학과 노자주석가들의 상관관계에 관한 재미있는 논설을 폈다. 교수특강은 이제 사람들이 몰리기 시작해 앉을 자리가 없다. 날로 인기가 있는 것이다. 난 기분이 좋았다. 기분이 좋으면 난 강의가 잘된다. 어떤 사람이 나의 강의를 평하여 "격정앙연激情盎然"이라 표현했다. 열정적이고 사람을 흥분케 만든다는 뜻이다.

나는 노자사상을 중국사상의 원점, 유가사상의 심층에 깔려있는 디프 스트럭쳐deep structure로 파악한다. 결코 유가사상과 도가사상은 대립되는 관계로 파악되면 안된다는 것을 설파했다. 노자는 공자와 대립되는 사상가가 아니라, 공자사상의 심층, 그 자체인 것이다. 그리고 나는 서양 20세기 철학사조를 간략히 말했다. 그리고 20세기의 모든 철학사조가 인간의 언어가 과연 진리의 정당한 수단인가 하는 것을 회의하고 있다고 말했다.

"20세기의 모든 서방의 사조는 언어의 문제로 집결되고 있습니다. 플라톤이 관념실재론을 주장한 이래로, 그 이데아론의 대전제 위에 기독교의 종교적 허구성이 가미되었습니다. 그래서 서양철학은 본질적으로 파르메니데스─플라톤적 실재론의 오류를 벗어나지 못했죠. 2천여년의 기나긴 타성에서 벗어나 이제야 본격적으로 인간의 언어의 정당성에 관한 문제를 제기하고 나선 것이죠. 니체, 비트겐슈타인, 소쉬르, 촘스키, 하이데가, 레비 스트로스, 바르트, 데리다에 이르기까지 그 어느 누구도 인간의 언어를 문제시 삼지 않은 사람이 없습니다. 이 20세기의 종착역적인 언어철학의 과제상황이 바로 2,500년전 중국철학의 시발점인 것이죠. 우리는 중국철학을 고대철학으로서가 아니라 서양철학의 수천년 총결을 바탕으로 하는 새로운 **시작**으로 간주해야 하는 것입니다."

나의 강의는 중국인들에게 엄청난 자부심을 갖게 하는 것이다. 서양의 종결이 중국의 시작이다. 그런데 그대들은 과연 무엇을 성취하고 있는가? 자신의 모습을 돌아보고 반성하라!

떠우지앙을 사고 돌아오는 길에 몸매가 너무도 아름다운 흑인청년이 있길래 말을 걸어보았다. 키가 195cm정도 되는데 어깨가 딱 벌어지고 군살이 없었다.

"그대는 여기 유학생인가?"

"그렇습니다."

"이디서 왔는가?"

"케이프" 운운하는데 잘 알아들을 수 없었다. 그래서 써보라니까 "케이프 버드Cape Verde"라고 쓴다. 이마처럼 툭 튀져나온 아프리카대륙 서해안, 세네갈 앞에 있는 몇개의 작은 섬으로 이루어진 군도의 나라라고 했다. 나중에 찾아보니, 우리나라에서는 "카보 베르데"로 발음하는 모양인데 그 학생은 분명 "케이프 버드"라고 나에게 말했다. 인구가

51만정도 되고, 나라의 총면적이 4,033㎢로 나와있다. 케이프 버드는 많은 사람들이 이 지구상에 존재하는지도 모르는 나라이며, 지도에 표시가 안될 때도 많다고 한다. 그런데 이렇게 우리가 모르는 나라의 청년이 연변대학에 유학을 온 것이다. 이 나라는 세상 사람들이 잘 알지도 못하는 나라이지만, 사람들이 안 보는 곳에 평화스럽게, 그리고 부유하게 살고 있는 나라였다. 최빈국의 나라였지만 지금은 아프리카에서 가장 잘 사는 나라 중의 하나라고 한다. 그 수도 프라이아Praia의 모습을 보니 아름다운 현대식 건물로 꽉 들어차 있으며, 도시거리의 모습이 정갈했다.

"연대에서 뭘 공부하고 있는가?"

"중국어를 공부하고 있어요."

"중국어를 공부해서 뭘 하게?"

"중국어를 잘 하면 앞으로 취직할 데는 많아질 것 같습니다. 아무 일이나 닥치는 대로 하죠."

"지금 몇살인가?"

"올 10월로 스물세살이 되죠. 그런데 선생님은 여기서 뭘 하시죠?"

"아~ 나는 연대에서 중국철학을 가르치고 있지. 여기 교수숙사에 살아."

"저는 그 옆 외국학생숙사에 살고

있어요. 그런데 선생님은 몇살이세요?"

"알아 맞춰보게!"

"쉰운세살 같으신데요."

"나이를 잘 맞추는군 … 이름이 뭐지."

"패트릭 실바Patrick Silva라구해요."

"그런데 그 나라 말은 무엇인가? 불어를 쓰나?"

"아뇨. 우리는 폴튜갈어를 쓰죠."

"아~ 폴튜갈의 지배를 받은 나라였군. 거기 사람들은 생업이 주로 무엇인가?"

"닥치는 대로, 아무거나 다 하고 살아요. 9월하고 10월만 비가 와요. 그 외는 1년 내내 아름다운 햇빛이죠. 그리고 기후가 너무 좋아요. 그리고 해변이 너무도 깨끗하고 아름답죠. 농사도 짓고, 어업도 하고, 장사도 하고 … 사람들이 행복하게 잘살고 있지요."

"그럼 자네 학비는 어떻게 조달하나? 장학금을 받는가?"

"아뇨. 그냥 자비로 왔어요. 여기 물가가 우리나라보다 비싸지도 않아요." 그러면서 자기가 먹는 빵을 보여준다. 빵속에 쑤안차이酸菜(중국식 백김치)가 들어 있다. 그는 이런 것 사먹으면 3위앤, 숙식에 아무런 부담이 없다고 했다. 나는 갑자기 이 나라가 가고 싶어졌다. 뭔가 너무도 평화로운 지상의 낙토와도 같은 느낌이 드는 곳이라 생각했다.

"어떻게 갈 수 있나?"

"전 리스본 행 비행기를 타고, 리스본에서 두바이로 갈아타죠. 두바이에서 페킹을 오고, 페킹에서 지린까지 오죠. 비행기를 타도 연결이 잘 안되면 이틀은 걸리죠."

"꼭 한번 가보고 싶네."

내가 가보고 싶다고 한 것은 아마도 그 청년얼굴에 쓰여져 있는 순결함 때문이었을 것이다. 너무도 무방비상태였고, 너무도 순수했으며, 너무도 자연스럽게 흘러가는 물결처럼 살고 있는 모습이었다.

"언제 한번 저녁에 초대하고 싶네."

"감사합니다."

그는 사라지면서도 계속 손을 흔들었다. 너무도 정감서린 모습이었다. 연변대학에는 러시아, 몽고, 아프리카, 네팔에서 유학오는 학생들이 많다고 한다. 그런데 아프리카에서 온 학생들이 "대체로 성분이 좋다"고 했다. "성분이 좋다"는 것은 그 사회에서 대개 상류층에 속하는 사람들이라는 뜻인 것 같다.

어제는 잠을 잘 잤다. 사실 나에게 가장 큰 문제는 잠을 잘 자는 것이다. 늙어서 외지에서 잠을 잘 못자면 그 다음날 꼭 감기가 들기 십상이다. 한번 감기가 들면 최소한 삼주는 코를 훌쩍거리면서 띵한 머리로 살아야 한다. 나는 감기가 제일 무섭다. 9월, 10월에는 숙사에 전혀 난방시스템이 가동되지 않는다. 그러니까 잘 때 따뜻하게 자지 않으면 추워서 덜덜 떨게 마련이다. 나는 오는 날 당일로 시내 한복판 빠이후어따러우百貨大樓에 가서 이태리상표 고급 2인용 거위 가슴털 다운 이불을 샀다. 사실 이것은 매우 사치스러운 것이지만, 내 몸에 닿는 것만은 나는 사치를 해야한다.

그런데 내가 산 제품은 여타 상품에 비해 비교가 되질 않았다. 털의 질도 최고급 다운이고, 양도 1,100g이나 되었다. 이렇게 순수한 고급 이불은 한국에서는 터무니없이 비싸다. 여기서 6천위앤 달라는 것을 깎아서 4천위앤에 샀는데 그럼 우리 돈으로 65만원 정도이니까 상대적으로 그리 비싼 가격은 아니다. 나는 그동안 이 이불을 덮고 새 환경에 잘 적응했다. 그런데 요즈음 문제가 발생한다. 새벽에 으스스 떨리는 것이다. 날씨가 그만큼 추워진 것이다. 감기가 걸릴랑 말랑했다. 나는 어제 바로 빠이후어따러우로 달려갔는데, 한 집에서 이상적인 가벼운 면이불을 발견했다. 그리고 톡톡한 면 시트 한세트와 더불어 같이 샀는데(200cm×230cm), 둘을 합쳐서 우리돈 10만원 정도에 해결되었다. 어제 거위솜 이불위에 또다시 가벼운 면이불을 덮고, 깊은 잠을 잤다. 온도가 최적의 컨디션을 유지했던 것이다.

연길 빠이후어따러우 5층, 내가 이불을 산 곳. 여점원이 아주 상냥하다. 우측 상단에 "전청全淸"이라는 글씨가 보이는데 이것은 "전면청창全面淸倉"의 일부가 보이는 것인데 우리말로 하면 "창고대방출 폭탄세일" 정도의 뜻일 것이다. 점원이 겉으로만 상냥한 것이 아니라 실제로 나의 편의를 많이 살펴주었다. 내가 고르고 고르다가 결국 좋은 것을 사게 되었다고 어렵게 설명하니까, 그 점원이 "와이따정자오歪打正着"라고 말해준다. 공을 잘못 쳤는데도 결국 제대로 제 목적지에 도달했다는 뜻이다. 이렇게 생활하면서 중국말을 배우는 것이 제일이다.

내가 왜 이런 이야기를 하는가? 중국의 제품들이 고급품목 일수록, 오히려 도덕성이 있다는 것이다. 실질을 중시하는 중국인의 성품이 드러난다. 내가 산 품목은 한국에서 사기도 힘들고, 그와 똑같은 제품이 있다 할지라도 최소한 2·3배가 비싸다는 것이다. 한국은 허위의식에 젖어있다. 강남의 상점에 들어가서 고급품이라고 사는 모든 것이 터무니없는 가격을 매겨놓고 있는 것이다. 어느 부잣집 마나님이 나에게 셔츠 하나를 선사했는데, 갤러리아 백화점 가격표가 그대로 붙어 있었다. 310만원 이라는 표시를 떼지 않았던 것이다. 그런데 매우 졸렬한 제품이었다. 소재도 형편없는 합섬 소재였다. 나는 그 사람의 성의를 보아 쓰레기통에 버리지는 못했지만 한번도 입질 못했다. 아무리 비싸도 입을만한 것이었다면 내가 입었을 것이다. 우리나라의 허위의식은 한도가 없이 제멋대로의 길을 달려가고 있는 것이다.

이왕 얘기가 나온 김에 재미난 에피소드를 하나 소개할까 한다. 여기 와서 며칠을 자고나니, 창문쪽을 향하게 되는 왼쪽 어깨가 몹시 굳어가는 것을 느꼈다. 창문의 커텐이 아무런 효용이 없기 때문에 동결견 현상이 악화되는 것이다. 엉성한 커텐이 벽면에서 박스처럼 들어가 있는 창문에서 한참 떨어진 천장위에서 내려와 있기 때문에 커텐과 창문 사이가 헤벌어져 있어 찬바람이 솔솔 부는 것이다. 온도 차단이 안되니깐 대류가 심한 것이다. 나는 학교에 이런 문제를 요구해봤자 해결해줄리 만무했고, 또 시간이 너무 걸릴 것 같아, 내가 스스로 해결하기로 했다. 쑥 들어간 박스 안에다가 창문 바싹 또 하나의 커텐을 설치하는 것이다.

나는 "시스츠앙西市場"이라는, 우리나라 동대문시장 같은 곳에 달려갔다. 한 섹션에 커텐을 파는 집이 많았는데 매우 풍요롭게 커텐 천을 전시하고 있

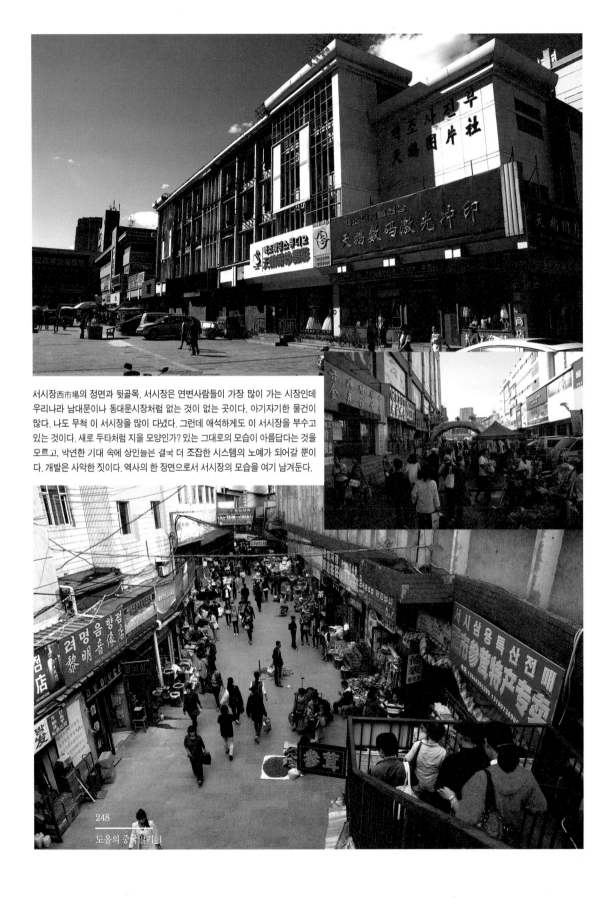

서시장西市場의 정면과 뒷골목. 서시장은 연변사람들이 가장 많이 가는 시장인데 우리나라 남대문이나 동대문시장처럼 없는 것이 없는 곳이다. 아기자기한 물건이 많다. 나도 무척 이 서시장을 많이 다녔다. 그런데 애석하게도 이 서시장을 부수고 있는 것이다. 새로 두타처럼 지을 모양인가? 있는 그대로의 모습이 아름답다는 것을 모르고, 막연한 기대 속에 상인들은 결국 더 조잡한 시스템의 노예가 되어갈 뿐이다. 개발은 사악한 짓이다. 역사의 한 장면으로서 서시장의 모습을 여기 남겨둔다.

었다. 전시 공간이 여유가 있는 것이다. 나는 여러 집을 다니다가 아주 내 마음에 꼭 드는, 은빛 바탕에 보라색 무늬가 잔잔하게 깔려있는 아름다운 천을 발견하고 그것을 주문했다. 나의 창문은 넓이가 234㎝ 였고, 높이가 145㎝ 였는데, 커텐의 높이는 150㎝로 해달라고 요구를 했으니 천정에서 늘어지는 것을 계산하면 별 문제가 없었다. 그런데 넓이에 관해 나는 주름폭을 여유 있게 만들어 달라고 하는 중국어를 정확히 구사할 능력이 없었다. 이 커텐집 아주머니는 옛날 광장시장의 포목집 부자 마나님처럼 아주 여유가 있었고 품격있게 잘 생긴 얼굴을 하고 있었다. 그런데 이 아주머니는 한족이라고 했다. 그래서 나는 주름진 상태에서 전체 폭이 여유가 있어야 한다는 것을 계속 얘기했는데, 이 아주머니가 갑자기 한국말로 "시름 노쇼"라고 말하는 것이다.

나는 "시름 노쇼"라는 이 한마디에 충격을 받았다. 보통 이런 상황에서 한국사람이라면, "걱정 마십시요"라고 말했을 것이다.

"시름 노쇼."

이 얼마나 아름다운 우리말인가? 나는 그 순간, 시름이 확 풀어졌다. 그리고 그토록 아름다운 우리말을 구사하는 그 부하게 생긴 아줌마에게 믿음이 갔다. 이틀 후에 내 숙사

"시름 노쇼"의 주인공, 여유로운 표정을 짓고 있는 이 좋은 인상의 아주머니는 성씨가 여呂씨이다. 아마도 발해후손일지도 모르겠다. 중국인이면서 어떻게 그렇게 조선말을 잘하냐고 하니깐 주변 사람이 다 조선족이었기 때문에 조선말을 안 쓸래야 안 쓸 수가 없었다고 했다. 그러면서 자기 아버지의 기구한 사연을 전했다. 한족인 아버지가 조선장기의 명인이었다고 했다. 모든 대회에서 1등만 했다고 했다. 대표선수로 한국에 가기로 되어있었는데 먼저 간 대표선수가 한국에 가자마자 튀어 도망가버려 그 스케줄이 무산되고 말았다고 했다. 아버지는 한국의 장기대회에 못간 것을 내내 아쉬워 하셨다고 했다. 그때 여권 얻어 한국에 간다는 것은 정말 대단한 영예였던 것이다. 어느 곳이든지 쑤셔보면 재미있는 이야기가 없는 곳이 없다!

로 커텐 다는 아저씨가 오토바이를 타고 왔다. 번개같이 내 침실 방문에 올라가 달아 놓았는데 "시름 노쇼"라는 이 한마디에 대한 나의 믿음을 산산히 조각내어 놓고 말았다. 주름이 잡힌 상태에서 꼭 잡아댕겨야만 양쪽 커텐이 맞닿도록 아주 박하게 재단을 한 것이다.

나는 모처럼만의 기대가 실망과 분노로 돌아섰다. 꼭 어린애가 설날 꼬까옷이라고 얻어 입었는데 색동저고리가 너무 작아서 억지로 잡아당겨 꿰맞혀 놓은 것 같았다. 아무리 참으려해도 참고 봐줄 수가 없었다.

나는 몇 시간을 고민하다가 커텐을 걷어 다시 그 집으로 갔다. 그리고 "시름 노쇼"라고 한 당신의 말이 틀렸다고 했다. 나에게 시름을 더욱 안겨주었다고 했다. 주름잡힌 상태에서 주름의 코가 서너개는 더 여유가 있어야 한다고 말했다. 그랬더니 그런 말이라면 폭을 234㎝가 아니라 350㎝ 정도로 지정했어야 했다고 말하는 것이었다. 그러나 그 아줌마는 내가 말하는 것을 정확히 알아듣지 못하고 그냥 "시름 노쇼"라고 말한 것에 책임을 느낀다고 솔직히 말했다.

 그래서 나는 새로운 제안을 했다. 나의 숙사에는 창문이 동일한 것이 두 개
가 있었다. 그래서 침실의 커텐은 남은 천으로 이어 대서 거실로 옮기고, 침실
에는 새 커텐을 하나 다시 주문하겠다고 했다. 그러나 문제는 같은 천이 부재
했다. 그래서 더 좋은 톡톡한 천으로 골라 열과 빛이 더 잘 차단되면서도 색이
짙지 않은 커텐으로 새로 주문했다. 결국 나의 숙소에는 두 창문에 아름다운
커텐이 쳐지게 되었다. 여유롭게 늘어지는 커텐을 바라볼 때마다 흐뭇한 느낌
이 드는 것이다. 내가 떠난 후 이 방을 쓰는 사람은 나의 행복을 물려받을 것
이다. "시름 노쇼"라는 이 아름다운 우리말 한마디가 지어낸 하나의 꽁트였다.

내 서재에 설치된 커텐. 그 색상이 너무 마음에 들었다.

연대지구와 시내지구를 구분 짓는 곳에 이 옌지허煙集河가 흐르고 있다. 그런데 왜 같은 발음이면 "옌지延吉"라고 쓰지 않고 "옌지煙集"라고 쓰는가? 여기에는 분명 사연이 있을 것이다. 청조시기에는 고구려의 성지는 사람들이 못 가서 살게 하는 봉금封禁제도가 있었다. 청말에 이 봉금이 풀리면서 많은 사람들이 이 지역에 몰리게 되었는데 대부분 이 개울 주변으로 살았다. 따라서 저녁이 되면 사방 아궁이에서 핀 연기가 여기 모여들어 자욱하게 되었다. 그래서 연기가 모이는 강이라 하여 "옌지허"가 된 것이다. 그러니까 실상 연길延吉이라는 이름은 연집煙集에서 진화된 명칭으로 보인다. 개울이름에는 원래의 이름을 남겨두었던 것이다. 왼편 강둑에 수상시장水上市場이 열린다.

9월 27일, 토요일. 흐림

"뽀쿠당구"라는 말이 있다. 아무리 이 말을 분석해봐도 그 뜻을 해석해내는 사람은 이 세상 천지 어디에도 없을 것이다. 분석명제 analytic proposition가 아니기 때문이다. 그런데 이 말은 무슨 엄청난 얘기를 내포하고 있는 것이 아니라 집 앞에서 매일 만나야 하는 동네간판 글씨에 불과하다. 연변대학 앞으로 난 큰 길이 동서로 뻗쳐있는데 이 길이 연길의 중심간선대로라 할 수 있다. 이 길을 동쪽으로 가면 남북으로 흐르는 "옌지허煙集河"라는 개천을 만난다. 그 개천을 건너가는 다리가 "공원교公園橋"인데, 이 공원교를 중심으로 서쪽은 공원로公園路라 부르고 동쪽은 인민로人民路라고 부른다. 어느 도시든지 대개 그 센터에는 인민로나 해방로解放路라는 길이 있다. 동서로 뻗친 길은 "로路"라 하고 남북으로 뻗친 길은 "가街"라고 한다. 내가 잘 가는 백화점이 인민로와

광명가光明街가 만나는 곳 시중심에 있기 때문에 나는 종종 택시를 타고 그
곳을 간다. 그런데 돌아올 때 인민로를 거쳐 공원로에 들어서고, 또 연길공
원延吉公園을 지나 학교에 오게되는데, 그 "뽀쿠당구"라는 간판을 꼭 쳐다보
게 되는 것이다. 어찌나 눈에 잘 띄는지, "또 뽀쿠다!" 하면 곧 연대정문에
도달한다는 것을 의미하는 것이다. 나의 의식속에서 뽀쿠당구를 쳐다보면 집
에 다왔다는 안도감이 드는 하나의 상징체symbolic form가 되어버렸다.

엔지허 서쪽에 있는 연길시의 센트럴파크인 인민공원. 공원로라는 이름은 바
로 인민공원 때문에 생겨난 것이다. 인민공원 안에도 소돈대小墩臺라 불리는
발해시대의 봉화대가 있다. 우리 고대사의 중요한 유적지다.

그런데 도대체 뽀쿠당구란 무엇인가? 물론 그것은 당구집 간판일 것이다. 나는 쓰리쿠션당구를 고등학교때부터 쳤기 때문에 당구를 곧잘 치지만, 여기 연길에까지 와서 당구를 칠 생각이 없기 때문에 그 집에 들어가 보지는 않았다. 물론 "뽀쿠당구"란 그 집 한자간판을 그대로 우리말로 옮긴 것이다. 연변조선족자치주에서는 모든 간판을 한자와 한글을 꼭 병기하도록 법제화되어 있다. 그렇게 하지 않으면 "불법不法"이다. 그런 방식으로라도 조선족자치의 아이덴티티 즉 "르언통認同"을 유지해나가고 있는 것이다. 택시를 타도, 기사가 메타를 꺾으면 반드시 중국말로 "您好, 歡迎您乘坐延吉出租車"라는 말이 나오고 연이어 "안녕하십니까? 연길택시에 탑승하신 것을 환영합니다." 라는 우리말이 어여쁜 여인의 목소리로 나온다. 그 소리를 들을 때마다 나는 정말 기분이 좋다. 우리나라에서도 그런 것은 배웠으면 좋겠다는 생각이 들 정도이다.

사진으로 보면 근사하게 보이는데 실상 조악한 차량들이 대부분이다. 그러나 시내를 다니는 데는 아무런 문제가 없다. 택시비가 매우 싸다. 기본요금 5위앤(9백 원 정도)이면 시내 가고 싶은 곳을 대강 갈 수 있다. 그래도 서민들은 택시를 타지 않는다. 1위앤이면 버스로 해결되기 때문이다.

"뽀쿠당구"의 한자표기는 "颷酷撞球"이다. 원래 "당구"는 중국사람들이 "타이치우台球"라 하는데, 한국식으로 "주앙치우撞球"라고도 한다. 그런데 문제는 "뽀쿠"가 무엇을 뜻하느냐는 것이다. "뽀쿠"의 "쿠"는 사실 우리말로 "혹酷"이 되니까 이것은 잔혹殘酷하다, 가혹苛酷하다, 혹리酷吏(잔혹한 관리), 혹형酷刑(가혹한 형벌)을 의미함으로 사실 좋은 의미를 내포하지 않는다. 하여튼 "모질고 지독하다"는 의미를 지니는 것이다. 그런데 현대 중국에서 이 "혹酷"이라는 글자는 그러한 구시대의 잔혹한 의미를 벗어나게 된 것이다. 언어는 시대에 따라 자형보다는 발음에 따라 더 잘 변하게 마련이다. 내 아내가 전공한 음운학音韻學이라는 학문이 아마도 그런 문제를 전문으로 다룬 학문일

것이다. "혹酷"의 발음은 제4성으로 강하게 발음되는 "쿠kù"이다. 그런데 이 "쿠"는 영어의 "cool"이라는 유행어의 말음과 새롭게 상응되어 새로운 의미를 지니게 된 것이다. "쿠"는 사람의 외표가 영준英俊하고 샤오샤瀟灑하거나, 아주 개성 있거나 멋있는, 그리고 시대의 유행에 앞질러가는 그런 모든 것을 의미하게 된 것이다. 요즈음 한국의 젊은 세대가 말하는 "쿨"을 중국인은 잔혹한 "쿠"로 말하게 된 것이다. 원래 "혹酷"의 전통적 의미 속에서 "혹사酷似"(아주 똑같이 생겼다)라든가 "현혹炫酷"(눈에 잘 띈다)과 같은 의미가 있으므로, 강한 어조의 뜻이 있었던 것이다. "멋드러진 당구장"이라는 의미에서 "쿠"라는 이름을 차용했을 것이다. 그런데 "뱌오"는 또 무엇일까? "뱌오"는 정확하게 표기하면 "뱌오biāo"가 되어야 한다. 우리말로 "표颷"가 되는 데, 바람 풍에 불화가 세개나 있으므로 그냥 보아도 쉽게 알 수 있듯이 그것은 "폭

풍暴風""광풍狂風"의 의미이다. 무엇인가 최상급을 나타내는 표현일 것이다. "표가飇歌"라 하면 많은 사람이 일제히 강하게 소리치며 노래부른다는 뜻이고, "표승飇升"이라 하면 가격이나 수량이 급속상승하는 것을 의미한다. "석유가격이 표승하고 있다石油價格飇升"는 식의 표현은 현대 백화白話에서 쉽게 만나는 표현이다.

자아! 이제 독자들은 알게 되었을 것이다. 어느 사람이 당구장을 차리고, 젊은이들의 주목을 끌기위해 "쿠"라는 표현을 차용했고, 광풍처럼 사람들이 모여 들라고 "표"를 썼다. 그런데 그것을 그냥 조선말로 표기해버리니깐 "뽀쿠당구"가 된 것이다. 뽀쿠당구, 뽀쿠당구, 내가 매일 뇌까리게 되는 새로운 언어세계 속의 한 이벤트가 되어버린 것이다.

공원로와 인민로를 가르는 옌지허 위에 있는 공원교다리. 대학지구와 시내지구의 경계라 말할 수 있다.

연변대학류학5부

| 5층 | 英语 培训 | 23 18760 | 美国 留学 | 韩国 留学 |

ANDA GUOJI
4F
안달국제류학

아동오락성 儿童游乐城 외상

만다린 판점 韩式炸酱面 满多楼 饭店

2F
公园店 273-2288

入口

북흥과자 北斗京 北兴糕点

애목공간 爱沐空间
中国专卖店 0910

延边
爱心公

260

도올의 중국일기 1

연대 정문 앞에 학생들의 외국유학을 알선하고 도와주는 브로커업을 하는 상담소가 있는데, 그 간판이름이 "安達國際留學"이다. 그러면 이것은 뜻으로 보아 "원하는 유학지에 안전하게 도착하도록 도와주는 국제유학상담소"가 된다. 그런데 한글간판은 "안달국제류학"이다. 그러니까 마치 유학가고 싶어 안달안달하는 사람들을 위한 상담소처럼 들린다.

정문 앞에 또 은행이 하나 있는데, "光大銀行"이다. 그 내포하는 의미는 광명정대한 은행이라는 뜻일텐데, 한글로 그냥 "광대은행"이라고 해 놓으니까, 마치 광대들이(伶人, 倡優) 놀음하는 은행같이 들린다. 그리고 시내에 어느 간판에는 로렉스 같은 고급시계를 파는 집이 있는데, "精品鍾表行"이라고 써 있었다. 그런데 그 병기된 우리말은 "알짜시계점"이다. "알짜"라는 의미가 그렇게 쓰이는 용례는 우리나라에 별로 없을 것 같다.

그리고 고기 같은 것을 대나무 바늘에 꿰어 굽는 꼬치음식점을 여기서는 "串城"이라고 하는데 이것은 예외없이 다 "꿸성"으로 직어 놓았다. 한국 사람들이 술안주 꼬치집을 "꿸성"으로 알고 들어가는 일은 없을 것 같다. 어떤 경우는 전혀 예측이 안되는 간판이 있는데, "억고사첨"과 같은 경우이다. 이 "억고사첨"집은 단 과자류와 아이스크림 같은 것을 파는 곳인데, 그 원어인즉, "憶苦思甜"이다. 이것은 고통스러운 추억을 되새기며 단 것이 생각날 때 이 집을 찾아오라는 뜻으로 만든 간판인데, 이것을 그냥 "억고사첨"집으로 해버리면 아무런 의미가 전달 될 수가 없는 것이다.

학생들이 아침에 찾아가는 커피집은 "早安咖啡"라고 되어 있는데, "조안가비"라 번역하지 않고, "모닝커피"라고 번역해 놓았다. 이런 경우는 센스가 조금은 있다고 할 것이다. "火氣愛愛"
라는 연탄구이집이 있는데 이것은
불가에서 사랑을 논한다는 의미일
텐데 그냥 "화기애애"라고 음역해
놓으니까 우리말로도 비슷한 의미가
나올 수도 있겠다.

학교 앞에 남북으로 나 있는 대
로 연서가延西街 변에 "延吉歐亞醫
院"이라는 커다란 종합병원이 있다.
중국에서는 "이위앤醫院"이 종합병
원을 가리키고, 우리가 말하는 의
원은 대개 "진소診所"라고 한다. 아
마도 서구의학과 중국전통의학 방
식을 다 사용하는 병원이라는 의미
에서 그런 이름이 붙었을 텐데, 그
것을 "구아병원"이라고 번역해 놓으
니까, 무슨 구강질환이나 벙어리를
고치는 병원처럼 들리기도 하는 것
이다.

여기서는 햄버거를 "한빠오漢堡"
라고 음역했는데, "쓰미따한빠오思
密達漢堡"라 써 놓고 "습니다햄버

거"라고 병기해 놓았다. 좀 괴이한 이름이다. 독자적인 의미를 갖지 못하는 어미를 가지고 명패를 만든다는 것은 발상이 독특하다. "샤오여우삥小油餅"은 "기름떡"으로, "니우르어우탕牛肉湯"은 "소탕"으로, 학생들이 잘가는 냉면집은 "順姬冷麵"으로 되어 있는데 "순이랭면"으로 병기되어 있다. "순희順姬"라 써놓고 "순이"로 대응시킨 것은 뭔가 우리말의 역사를 암시할지도 모르겠다.

어느 샤브샤브집은 "健晟星期天"이라는 이름인데, "건성일요일"로 번역이되어 있다. 건성건성 놀고먹는 일요일은 우리집을 찾아오라는 말처럼 들린다. "메이티서우선美体瘦身"이라는 살 빼는 미용실이 있는데 "살까기"라고 병기해 놓았다. 좀 끔찍한 느낌이 든다. "英倫時光"은 "잉랜타임"으로 번역되어 있는데, "영륜英倫"은 잉글랜드의 유역 같은데, 그럼 "잉글랜드타임"으로 번역했으면 좋았을 것이다. 잉글랜드 타임이 뭔 집인지 들어가 확인해 보지는 못했으나 양주를 파는 술집이거나 빵집이거나 할 것 같다. 음독과 훈독을 섞는 경우도 있다. 술집을 뜻하는 "지우항酒行"를 "술행"으로, 신발집인 "시에츠엉鞋城"은 "신성"으로, 연길 독특한 음식인 "시앙꾸어香鍋"를 "향솥"으로 병기해 놓았다. "松林閣"을 "솔밭집"으로 병기한 것은 완전 훈독의 경우이다.

어느 집은 "湯火功夫"라는 간판이 붙어있다. 탕을 끓이는 불솜씨가 남달리 탁월한 집이라는 뜻일 것 같다. 그런데 "탕화재주"라고 번역되어 있다. 차라리 좋은 번역이라 해야 할 것이다. 서문 골목길에 "烤地瓜蔬菜水果商店"이라는 곳이 있는데, "구운고구마남새과일상점"이라고 병기되어 있다. "소채蔬菜"를 "남새"라는 아름다운 우리말로 번역한 솜씨가 고맙게 느껴진다. 이 형편없는 골목길의 다 쓰러져가는 오두막집 간판이 제일 마음에 들었다.

지나치다 너무도 충격적이고 너무도 기발한 간판들이 많았는데 그때 그때 적어놓질 않아 다 잊어버렸다. 후회가 든다. 그때 그때 다 적어놓았더라면 더 좋은 자료가 되었을 텐데 …. 하여튼 연변은 우리가 생각하는 한국어 세계와는 다른 우리말 공간이다. 터무니 없는 것도 있지만 고귀한 것도 있다. 그런데 이런 독특한 조선어의 공간이 점점 발전하는 것이 아니라 점점 사라지고 있다는 것이 매우 아쉬운 점이다. 남녀노소를 막론하고 모두 한국 테레비를 보기 때문이다. 이제 북조선의 영향은 거의 차단되었다. 대부분의 연변사람들이 과거에 우러러 보았던 북조선을 이제는 비천하게 내려다본다. 남조선을 우러러 볼지언정, 북조선을 우러러보는 사람들은 거의 없다.

아파트에 딸린 부경창고를 개조하여 상점으로 만들었다. 구운고구마남새과일상점. 나의 평점으로 장원간판.

그런데도 북조선의 높은 사람들은 여기에 오면 대접을 제대로 안 해준다고 끌탕거린다. 과거의 환영에 사로잡혀 있는 것이다. 아무도 받아주지 않는 끌탕을 저혼자 뇌까리고 있는 것이다. 그러나 나는 북한의 영향이 사라지는 것을 오히려 서글프게 바라본다.

학장실에서 비서역을 맡고 있는 어여쁜 소저에게 내가 "참 독특하게 아름다운 얼굴이군요"하니깐 금방 "몸둘 바를 모르겠습니다"라고 한다. 아마도 이런 말은 한국 TV에서 배운 표현인 것 같다. 연이어 내가 주문한 연대교수 명함이 언제 나오냐고 물었다.

"인차 나옵니다."

이것은 곧, 금방 나오다는 뜻이다. 그리고 이말 저말 하다가 또 이런 얘기를 한다.

평양시내에 있는 소박한 간판. "텔레비죤수리"라고 쓰여있다. 2005년 10월 14일 촬영.

"전 군입질을 하지 않아요."

"군입질"은 "군것질"을 의미하는 것인데, 연변소녀로부터 그 말을 들으니 옛 추억이 새로왔다. 나의 아내의 할머니가 평북 의주사람이었는데, 군입질이라는 소리를 많이 했다. 고구마를 꼭 "띠꽈"라 했고, 당면은 "분탕"이라 했고, 달력은 "넉쇠"라 말씀하셨다. 연변에는 우리 옛말 어법이 많이 보존되어 있다. 하여튼 사라져가는 것을 바라보는 것은 서글프다. 사라져야 할 것은 노론 류의 독선, 일제의 잔재, 군사독재정권이 뿌려놓은 씨앗들이어야 할텐데 ….

나의 숙소 앞길 서문길인데 조선족 아줌마, 할머니들이 정겨운 우리말로 담소하고 있다. 그 옆에 창문이 나있는 집은 구두도 수리하고 열쇠도 만들어주는 가게이다. 내가 여러 번 이용하였는데 무뚝뚝한 여장부 같은 여주인이 솜씨가 훌륭했다.

9월 28일, 일요일. 너무도 아름다운 늦가을 날씨. 하늘이 검푸르다

벌써 9월이 다 흘러가 버릴려고 하고 있다. 한 달의 시간이었지만 나에겐 너무도 많은 새로운 체험을 안겨준 시간이었다. 한 달의 세월만큼 나는 늙었고, 삶의 시간을 잃어버렸을지는 모르지만 너무도 많은 것이 새롭게 창조된 영원의 한 과정이있다. 죽음을 향한 삶에 생존의 물리적 시간은 유한하건만 너무도 많은 느낌이 압축되어가는 이 괴리곡선을 어떻게 풀어내야할지, 아서라! 아무것도 생각하지 말자! 인생이란 그냥 흘러가 버리느니.

한 달 내내 나를 집요하게 괴롭힌 하나의 사건이 있었다. 밤마다 나의 침실을 찾아와서 날 괴롭히는 손님이 있었다. 드라큐라와도 같은 이 손님의 정체는 무엇일까? "문선생蚊先生"이었다. 여기 문선생은 새까맣고 크게 생겼는데 레이다망을 피해 다니는 특수비행기처럼 소리를 내지 않는다. 한국의 모기는 작아도 쌔앵~ 하고 큰 소리를 내는데, 여기 모기는 그런 소리를 내지 않는다. 그래서 더 골치가 아프다. 우리집 창문은 사창이 잘 되었기 때문에 외

부에서 침입하는 것 같지는 않은데, 복도로 나있는 대문으로 들어오는 것 같다. 아파트를 출입하는 이상, 대문을 열지 않을 수 없다. 결국 추위를 피해 복도에 몰려있는 모기가 더 따뜻한 곳으로 잽싸게 이동하는 것이다. 그런데 객실에 들어온 모기는 반드시 침실로 재차 이동을 하는 것 같다.

여기서는 에프킬라 모기향 같은 것을 별로 팔지 않는다. 그래서 하는 수 없이 큰 킬라 스프레이를 하나 샀다. 그리고 방문 앞 복도에 주기적으로 뿌렸는데도 별 효과가 없었다. 복도가 워낙 길고 크니까 박멸이 되지 않는 것이다.

밤에 깊이 잠들다가 꼭 물리고 나서야 깨는데, 불을 켜고 보면 사방이 흰 벽인 침실인데도 모기가 앉아 있는 모습이 잘 보이질 않는다. 어딘가 안 뜨이는 곳에 숨어있는 것이다. 모기의 아이큐는 분명 나의 지능을 뛰어넘는 것 같다. 나는 참다못해 학교 앞 천성초급시장에서 전기모기채를 하나 샀다. 여기서는 이런 모기채를 "띠엔원파이電蚊拍"라고 한다. 충전용 모기채를 하나 샀는데 처음에는 하도 저절로 폭작暴炸하는 소리가 심하게 나서 불량품인줄 알았는데 몇번 쓰니까 소리가 없어지고 아주 견실한 제품임이 증명되었다.

라켓 쪽은 빨갛고 손쥐는 곳은 새까맣다. 어느새 이 띠엔원파이는 내가 항상 머리맡에 놓고 자는 나의 귀중품이 되어버렸다. 모기가 얼굴을 타닥치는 느낌이 들면 잽싸게 일어나 불을 켠다. 대부분 어디론가 사라지지만, 때로는 머리 곁의 하이얀 벽에 붙어 있다. 모기는 백발백중, 라켓에 걸린다. 옛날에는 모기를 발견해도 놓치는 확률이 90% 가까웠는데 지금은 띠엔원파이 때문에 놓치질 않는다. 높은 천정에 붙은 것도 긁어내리면 정확히 포착할 수 있다. 그 작렬하는 소리가 폭죽이 터지는 것 같고, 남는 연기의 여운은 불고기 파티장을 연상케 한다. 어제도 불을 컸다 못잡고, 두번째 다시 불을 컸다가 모기를 발견했다. 만세! 나의 승리였다. 이런 식으로 문장군과의 전투에서 내가 작렬하게 산화시킨 승전의 폭죽은 20회가 넘는다. 하루 걸러 꾸준히 나를 공략하고 있는 것이다. 문장군을 퇴치하는 길은 더 가혹한 동장군冬將軍의 내습을 기다리는 수밖에 별도리가 없는 것 같다.

몇일 전, 누군가 나에게 집안集安에 가봐야 별로 볼게 없다는 소리를 했다. 나는 실의에 빠져 부리나케 집안지역 문헌조사에 착수했다. 누가 볼게 없다 말하는가! 나는 집안의 사진을 보자마자 가슴이 벌렁벌렁 뛰기 시작했다. 우리 민족의 선각자, 단재선생께서 이 집안의 국내성 벌판을 바라보았을 때, 환도산성 성벽에 서서 그 거대하고도 웅장한 무덤떼를 한 눈에 조감했을 때, 어떤 감회에 젖었을까? 상상만해도 가슴이 울컥했다.

사실 우리는 백제나 신라, 부여나 경주에서 느끼는 소담한 느낌으로 고구려를 생각하기 쉽다. 그러나 고구려는 우리의 상상을 초월하는 초대형 제국이다! 우리나라의 젊은이들이 "고구려 대륙기상"을 단순히 시어詩語나 문어文語로서 뇌까리는 것이 아니라, 두 눈으로, 가슴으로, 피부감촉으로 느낄 수 있었다면 오늘과 같이 자질구레한 시야에 갇혀 살지는 않으리라! 선거때마다 투표장에 나와 달라고 애걸복걸하는 그런 나의 심정도 기우에 불과하리라!

나는 환인桓仁시 동북쪽 8.5킬로미터 지점에 있는 오녀산성五女山城의 전경을 보는 순간, 고구려에 관한 『삼국사기』의 기록이 신화가 아닌 사실로서 나에게 그 엄연한 자태를 드러내고 있다 는 것을 발견하기 시작했다. "시조 추모왕鄒牟王이 북부여에서 남하하여 자라들의 도움으로 엄리대수奄利大水를 안전하게 건넜고, 비류곡沸流谷에 도착했다. 추모왕은 거기서 홀본忽本 서쪽 산 위에 올라 성을 쌓고, 도읍을 정했다." 이런 이야기들이 쓰여져 있는 그 거대한 당대의 비문을 두 눈으로 읽어볼 수 있고, 그 비문이 서 있는 바로 그 자리에서 그 비문의 내용과 관련된 사실들을 지리적으로 확인할 수 있다는 사실은 실로 너무도 충격적인 것이다.

이러한 사실은 신화라는 것이 "신화적 표현mythological expression"의 구조 속에서 내재적 의미가 주어지는 언어적 문제일 뿐이라는 것을 말해준다. 신화적 표현을 요청하고 있는 그 주체집단은 인간세의 시공을 점한 확고한 물리적, 역사적 사실이다. 그리고 그 사실facts이 오늘날까지 우리가 두 눈으로 확인할 수 있는 유적을 남기고 있는 것이다. 나의 가슴은 희망으로 부풀기 시작했다. 주몽이 도읍한 그 곳을 두 눈

임진권 조교가 광개토대왕비각 현장에서 촬영한 특별한 사진. 2014년 10월 4일.

도올의 중국일기_1

내가 평생 처음 보는 순간의 흘승골성紇升骨城(졸본성卒本城이라고도 한다).
검푸른 새벽의 여명을 뚫고 우뚝 그 자태를 드러내는 그 모습은 신비롭기
그지없었다. 그 어떠한 성스러운 정경도 이에 비견할 수는 없다. 그 밑에
흐르는 강이 바로 비류수沸流水이다. 비류수는 졸본천卒本川이라고도
한다. 우리 민족사의 하나의 원점이다.

환도성 성벽 위에서 내려다보는 통구하 하변 고구려인무덤떼. 그 장쾌한 모습은 인간의 설단舌端의 형용을 벗어난다. 이 거대한 피라미드 돌무덤이 2만기나 있었다. 도올 촬영.

으로 확인하고 두 발로 걸어 올라가 볼 수 있다. 그 산성을 오르고 내리는 데만도 하루는 걸릴 것 같았다.

내가 요번에 여행할 수 있는 시간은 10월 2일부터 6일까지밖에 없었다. 2일과 6일은 뻐스간에서 다 보내야 함으로, 실제로 답사할 수 있는 날자는 3일, 4일, 5일 사흘뿐이다. 나는 우선 백두산에 들리는 여정을 취소시켜야만 했다. 3일 환인을 하루종일보고, 4일·5일 이틀간 집안을 둘러보아도 시간이 부족하면 부족했지 남아 돌아갈 것 같지 않았다. 점심은 전면 취소하고, 아침부터 저녁까지 꼬박 다녀도 모자랄 것 같았다. 전문가들이 바라보는 시각과 관광객들이 바라보는 시각에는 너무도 큰 차이가 있었다.

나는 한국의 전호태교수에게 전화를 걸었다. 마침 전교수는 내 전화를 받았다.

"지금 세월이 세월인지라 뭉그러져 보이지 않지만, 상상력을 동원하여 쳐다봐야 할 곳이 너무도 많습니다. 무덤 내부를 공개하는 곳은 거의 없습니다만, 겉에서 보고 느끼는 것만으로도 선생님에게는 엄청난 영감을 줄 것입니다."

"맞소, 맞소! 역사는 이매지내이션이지. 주변 산하만 쳐다봐도 읽어낼 수 있는 것이 얼마나 많겠소. 그러니 내가 꼭 가봐야 할 곳을 리스트만이라도 작성해서 보내주세요."

"그렇게 하겠습니다. 그런데 연대에 선생님이 꼭 만나보실 전문가가 한 명 있습니다. 발해사를 전공하는 사람이고, 북한에서 발굴도 엄청 한 사람인데 집안지역을 빠삭하게 알아요. 그 사람을 만나 도움을 청하시는 게 상책입니다."

"그 사람 전화번호라도 아세요?"

"연대 사학과 교수이니까 과사무실로 연락해보세요. 저는 요즈음 연락을 하질 않아서 …."

"알겠어요."

그 길로 나는 사학과 김광희교수에게 전화를 걸었다.

"한 열흘전에 장인이 돌아가셨다고 바쁜 것 같았는데 … 아마도 지금 연길에 있을 겝니다 …."

나는 결국 정경일鄭京日교수와 통화하는데 성공했다. 오후 5시에 내 방에서 만나기로 약속했다.

그가 내 방을 들어섰을 때 나는 그가 어린 청년이라는 사실에 놀랐다. 그는 79년생이니까, 내 아들 일중이 나이밖에 되지 않는다. 그는 여기 이회영선생이 세운 신흥무관학교가 자리잡고 있었던 통화현에서 태어나 성장했다. 19살까지 조선족학교에서 투철한 민족의식을 배우며 자라났고, 99년에 연변대학에 들어와 학사·석사·박사를 다 끝냈다. 그리고 예외적으로 27세에 연변대학 교수가 되었다. 우리나라보다 인재발굴에 더 적극적이라 생각된다. 현 대학원장으로 있는 박찬규교수가 그를 적극적으로 지원했다. 사학과의 전체교수가 싸인해서 그를 교수로 임명시켰다고 한다. 그가 얼마나 실력있는 인물인지를 알만했다. 그는 최근 북한 남포시 용강군 옥도리玉桃里일대에서 역사유적을 탐색하여 새로운 고분벽화를 발굴해내는 쾌거를 이룩했다. 우리는 곧 자리를 그의 연구실로 옮겼는데, 그의 연구실에는 재미있는 비문 탁본이 하나 걸려 있었다. 2012년에 새롭게 발견된 고구려비라고 했다. 광개토대왕비, 충주 고구려비에 이어 3번째의 비로서 고귀한 정보를 담고 있다 했다.

내가 정경일교수를 만날 때, 가장 가슴에 걸리는 것은, 같은 동포이지만 중국국적의 학자로서 한국고대사를 바라보는 시좌를 어디에 정해놓고 있느냐 하는 문제였다. 만약 그가 중국의 체제안에서 중국의 관방학문적 관점에

조선사회과학원 고고학연구소는 2010년 5월 20일에서 6월 24일에 걸쳐 남포시 용강군龍岡郡 옥도리玉桃里 역사유적에 대하여 조사 발굴을 진행시켰다. 이때 연변대학 인문사회과학원 역사과 박찬규朴燦奎, 정경일鄭京日 두 교수가 발굴공작에 참가하였다. 이들은 26좌의 봉토석실묘와 1좌의 석관묘를 청리淸理했는데, 그 중 하나가 벽화묘였다. 이 옥도리벽화묘는 반지하식 석실봉토쌍실묘였는데 묘도墓道, 전실前室, 용도甬道, 후실後室(主室)로 구성되어 있다. 벽화는 전실 동벽, 서감, 후실 북동서벽에 남아있었다. 왼쪽 사진은 ↗

↙ 후실 북벽 서쪽의 여주인공이고, 오른쪽 사진은 후실 동벽 상부 북측의 여인 모습이다. 훼손이 심한 상태
라는 것을 말해준다. 이 묘의 주인공을 4세기 후반경 황룡산성을 지키던 성주의 것으로 가정하기도 하나
그것은 안일한 설일 수도 있다. 아직도 이렇게 생동하는 고구려벽화가 계속 발굴되고 있다는 것 그 자체가
우리민족 역사의 놀라운 연속성이다. 박찬규·정경일 지음 『옥도리』(香港亞洲出版社, 2011초판)에서 전재.

옥도리 고분벽화는 동북아역사재단의 간략한 연구서가 있기는 하나 우리나라에 잘 소개되어 있지 않아 앞으로 많은 연구를 요할 것이다. 벽화는 전실이 아닌 후실(=주실, 현실)에 치중되어 있고 후실 북벽에는 묘의 주인공 남자의 큰 그림(석회도말그림)이 있는데 석회가 박탈되어 보이지 않는다. 그 옆의 부인이 앞 페이지 손을 모은 여인이다. 그런데 배후에 "大"자와 "王"자가 새겨진 휘장이 둘러쳐져 있으며 남면하고 있는 것으로 보아 주인공의 지체가 상당히 높다는 것을 알 수 있다. "王"의 문제는 고구려제국 정치제제에 대한 새로운 인식을 요구할 수도 있다.

도올의 중국일기_1

보통 왕족혈통 사람들에게 王자를 쓸 수 있었다고 보고 있지만 제국의 정치체제상의 문제일 수도 있다. 지방의 영주도 무덤에 "大王"이라는 칭호를 쓸 수 있을만큼 독자적 권위가 있었다고 보아야 한다. 이 무덤을 나는 4세기말 경의 초기 벽화묘로 추정하며 환인지역의 미창구米倉溝무덤과 같이 연계해서 생각해볼 필요가 있다고 생각한다. 여기 소개하는 장면은 동벽의 가무도인데, 주인공이 춤과 노래를 극히 좋아했던 사람인데 생전의 모습을 내세에 영속시킨 것이다. 정면에는 남녀 무용수들이 신나게 춤을 추고 있고, 왼쪽에는 7명의 합창단이 있는데, 앞의 3명이 남자 합창단이고(윗 사진) 뒷 4명이 여자 합창단이다.

가무 합창단의 모습. 춤을 악기로 반주하지 않고 합창단의 노래로 반주했다는 것이 매우 독특하다. 고대 희랍 연극의 코러스를 연상케 하지만 우리 살풀이춤에도 노래로 반주하는 경우가 허다하다. 물론 여기 합창단은 프로페셔널팀으로 간주된다. 『위지』 「고구려전」에서 고구려사람들이 가무를 즐겼다고 기술한 그 한 예를 여기서 찾을 수도 있겠지만, 여기 춤 장면은 장송의례와 관련지어 해석할 수도 있다. 옥도리발굴작업과 관련하여 발굴은 어차피 파괴적 요소를 수반한다 하겠는데 사진작업의 엉성함이 좀 유감스럽다. 이런 발굴의 최초 상황에는 발전된 조명시설과 고도의 치밀한 촬영기획이 필요하다. 사진의 디테일과 해상도가 너무 떨어진다. 아쉽다.

정경일 교수방에 걸려있는, 우리에게는 생소한 자료인 제3의 고구려비. 2012년 7월 29일 집안시 마선향麻線鄕 마선하麻線河 서안에서 향촌민에 의하여 발견되었다. "집안고구려비"라 명명되었다. 고구려 수묘제도, 사시제사에 관한 소중한 정보를 담고 있다.

헌신하는 사람이라면, 소위 "동북공정東北工程"과 같은 시각의 틀 속에서만 역사를 바라본다면, 고구려역사는 당연히 중국역사의 틀 속에서 명멸明滅한 한 중국변방의 왕조로서만 취급되어야 할 것이다. 고구려강역이 흰새 중국땅 속에 편입되어 있는 만큼, 중국사람의 입장에서 현재 중국강토내의 역사를 타국의 역사로 간주하지 않는 것은 그 나름대로의 충분한 정당성이 있다.

우리나라 사가들이 우리나라 강역에서 활동한 "왜倭"의 성격을 우리와 동떨어진 일본역사의 주류로서 독립해서 취급할 리 없다고 한다면, 중국학자들이 "동북공정"을 강행하는 것이, 어떠한 무리가 있다해도 우리로서 그들에게 특정한 세계인식을 강요할 아무런 근거가 없다. 이런 문제는 실로 난감하기 그지없는 과제상황이며, 모든 국제분쟁의 본질을 깨닫게 해주는 문제이기도 한 것이다. 과연 정경일교수는 어떤 입장을 취하고 있을까? 내가 고국을 떠나오기 전에 중국유학을 1년이나 했다는 정청래의원이 나에게 이런 말을 한 적이 있다.

"선생님, 아무리 중국학자와 친근하게 지내신다 해도 마지막 판에 고구려는 한국역사의 일부다, 이런 말을 하지 마십시오. 그럼 곧 선생님을 배척할 것입니다."

정의원은 자신의 유학경험에 비추어 그런 충고를 한 것이지만, 나에게는 해당이 되지 않는 좀 차원이 낮은 충고였다.

나는 고구려를 대한민국역사의 일부분이라고 생각하지 않는다. 과연 우리가 생각하는 한국사가 대한민국역사인가? 대한민국역사는 실제로 1948년 이후의 짧은 시간에 국한되는 것이다. 그렇다면 한국사는 무엇인가? 고구려역사는 과연 한국사의 일부분일까? 결국 "한국사"라는 개념 그 자체가 문제가 되는 것이다. 한국사가 한국의 역사라고 한다면, "한국"은 도대체 뭐냐? "한국"이 대한제국이냐? 대한민국이냐? 조선왕조냐? 고려냐? 고조선이냐? 조선의 사람들은 자기를 "한국사람"이라고 생각하지 않았다. 조선왕조의 신민이었을 뿐이다. 그럼 하물며 고구려 사람들이 자기를 한국인이라고 생각했을까? 이렇게 따져 들어가면 우리가 생각하는 역사는 개념의 혼동 속에 다 엉망이 되어버린다.

지금 단일 국가를 단위로 하여 그 국가의 강역에서 일어난 사건을 통시론적으로 기술하는 역사를 대개 "민족사national history"라고 하는데, 이 민족사는 "민족국가nation state"라는 개념을 전제로 한 것이다. 그런데 이 민족국가는 대개 20세기 전반에 정착된 개념이다. 그 개념을 가지고 역사적 시공을 거슬러 올라가는 작업은 많은 경우 터무니없는 무리를 수반한다. 사실 "독일역사" "불란서역사"라는 개념은 역사학에서 정밀한 개념으로 성립할 수가 없다. 우리역사는 비교적 민족적 단일개념이 장시간 지속된 경우에 속하는 특이한 케이스다. 그러나 그것도 고려 이전으로 소급하기는 곤란하다. 통일신라까지는 소급해야 한다고 말할지 모르지만, 엄밀하게 말하면 통일신라의 역사는 발해사를 포함하는 남북국시대의 역사로 다시 기술되어야 한다.

그것은 결코 통일이 아니다. 더구나 삼국시대의 역사, 혹은 그 이전의 역사, 혹은 고조선의 역사에 "한국"이라는 단일민족개념을 적용하는 것은 오늘의 편협한 현대사의 역사인식을 광활한 무경계의 대지에 무리하게 팻말을 꽂는 어리석은 짓에 불과하다. 고대사에 현대사적 "민족"개념을 부과하는 것은 움직이는 배에서 바다에 영역표시의 선을 긋는 것과 다름이 없는 짓이다. 모든 것이 유동적인 것이다. 강역도 민족도 국가도 다 유동적인 것이다. 우리가 생각해야 하는 것은 민족의 단위라기보다는 문화적 교류의 네트워크이며, 그 네트워크 속에서 생존하는 인간들의 주체적인 노력이다. 그 노력의 전승태가 어떠한 정체*politeia*와 강역의 족적을 남겼는지를 살피는 것이다.

그래서 고대사는 "민족사"가 아닌 "문화사"가 되어야 한다. 사실 중국·한국·일본이라는 민족국가 강역이 사라져야만 진실로 고대사는 제 모습을 드러낸다. 문제는 오늘을 사는 그 누가 그 제 모습을 보다 충실히 이해하고, 그 역사로부터 피끓는 교훈을 얻느냐하는데 있을 뿐이다. 정교수는 고구려역사에 관하여 우리 한국인의 일반적 관념과 크게 다른 인식을 가지고 있질 않았다.

"저는 조선족 학생들에게 우리역사를 강의하면서 틈나는대로 꼭 고구려유적을 직접 목도하게끔 권유하지요. 조선사람이라면 고구려를 한번 느껴보지 않으면 조선의 기상을 알 수가 없습니다. 고구려는 중국의 어느 왕조와도 비교할 수 없는 독특한 자기 문화를 지닌 위대한 문명이지요. 원래 고분도 2만기나 있었습니다. 그리고 중국의 어느 왕조보다도 고분벽화가 풍요롭습니다. 그리고 거기에 나타나는 생활상도 그들 자신의 독특한 전승에서 우러나온 것임을 알 수 있지요."

"그래요? 그렇게 말씀하시면 동북공정을 지시하는 중국관방의 입장과는 너무도 다른 것 같은데, 과연 그래도 되는 겁니까?"

"중국이 언제 그렇게 동북공정에 열을 올렸었나요? 그렇다면 왜 연변자치주를 만들어 주었겠습니까? 고구려야말로 조선민족의 프라이드의 원천인데 그걸 죽인다면 조선민족을 죽이는 일이죠. 중국은 변방문화에 대하여 그토록 깊은 관심을 갖지 않았습니다. 다 최근의 일이지요."

"그럼 왜 최근에 그렇게 열불을 올리게 되었나요?"

"그게 다 알고보면 대한민국 사람들의 업보란 말입니다."

"업보라니요?"

"과도한 우파성향의 사람들이 좁은 소견으로 저지른 짓들이 중국사람을 자극시켰기 때문이죠. 중국이 무리한 동북공정을 강행한 것도 대한민국 사람들이 그렇게 휩쓸아간 측면이 강해요."

"많은 생각을 하고 사는 나이지만, 그렇게 생각해보지는 못했는데요. 뭔

일이 있었나요?"

"생각해보세요! 대한민국은 중국과 1992년 수교를 했습니다. 그런데 제일 먼저 몰려온 사람들이 중국의 값싼 노동시장을 노린 장사꾼들 이외로도, 터무니없는 우파 국수주의자들이 있었거든요. 역사적으로 대종교는 위대한 민족종교였지만, 사실 대종교의 정신은 나철의 죽음과 더불어 같이 사장되었다고 보아야겠지요. 일례를 들면 그런 류파의 불확실한 잔당이라든가, 고대사의 신화에 터무니없이 집착하는 종교적 성향의 국수주의자들, 역사의식이 투철하지도 못한 우파 민족주의자들이 이 만주지역의 유적지를 찾아다니며 제사를 지내곤 했단 말입니다. 제사를 지내는 것까지는 참아줄 수 있는데, 제사를 지내고 난 자리에 꼭 '한민족의 고토를 회복하자'는 식의 플랭카드를 중국말로, 한국말로 써 놓고 다녔거든요. 남의 땅에 와서 그런 짓을 하는 것이 과연 어떤 업보를 초래할지, 그런 생각을 그들이 하기나 했겠습니까?"

"한국의 남쪽에 일본의 낭인들이 와서 미마나任那 고토를 회복하자고 소리를 지르는 것과 다름이 없겠지요."

"두번째로 꼽을 수 있는 사건은 조선일보사에서 1993년에 제멋대로 전시한 '아! 고구려! 1천5백년 전 집안 고분벽화'운운하는 이벤트였을 거에요. 그 전시회는 한국인의 감정을 흥기시키고 엄청난 인구를 동원해서 엄청나게 흥행에도 성공한 획기적인 전시회였겠지만, 결코 세부적인 정당한 합의의 프로세스를 거친 이벤트는 아니었다 이 말이지요. 그들이 만들어간 사진자료들이 제대로 허가를 받은 것이라고 말하기가 난감하거든요. 물론 일이 터지고 나니까 중국사람들이 변명한다고 말할 수도 있겠지만, 한국인들은 한국인들의 입장만 생각했지 중국인의 감정을 고려하지 않았지요. 하여튼 세부적인 것은 제가 다 알 수 없지만, 그 전시회로 인해서 연루된 많은 사람들이 심하게 곤욕을 치루었습니다. 그런 것을 한국에서는 모르고 있단 말입니다."

"아 그랬군요! 우리끼리만 '아 고구려!'하고 외쳤지, 그 여파에 대해서는 우리는 알지 못했지요. 하여튼 조선일보사 고구려전은 호암아트홀에서 힛트 친 이중섭전과 쌍벽을 이루는 대 성황이었어요. 그렇게 멋있는 전시회는 없었거든요. 저도 그 전시장을 벅찬 가슴으로 둘러보았고, 기획자들에게 감사했거든요. 이중섭전시회에서 이중섭그림의 평가가 천정부지로 뛰자 온갖 위작이 쏟아져 나온 것과도 같은 부작용은 분명히 있었겠군요."

"바로 그겁니다! 조선일보사의 집안 고구려 고분벽화전은 그 벽화 그 자체를 도둑질해가는 엄청난 사건을 촉발시킨 계기가 되었다고 말할 수도 있어요."

"아니, 그게 무슨 말입니까?"

"물론 조선일보사 전시회와 직접 연관이 있다고는 말할 수는 없겠죠. 그러나 하여튼 그 사건의 부작용인 것만은 틀림없어요. 한국사람, 그 어떤 기발한 과대망상자가 연변의 조선족을 사주하여 조선일보 사

벽화밀반출 당했다는 장천1호분은 5세기 중엽 집안·환인지역의 회화흐름을 보여주는, 문화사적으로 가장 풍요로운 벽화고분이다. 전형적인 2방무덤인데 전실에서 현실로 들어가는 문 양쪽에 문지기가 서있는데, 이 그림은 실물크기로 그려진 왼쪽의 문지기이다. 온화한 표정으로 보아 문관인 듯.

진기자들이 찍은 그 벽화 그 자체를 떼어내는 도굴을 감행케 한 것이죠."

"벽화를 떼어내다니 그게 뭔 말입니까?" 난 너무 놀라, 금시초문의 이야기라서 재차 묻고 또 물었다. 상식적으로 이해가 되질 않았다.

"그 유명한 출행도, 청룡도, 백호도, 현무도 그런 엄청난 고구려벽화를 돌칼로 도려낸 것이죠. 그런 것만 깨끗하게 도려내면 다시 찾아다 붙이면 되겠지만, 얼마나 열악한 조건에서 얼마나 엉터리로 잘라냈겠습니까? 그 주변의 모든 시설과 벽면을 다 파괴시켰죠. 그 위대한 1천5백여년의 성상을 버티어 온 고분이 망가져 버린 것이죠. 세상에 이런 가슴아픈 일이 또 있겠습니까?"

"아니, 그게 말이 됩니까? 누가 왜 그런 짓을 했습니까?"

"건당 55만위앤(당시 한국돈 8,300만원)을 받고 한국인 이만식이라는 사람에게 그 벽화를 건넸다는 재판의 기록이 있습니다."

"돈 때문에 그런 짓을 했을까요?"

"조선족 사람들은 돈 때문에 생각없이 한 짓이었겠지만요, 그것을 시킨 사람들은 돈을 벌기위해서만 그 짓을 한 것 같지는 않아요."

"루불박물관에서 모나리자를 훔쳐 간 사람은 모나리자를 연모해서 그랬다는데, 하여튼 독특한 심리에 사로잡힌 광인이 펼친 밀반출사건인 것만은 틀림없겠군요. 그런데 그 배후를 못캤나요?"

"이 도굴사건은 1997년 가을부터 1998년 4월까지 5차례에 걸쳐 감행되었습니다. 이 사건으로 국가문화재급인 집안 한복판의 삼실총과 거기서 동북방으로 압록강을 끼고 올라가면 있는 장천1호분 등 3기가 도굴되고 파손되었습니다."

"그 벽화는 한국으로 반출되었습니까?"

현실에 무덤 주인의 얼굴이 그려져 있지 않다. 이미 강한 불교의 영향으로 인간의 주체성이 사라지고 불교양식적 장식화가 주종을 이루고 있는 것이다. 왼쪽 모서리에 천정을 떠받치고 있는 역사의 모습은 마왕퇴에서 나온 T형 관덮개그림과도 모종의 연속성이 있다. 현재 이 장천1호분의 훼손상태를 우리가 정확히 알 수가 없다. 중국정부가 쉬쉬만 하고 덮어놓고만 있기 때문이다. 조선일보의 전시도 한중수교를 기념하는 시의적절한 기획이었으며, 그 기획에 중국정부도 적당한 선에서 협조를 했을 것이다. 한국민족의 열화와 같은 호응에 공포감을 느낄 것이 아니라 보다 정직하게 개방하고 자료를 공개하여 보다 건설적인 방향으로 흐름을 조성할 수도 있었을 것이다. 현재의 중국땅에서 이루어진 역사를 중국이라는 근대적 국가가 다 독점할 수는 없다. 고구려벽화에 관하여 만인이 자세히 연구할 수 있는 정본텍스트 자료집을 중국정부가 만들어놓았더라면 도굴이나 밀반출의 비극을 오히려 사전에 방지할 수도 있었을 것이다. 중국정부는 "개방"의 의미를 보다 깊게 깨달아야 한다.

"그 벽화는 분명히 안전하게 반출되었고 지금 한국 어딘가에 숨어 있다고 추측되고 있습니다. 한국정부가 성의있게 찾아낸다면 찾아낼 수도 있을 것입니다."

"도굴꾼들은 중국정부가 잡지 못했습니까?"

"도굴에 관련된 범인 6명을 잡았고, 그 중 3명, 김권홍·한형국·한찬국에게는 2003년 4월 16일자로 사형이 집행되었습니다."

장천1호분 전실 북벽에 그려진 백희도에는 고구려인의 삶을 생생하게 보여주며 풍요로운 주제들이 무궁무진하게 등장한다. 왼쪽 꼭대기의 씨름모습은 요즈음의 씨름과 다름이 없다. 하단의 사냥모습, 매사냥, 악기연주, 원숭이 서커스, 귀족부인의 나들이(부인과 시종의 크기 차이가 없다는 것은 인간의 발랄한 개성이 중시되었다는 뜻이다), 등 온갖 흥미로운 장면이 다이내믹하게 그려지고 있다. 전실의 벽화가 현실의 벽화보다 훨씬 더 풍요롭다는 것도 재미있는 현상이다. 정말 이 그림이 얼마나 어떻게 파괴되었을까? 가슴아픈 일이 아닐 수 없다!

"그런데도 배후 범인을 못잡았습니까?"

"사형이 집행되었다면 그 과정에서 어떠한 문초도 가능했지 않았겠습니까? 그런데 진실로 이들은 그 배후를 몰랐던 것입니다. 지시대로만 했고, 간접 브로커들을 통해서 돈만 받은 것이죠. 배후자는 배후를 철저히 숨긴 것이죠."

"수사가 좀 더 과학적이었더라면 사형집행을 서두를 것이 아니라 배후를 더 철저히 파헤쳤어야 했는데 …."

"한국의 인터넷을 두드려보면 MBC PD수첩의 보도로서 한국고미술협회 회장이라는 사람이 배후라는 설까지 나와 있습니다만 모든 것이 미궁인 채 남아 있습니다. 저는 그저 도굴벽화만이라도 다시 제자리로 돌아와 벽화가 복원되는 것만을 꿈꾸고 있습니다. 이런 사건 때문인지 중국정부는 고구려벽화에 관한 공식적 사진도록도 만들지 않고 있습니다. 하여튼 가슴이 아픕니다."

"세계문화유산을 파괴한 천인공노할 만행이군요. 한국사람들이 제대로 알고 뼈저리게 느껴봐야 할 사건이군요."

"아~ 그런데 어떻게 선생님 같은 석학께서 여태까지 민족의 성지인 집안을 한번도 와보시지 않았습니까?"

"참 부끄럽습니다만, 정교수님 말씀을 들으니깐 꼭 우연인 것만 같지는 않아요. 고대사가 의식이 투철하지 못한 우파학자들이나 종교적 성향의 국수주의자들의 전유물인 것 같은 생각이 들어, 여태까지 나의 의식의 한 구석에 밀쳐놓고 있었던 것 같습니다."

"선생님 같이 폭 넓은 사유를 하시는 분이 공평한 문화사적 접근을 해야만 되는 영역인데 … 지금이라도 적극적으로 공부를 하셔야 할 것 같습니다."

"그래서 요즈음 제자들과 고대사 자료들을 강독하고 있습니다. 국학에 헌신할 각오를 다지고 있어요."

"선생님! 꼭 집안集安만 얘기할 것이 없습니다. 이 연길 주변이 다 발해문화
권입니다. 이 주변으로도 발해유적이 헤버려져 있습니다. 주말에 시간이 나
시면 제가 안내하겠습니다."

"고맙습니다. 제가 정말 나보다 나이는 어리지만 인생의 대인大人을 만난
느낌이군요. 정말 든든합니다. 정선생님을 따라 다니며 많은 산 공부를 해야
할 것 같습니다."

"선생님! 생각해 보세요! 생각없는 사람들의 제사난동, 한국국민들의 관심
을 응집시킨 조선일보사의 고구려전시회, 천인공노할 도굴사건, 일련의 이 세
사건만 보더라도 중국이 동북공정으로 치닫게 되는 것은 그 나름대로 촉박
한 외재적 동력이 있었다고 보아야하지 않겠습니까? 우리 학자들은 현대사
의 이런 편견들을 근본적으로 초탈해야 겠지요. 물론 이런 사건 때문에만
동북공정이 이루어졌다고 볼 수는 없습니다. 한국이 점점 강성해져가는 모
습을 볼 때, 또 궁극적으로 남·북의 통일이 중국에 미칠 영향 등등을 생각
하면, 중국정부가 정부나름대로 대비책을 마련하는 것은 당연한 조치일 수
도 있습니다."

"나는 이런 사건이 양쪽 모두에게 좋은 결과를 가져오기를 바래요. 중국
은 중국나름대로 이 지역에 대한 애착을 키우고, 한국은 잃어버린 뿌리에 대
한 제대로 된 인식을 배양해서 고대사를 복원했으면 해요. 이미 전자기장이
지배하는 정보의 시대에 물리적 영토개념을 가지고 국가의 위세를 운운한다
는 것은 너무도 어리석지 않습니까? '동북공정' 운운하며 양국의 학자들이
싸워서는 안될 것 같아요. 대국적 측면에서 서로의 입장을 존중해야겠지요.

고구려의 역사는 역시 우리 한민족이 몸으로, 피로 전승해온 것 아닙니까? 우리는 고구려로부터 무엇을 배울 것인가, 그것만을 고민하면 그 뿐이지요. 고구려가 니꺼니 내꺼니 하는 추저분한 사유를 해서는 안되겠지요 ….”

대화는 밤 깊어가는 줄 모르고 깊어만 갔다. 나는 이날 정교수로부터 귀중한 발굴보고서 자료들을 얻었다. 그리고 집안에 같이 가자고 했다. 내가 비용은 넉넉히 다 대겠다고 했다. 그로부터 배울 것이 너무도 많을 것 같았다. 그는 나의 요청을 좋아했다. 그러나 내가 집안가는 시기에 이미 한신대 답사팀과 같이 가기로 예약이 되었다고 했다. 단지 아직까지도 그쪽으로부터 연락이 없기 때문에 그들의 계획이 취소되었다면 나를 동행해드리고 싶다고 했다.

“내가 현재 한신대 석좌교수인 것을 아세요? 채수일 총장님도 내가 가장 사랑하는 후배이구요!”

그는 전혀 알지 못했다. 나는 아쉬워하면서 헤어졌다. 한신대와의 약속이 빵꾸나기만을 빌면서 ….

연길시는 작년 전중국 여론조사에서 “살기좋은 도시” 제1위로 꼽혔다. 정교수에게도 물어보니 틀림없는 사실이라고 했다. 그러니까 연길은 중국에서 살기에는 가장 쾌적한 곳이다. 심양도 후보로 꼽혔는데 공기가 나빠서 연길에 뒤졌고, 신강성에 청정한 도시들은 많은데 교통이 나빠서 연길에 뒤졌다고 했다. 연길 사람들은 자기들이 먹는 식품에 관해서는 프라이드가 높다. 연길에서 나는 수도물을 그냥 먹는다. 끓여서 먹으면 어느 생수보다도 안전하다고 한다. 여기서 파는 생수는 대개 백두산 천지물이다. “살기 좋다”는 것 자체가 “자본주의 경쟁에서 좀 뒤져있다”는 뜻이다. 아마도 친구 박영재교수는 그 뒤짐에서 생겨나는 여유로움에 매력을 느꼈을 것이다. 그런데 아무리 합리화해도 합리화될 수 없는 연길의 악질적 불편함, 매우 부도덕한 가치관의 보편화 현상이 하나 있다. 자동차를 모는 모든 사람들의 부도덕성에 관한 것이다.

우리 어릴 때는, 자동차가 지나가면 어린 아이들이 그 뒤를 막 따라가곤 했다. 뒤에서 품어대는 휘발유 내음새가 향기로왔기 때문이다. 오염이 그리웠던 시절이었다. 그때는 자동차를 모는 모든 사람이 킹이었다. 만백성이 뒤를 따라 오니깐! 앞에 피해야 할 아무 것도 없었다. 이런 상황에선 문명의 이기가 자연체에 대하여 절대적 우위를 갖는다. 연변의 차 모는 사람들은 이런 시절의 우월감을 가지고 있다. 장정과 문화혁명의 고난을 벗어나 이제 뭇 백성이 차를 끌게 되었으니 그 얼마나 자랑스러운 일인기?

연길에서는 차가 사람을 비키는 적이 절대로 없다. 차가 100% 우선이고, 사람이 피해야 한다. 건널목을 건널 때 우리나라와 똑같은 건넘의 네온싸인 표시가 있다. 그것을 믿고 안전하다고 생각하여 천천히 건널목을 건너다가는 사고나기 마련이다. 연길의 자동차는 빨간 불 신호를 무시한다. 그리고 건널목 사람도 무시한다. 차는 아무렇게나 막 다녀도 된다. 중앙선 침범은 물론, 좌회전은 아무 곳에서나 가능하다. 웬만한 구간은 대로의 역주행도 다반사다! 차선을 바꾸어가며 꼬불꼬불 유턴하는 모습은 유턴이 아니라 곡예놀음 같다. 사람은 언제고 차에 대하여 경각심을 가져야 한다. 용감하게 대로를 막고 차를 저지시켜도 기어이 차가 사람보다 먼저 빠져나간다. 차와 사람의 대결에서 천만 번이고 사람이 진다.

연변대학교 정문 앞 건널목은 그야말로 연길의 대표적인 모범구획일 텐데, 그 건널목을 건널 때도 반드시 유능한 리더를 따라 단체로 건너야 한다. 빨찌산 도강작전을 감행해야 하는 것이다. 나는 그 빨찌산 리더에 속하는 편이다. 예로부터 나는 차도를 건너는데는 좀 도가 트인 사람이다. 재빠르게 그리고 과감하게 시공의 리듬을 타야하는 것이다. 이렇게 본다면 연길의 교통은 문란의 극치를 달리고 있다고 보아야 할 것이다. 그렇다면 연길에는 교통사고가 많이 나야 할 것이다. 그런데 교통사고가 별로 없다. 그리고 길거리에 경찰이 거의 없다는 것도 훌륭하다면 훌륭한 점이다. 연길의 시민들은 이러한 교통문란에 어려서부터 익숙해있는 것이다. 그래서 보행자나 드라이버나 물 흐르듯 흘러가는 것이다. 도로 형태가 단순하고 전체적으로는 아직도 차량수가 많지 않다는데도 그 원인이 있을 것이다.

평양을 자주 왔다갔다하는 방원장은 나에게 이렇게 말한다: "평양에는 정말 연길보다 차가 별로 없어요. 그런데 교통사고는 평양이 연길보다 더 많아요. 평양에서는 정말 차를 조심해야 합니다."

연길은 그래도 차가 급정거가 가능한 속도로 달리는데, 평양에서는 무제한으로 쌩쌩 달리기 때문에 차에 사람이 치이는 확률이 더 높다는 이야기다!

연길 택시는 모두가 예외없이 "청룡열차"이다. 얼마나 부리나케 모는지 상상을 불허한다. 택시도 사람을 비키는 법이 없다. 사람보고 비키라고 꽝꽝댄다. 그런데 택시가 모두 우리나라 현대차 엘란트라 계열의 가볍고 얇은 느낌이 드는 소형차인데, 놀라운 것은 지구상에서 가장 택시값이 싸다는 느낌이 드는 것이다. 시내에서 웬만한 데를 다녀도 대부분 기본요금 5위앤으로 해결된다. 그러니까 우리나라 돈 850원이면 택시를 탈 수 있는 것이다. 이러한 총

알택시 사정은 나름대로 이유가 있는 듯하다.

"기사아저씨, 하루에 사납금이 얼마나 돼요?"

"140위앤은 갖다 바쳐야죠."

"주유는요?"

"주유비는 기사본인 부담에요. 그러니까 하루에 200위앤이 안나오면 기사 주머니가 털리는 거에요. 5위앤씩 따지면 40번 손님을 모셔야 돼죠. 그리고 나서야 내 주머니에 들어갈 돈이 생기니까 디립다 달려야해요. 오늘처럼 길이 막히면 우리는 울쌍이죠!"

"하루에 2교대인가요?"

"새벽 3시에서 오후 2시까지 일하고, 또 교대 당번은 그 다음 탕을 뛰지요."

"오전탕, 오후탕, 누가 더 돈을 버나요?"

"차뿌뚜어러差不多了."

"회사로부터 받는 돈은 없어요? 하루에 140위앤 집어넣으면 월말에 공자工資로 1,000위앤이 나와요. 죽으라고 뛰어봤자 한달에 한 3,000위앤 벌어요. 그러니 달릴 수밖에 없는 것이죠."

루어투어 시앙쯔駱駝祥子의 고생하는 모습이 생각이 났다. 어떤 기사에게 물어보니, 사납금이 하루 90위앤이라 했고 한 달에 4·5천위앤은 번다고 했다. 그래서 살만하다고 했다. 7위앤이 나와서 10위앤을 주고 거스름돈을 받지 않았더니 그렇게 고마워 할 수가 없다. 요즈음 한국에서는 거스름돈 안받는다고 인사하는 기사를 만나기 어렵다. 문명의 수준차이가 이런데서 드라마틱하게 드러나는 것이다. 그러나 과연 무엇이 문명의 수준인지는 잘 모르겠다.

택시를 올라타 여성기사를 만나면 반가울 듯한데, 연길의 여성기사는 대체적으로 좀 사나운 편이다. 한국의 여성처럼 고분하고 조신한 여성을 여기서는 만나기 어렵다. 그런데 여기 한족漢族여성택시기사는 특히 막돼먹었다. 말도 막 내뱉고, 창문 닫어달라고 해도 닫아주지도 않고 무지막지하게 달린다. 그러면서 얼굴에는 신경질이 배어있다. 그런데도 온갖 화장과 치장을 휘둘렀다. 중국의 여성을 낭만적으로 바라보지 마시라! 한국여성의 따사로움과 포근함을 느끼기 어렵다!

정경일교수와 만난 날 저녁(27일), 그와 같이 돌솥밥을 먹으면서 처음으로 중국테레비를 보았다. 인천에서 아시아올림픽이 열리고 있다는 사실도 새까맣게 잊어버리고 있었는데, 그래도 고국에서 열리는 경기를 보니 정감이 끌렸다. 여성 1만미터 육상경기였다. 올림픽의 백미를 백미(100m) 경주라고들 말하지만 내 감각엔 만미가 진짜 백미인듯 하다. 백미는 너무 짧다. 그야말로 "르까프"(Citius, Altius, Fortius)의 극단적 구현일 뿐이다. 그런데 만미는 고요하고 보는 재미가 있다. 마라톤은 지루하다. 보는 재미가 없다. 만미는 몸의 과학과 작전의 예술이 개입될 여지가 너무도 풍요롭다. 그리고 30여분의 전체 경주가 유기적 통일성을 지니고 있다.

나는 처음에 일본선수 하기와라 야유미萩原歩美가 우승할 것으로 점쳤다. 가뿐한 몸매가 예사롭지 않고 매우 과학적으로 께임을 진행시켰기 때문이다. 3위 정도로 계속 페이스를 유지하면서 트랙을 혼자 점유하고 달리는 폼이 매우 계산된 예술이었다. 처음부터 선두를 달리는 자는 반드시 낭패본다. 선두는 정말 피곤하다. 자기 페이스를 가늠할 수 없기 때문이다. 그 경기는 야유미와 중국의 띵 츠앙친丁常琴의 1·2위 다툼처럼 나는 느꼈다. 다산과 같은 고

무래 정씨인 띵소저는 매우 당차고 몸의 조절이 완벽했다. 상체가 흔들리지 않는 것이다.

상체가 흔들리거나, 궁둥이가 과도하게 씰룩거리거나, 보폭이 너무 크거나 하면 장거리에는 불리하다. 마지막 스퍼트 구간에서 나는 띵이 선두를 박차고 나오리라 예상했다. 하기와라는 너무 지친 모습이었다. 그런데 뒤질 줄 알았던 아랍 에미리트의 선수 알리아 무하마드가 계속 선두를 달리는 것이다. 알리아는 아무 작전없이 마구 달리는 듯 했다. 그런데 끝까지 마구 달리며 질주했다. 결국 알리아의 승리였다.

알리아는 스포츠 과학을 초월했던 것이다. 3인의 흔들리지 않는 상체가, 극도의 다이내미즘 속에서도, 고요하게 두둥실 떠갈 때 나는 인간의 신체의 위대함, 그 무위와 유위가 극상에서 만나는 순간을 경험하고 있었던 것이다.

9월 30일, 화요일. 푸른 하늘. 춥기 시작

어제 저녁에 비가 많이 내렸다. 오늘부터 아주 쌀쌀한 기운이 돌기 시작한다. 아침에 마호병에 떠우지앙을 받아왔다. 서문 앞집 할머니 떠우지앙은 내 인생에서 먹어본 가장 말갛고 깨끗한 떠우지앙이다. 따끈한 콩국물이 식도를 타고 내려갈 때 똥끝까지 시원하다. 그런데 또 하나의 사건이 발생했다. 독지가가 나에게 백두산 송이버섯을 한 상자 선물한 것이다. 백두산에서 급송해온 것이라고 헐레벌떡 달려와서 갖다 준 것이다. 그런데 중국 사람들은 송이를 먹을 줄을 모른다. 송이를 기름에 차오炒 해 버리거나, 굽거나烤 하면 송이는 그 고귀한 성분이 다 날아가 버린다. 송이는 잘 씻어서 그냥 날로 먹는 것이 최상품이다.

송이는 지금거리기를 잘 하기 때문에 잘 씻어야 하는데 사람들이 씻는 방법을 모른다. 송이는 밑둥아리 부분에 흙 모래가 많이 묻어 있으므로 그 부분만 고구마깎듯이 살살 깎아 내면 된다. 그리고 나머지는 물을 흘려가며 부

드러운 칫솔로 살살 닦으면 된다. 지금거리는 토성분만 제거해야지 그 외에
는 손을 대면 안 된다. 그리고 종면으로 길게 켭켭이 썬다.

썰어지는 단면을 보면, 송이의 질을 알 수 있다. 단단하고 하이얀 속살이
드러나면, 그 향기가 방안을 그윽하게 메꾼다. 백두산 송이는 진실로 한국의
산에서 채취한 송이와는 차원이 다르다. 첫 칼을 대는 순간, 그 퍼지는 내음
새에 나는 졸도할 듯한 강렬함을 느꼈다. 인물도 큰 물에서 놀아야 제 인물
이 나오고, 식품도 역시 큰 산수에서 기를 받아야 최상품이 나온다.

두세 개를 그냥 날로 먹었는데 전혀 부담이 없었다. 나는 위장이 약해 무
엇을 날 것으로 먹는 것을 삼가는데, 백두산 송이는 정말 그 맛이 부드럽고
달콤했다. 그러면서 전신에 퍼지는 향기가 너무도 그윽했다. 생각해보라! 서
문 할머니가 다려놓은 따근한 떠우지앙에 백두산 송이를 먹고 있는 나의 모
습을! 천하의 명군이라했던 당태종도 이와 같이 사치는 못해봤으리라!

날로 먹고 남는 송이는 프라이 팬에 데쳐먹으면 된다. 프라이 팬을 먼저
달구고(기름이 탈 듯한 온도로) 거기에 참기름을 약간 넉넉히 붓고 한 30초만
데쳐내면 온전한 송이의 맛이 보존된다. 살짝 소금을 뿌려 간을 맞추고 흰
쌀밥(냄비불로 다린 밥. 전기솥밥은 안된다)과 같이 먹으면 위대한 한 끼의 식사가
완성된다.

어제 아침 일찍 6시경 눈이 떠져서 눈이 계속 말똥말똥 하길래, 잠을 더
청하지 못하고 그동안 벼르던 "쉐이상스츠앙水上市場"을 가보기로 했다. 여기
"수水"라고 하는 것은 남북으로 흐르는 "옌지허煙集河"를 말하는 것이다. 옌
따에서 동쪽으로 있다. 그러니까 공원교를 넘자마자 북상하면 큰 시장이 나

오는 것이다. "수상시장"
이란 결국 엔지허 개울가
에 열리는 조시早市를 말
하는데, 새벽 5시부터 아
침 8시까지 열리는 우리
나라 옛날 시장과도 같은
곳이다. 모든 사람들이 나

보고 꼭 수상시장을 가보라고, 그곳이 연길 최대·최고의 명물이라고 했는데,
나는 아침 늦잠이 있는 버릇이라서 그곳을 가보지 못했던 것이다.

어제 하늘은 음산했다. 들어가는 입구언덕에 네온싸인이 들어오는데, "동
방수상시장東方水上市場"이라는 칼라풀한 글씨가 나타났다가 그것이 곧 "공
창매력연길共創魅力延吉"(매력적인 연길 도시를 같이 만들어 나갑시다)이라는 글씨
로 바뀐다. 아쭈, 구호치고는 조금 세련된 문구라 할 것이다. 뭐니뭐니해도
수상시장의 최대 매력은 "개고기"에 있는 것 같다. 연길은 개고기집산지로
유명한 곳이다. 여기 조선족 사람들이 개고기를 즐겨 먹는 것이다. 그러니
연길 최대시장에 개고기가 모여들 것은 뻔한 이치다.

우리나라에서는 못돼먹은 서양놈들의 눈치를 보느라고 개고기 유통이 공
공연한 자랑스러운 문화가 되어있질 못하다. 개고기를 먹는다는 것은 뭐 위
대한 문화라고 말할 수는 없다해도, 쇠고기를 그렇게 무지막지하게 대량으로
처먹는 서양인들보다는 더 합리적인, 더 아름다운 미풍양속이라 해야할 것이
다. 인류가 쇠고기나 돼지고기를 먹기위해 소·돼지를 대량 사육하게 되면 그
소·돼지를 키우기 위해 대량의 사료를 필요로 하게되고, 그 사료를 공급하기

위해 조성하는 초지는 인류의 기본적 생존의 터전을 앗아간다. 소·돼지고기를 먹기위해 그 소·돼지고기로 화하는 에너지의 코스트는 그냥 초식이나 다른 방식으로 단백질을 취하는 평범한 삶의 양식에 비해 약 6배나 더 많이 들게 된다. 식품의 낭비가 이만저만이 아닌 것이다. 뿐만 아니라 대량사육의 과정에서 발생하는 오염은 수질오염, 공기오염, 대지오염의 다양한 문제를 야기시킨다.

우리가 과거에 쇠고기나 돼지고기를 먹는다고 하는 것은, 농사를 짓는 과정에서 자연적으로 리드믹하게 발생하는 육류에 한정된 것이며, 그것은 기껏해야 일년에 한두 번 먹을까 말까한 것이었다. 요즈음처럼 본격적으로 육고

이것은 새벽 6시의 광경이다. 수상시장은 옌지허 강변에 널려있지만 주요상점라인은 여기서 보이는 건물기둥 안쪽으로 길게 나있다. 아침 7시 반만 돼도 여기는 이미 파시 분위기다. 나를 알아보고 깜짝 놀라 인사하는 사람들이 있었다: "아! 어떻게 도올 선생이 ⋯." 그 옆의 애기 업은 아줌마가 신기하게 쳐다본다: "이 사람이 뭐가 그렇게 유명한 사람일랑가 ⋯."

기를 하루종일 처먹기위해 동물을 사육한다고 하는 것은 인류의 지혜에 속하는 일이 아니었다. 이러한 과정에서 본다면, 개를 잡아먹는 습관도 그런 자연의 리듬에 따라 최소한의 육류를 취하는 방식으로 자연스럽게 생겨난 지혜에 속하는 양속이었을 것이다.

이러한 자연적 리듬에다가, "동물애호" 운운하면서, 개고기를 먹는 관습을 죄악시 한다면, 우리는 동물애호 운운하는 자들의 썩어빠진 "애완의 타락적 사고"를 먼저 성토해야 할 것이다. 동물을 애완하는 자들은 동물을 자기의 일방적 종속물로 만들며, 그만큼 휴먼 인카운터human encounter를 상실한 인간일 수도 있다. 인간의 인간에 대한 보편적 인仁의 감정을, 사감의 영역에 종속된 동물에 대한 애완의 정념으로 대치하고 있는 것이다. 자기 정신내면의 공허를 애완의 허구적 감정으로 메꾸고 있는 것이다. 어찌 사람을 위한 길과 공원에 개똥과 오줌을 뿌리고 다니며 하등의 죄책감을 느끼지 않을 수 있는가? 여하간 동물은 애완의 대상이 되어서는 아니된다.

개의 열반을 식품화하는 것은 너무도 정당한 것이다. 우리가 대학생일 때는 브리지뜨 바르도Brigitte Bardot라는 요염한 불란서 배우가 한국의 개고기 먹는 습관을 성토했는데, 그녀의 삶 자체가 그러한 발언을 할만큼 도덕적이지도 상식적이지도 않다. 그런데 그런 하찮은 인간의 발언 때문에 한국정부가 대책을 세우는 등 … 하여튼 한국인의 서구존중의 미신은 오늘의 맹목적인 친미親美에까지 계승되고 있는 것이다. 이슬람이 돼지고기를 먹지 않는 것이나, 인도인이 소고기를 먹지 않는 것, 그리고 중국인이나 한국인이 개고기를 먹는 것은 그 나름대로의 풍토에서 자연스럽게 생겨날 수밖에 없었던 구조적인 이유가 있는 것이다.

하여튼 수상시장 입구로부터 정육점에 놓여 있는 개고기의 모습은 장관이었다. 우리는 개들의 털을 불에 태우기 때문에 개고기는 시꺼먼 게 특징인데, 연변에서는 개를 불로 끄슬리지 않고 털을 제거하는 특별한 기술이 있는 것 같다. 털만 깨끗이 제거되고 하얗게 피부가 노출된 온전한 모습의 개들이 모두 4발괴 꼬리를 쭉 뻗치고 하늘을 향해 누워있었다. 개들 하나 하나가 모두 표정이 있었는데 그 일그러진 표정은 기나긴 윤회의 모든 고뇌를 압축하고 있는 모습이었다. 수십마리가 일렬로 그렇게 누워 도열하고 있는 모습은 진실로 연길에서만 볼 수 있는 특별한 경관이었다. 손님이 개를 지정하면 그 자리에서 거대한 식도로 팍팍 개를 잘라내어 요리용으로 만들어 준다.

희한한 요리는 개고기뿐이 아니었다. 식용개구리의 모습, 그 모습은 새까맣고 두꺼비에 가까웠다. 그리고 산 자라·거북이의 모습, 희한한 약재, 약초,

산삼, 장뇌삼, 송이버섯 등등 온갖 몸에 좋다는 것은 다 진열되어 있었다.

그런데 그 중 나의 시선을 끈 것은 탄쯔攤子에 펼쳐놓은 책들이었다. 나는 놀라운 책을 하나 발견했다. 나는 연변자치주를 수립하는데 최대의 공헌을 했고, 연변대학을 창립하고 초대총장을 지내신 주덕해朱德海, 1911~1972의 평전을 발견한 것이다. 나는 이곳에 살면서 이곳을 만들어간 사람들의 이야기에 관심이 있었는데, 연변조선족자치주의 성립에 가장 큰 공헌을 한 주덕해라는 인물의 삶에 각별한 관심이 있었다. 그래서 나는 『주덕해평전』이라는 책이 있다는 소리를 들었기 때문에, 그 책을 대학본부선전부에 구해달라고 부탁했다. 그런데 며칠 있다가 기껏하는 소리가 없다는 것이다.

여기서는 항상 가부가 명료하다. 무엇을 물어보아도, 자기들이 들은 바가

탄쯔의 주인공. 신이 나서 손을 흔든다. 가운데 쌀포대가 이날 내가 산 책들.

없으면 그냥 그런거 없다고 말한다. 모르면 존재자체가 사라지는 것이다. 안타까웠다. 연길에는 우리 수준에서 책방이라고 말할 수 있는 것이 별로 없다. "신후아수띠엔新華書店"이라는 것이 사방에 있기는 한데, 들어가 보면 너무도 한산하다. 서종書種이 극히 제한되어 있어 같은 책들만 주욱 꽂혀있다. 선전부에서 없다고 하니 어디서 구할 길이 없었다. 그런데 정겨웁게 보이는 인민복차림의 주덕해선생의 사진이 표지에 나와있는 평전이 탄쯔 한가운데 자리잡고 있는 것이다(나중에 시내에 있는 신화서점 본점에서『주덕해평전』이 새 책으로 있는 것을 발견했다. 그런데도 대학본부에서 "그런 책 없다"고 말한 것은 참으로 무책임한 발언이다. 탄쯔의 주인도 이 책은 희귀본이라고 구라를 쳤다. 그래서 새 책값으로 헌 책을 샀다).

최국철 저,『주덕해평전』
(연변인민출판사·민족출판사, 2012)

주덕해의 본명은 오기섭吳基涉이다. 1911년 3월 5일, 러시아 연해주지역의 도베야라고 불리는 한 시골마을에서 출생했다. 그러나 소년기는 길림성 화룡현 수동촌에서 보내었고, 청년기부터는 북만일대에서 항일운동에 투신하였다. 1930년 중국공산주의청년단에 가입했고, 1931년에는 중국공산당에 정식으로 가입한다. 그리고 동북항일련군의 주요 멤바로서(제3군 신편2단 류수처당지부 서기) 항일투쟁의 찬란한 경력을 쌓는다. 독립운동사를 연구하다보면, 동인물에 대한 이명異名이 성까지 마구 변하는 아주 제멋대로의 방식을 취할 때가 많은데 그것은 일본군경의 추적을 피하기 위하여 그렇게 엉뚱하게 다른 이름을 사용하곤 한다. 주덕해는 1934년까지만 해도 오기섭이라는 이름으로 불리웠는데 그 후 전사로 혁명가로서 거듭나면서 주덕해로 이름을 바꾼다.

그는 1937년 1월 장기간의 노력끝에 어렵게 코민테른에서 모스크바에 설립한 동방로동자공산대학에 입학하는 행운의 기회를 얻는다. 이 때 동방로동대학(=동방로동자공산대학)에 입학한 조선인들로서는 선후로 림민호, 조봉암, 주세죽, 허정숙, 방호산, 리림, 리한무, 주춘길, 김일, 전우, 진방수, 진옥, 김삼 등이 있다. 주덕해는 이 학교가 1938년 소독전쟁으로 폐교되기까지 머물렀다. 2년동안의 학습기간을 통하여 주덕해는 소련사회주의 모델을 가슴으로 익히면서 공산주의신념을 굳건하게 만들었고, 더 나아가 중국혁명과 조선혁명을 국제적인 공산운동의 시야에서 폭넓게 바라보는 관점을 마련했다. 동방

나는 2005년 6월 2일, 중국공산당의 혁명성지인 연안 왕가평을 방문했다. 입구 아치 위에 "팔로군총사령부주지왕가평八路軍總司令部住址王家坪"이라고 써있다. 팔로군총부는 1938년 11월부터 1947년 3월까지 여기서 머물다가 장개석의 연안공격으로 섬북으로 기지를 옮기고 해방전쟁을 수행한다. 이 안에는 군위예당軍委禮堂, 군위회의실, 정치부회의실, 주은래, 모택동, 주덕, 팽덕회의 구거가 있다. 한국인이라도 한번 가볼 만한 곳이다. 감회가 깊다. 주덕해는 이곳 마당에서 분주하게 일하며 다녔을 것이다.

로동자대학이야말로 주덕해가 혁명가, 정치가로서 성장하는 중요한 병참기지였던 것이다. 그리고 주덕해는 중국혁명가들의 성지라고 할 수 있는 연안으로 진출했다.

1939년부터 45년까지 연안에 머물면서 중국혁명의 주류속에서 활약하고 폭넓은 인맥을 구축하였다. 주덕해는 팔로군 359려 718단 한 특무련에서 지도

조선혁명군정대학이라고는 하지만 실제로 그 규모는 클 수가 없었다. 연안이라는 곳이 황하 상류의 황토흙지대이고 사람 사는 곳은 모두 황토산 벽속에 구멍을 뚫은, 문자 그대로의 토굴이었다. 조선혁명군정학교의 팻말은 남아있었으나(아마도 이 팻말조차 지금은 사라졌을 것이다) 실제로 그 유지가 어디인지를 아는 사람이 없었다. 물어물어 찾아낸 조선혁명군정학교의 원 모습을 보존하고 있는 유지가 바로 여기였다. 이 안에는 지금 중국인 주민이 살고 있었다. 이 학교는 1942년 11월 1일에 화북 태항산 마전에서 개교했는데 1944년 1월에 그곳을 떠나 3개월의 행군을 거쳐 4월 7일 연안에 도착했다. 그해 12월 10일 교사를 낙성했다. 조선인 박일우朴一禹 부교장이 중공7대에서 감동적 연설을 행한 신화는 중공 청사에 지금도 빛나고 있다.

원으로 복무를 했고, 8단에서 공급처 지도원으로, 다시 조선혁명군정대학에서 관리처장으로 활약하면서 착실하게 입지를 굳혀나갔다. 주덕해는 항일련군출신의 중국공산당원이었기에 항상 중국혁명과 조선혁명의 연대적 관계와 특수모식에 관해 고민했다. 조선혁명군정대학에서 조선의용대출신과 항일투사들이 연안에서 합류하고, 또 연안의 혁명기류에 포섭되는 과정을 지켜보면서 중국혁명 속에서의 조국 조선의 명운이 어떻게 되어야하는가에 관해 고민했던 것이다.

이러한 모든 문제의식이 표면의 긴박한 과제상황으로 부상한 것은 아이러니칼하게도 8·15해방이후의 일이다. 8·15해방 그 자체는 우리민족이 스스로 쟁취한 사건이 아니다. 8·15가 "해방"이지 "독립"은 아니다. 일제의 마수에서 우리민족이 풀려(解) 놓여진(放) 사건일 뿐인데, 그 사건의 주체라는 것은 일본의 항복이고 강대열국간의 타협이다. 따라서 조선이라는 해방된(풀려놓여진) 공간을 누가 점유하느냐 하는 문제에 관하여서는 어느 누구도 그 정통성이나 정당성을 독점할 수 있는 주체가 없었다. 그러니까 이러한 상황에서는 누가 그 공간을 권력적으로 장악하느냐 하는 문제는 "운 좋고 재빠른 놈이 장땡"이라는 결론밖에는 없다. 그러나 "잽싸게 운 좋은 놈"의 최적여건은 "줄을 잘타야 한다"는 것이다. 여기서 "줄"이란 조선해방의 뒷처리를 담당하는 강대국의 빽줄을 의미하는 것이다. 우리가 아시다시피, 그 빽줄은 미국과 소련이었다. 다시 말해서 중국이 개입할 여지가 없었다는 것이다. 왜 그런가?

중국은 일본이라는 적수가 사라지자마자 곧 집안분규에 휩싸여 밖을 관리할 수 있는 여념이 없었다. 일본이라는 적이 사라진다는 것은 곧 "동북항일련군"이라는 실체가 사라진다는 것을 의미한다. 항일련군이란 일본이 있을 때만 의미를 갖는 것이다. 이미 동북항일련군은 양 징위楊靖宇, 1905~1940와 같은 거대한 지도자가 일본군의 집중토벌작전에 의하여 밀리고 또 밀리다가 장렬하게 궤멸되고 마는 시점에 이미 그 지속의 동력을 상실하고 만다. 그 대운이 기울어지는 것을 파악한 김일성은 미적거림없이 중국을 떠나 소련으로 튀었다. 하바로프스크 소련 88국제여단의 소련군 장교로 둔갑한다. 조선반도의 뒷처리를 장악한 소련의 입장에서는 러시아어·중국어·한국어에 능통한 청년장교 김일성 이상의 연줄을 찾을 수 없었다. 미국의 입장에서도 상해임시정부의 초대대통령의 공식경력을 가지고 있으면서 미국내에서 다양한 외교활동을 벌여왔던 노회한 지식인 이승만 이상의 "안전빵 연줄"을 찾기 어려웠을 것이다.

양정우楊靖宇, 1905. 2. 26.~1940. 2. 23.와 그의 포고문. 양정우는 대지주 가정에서 태어나, 1923년 하남성립제1공업학교를 들어갔고, 1926년에는 중국공산주의청년단에 들어가 농민운동을 영도했다. 1929년에 그는 동북에 와서, 9·18사변 이후부터 맹렬한 항일운동을 시작한다. 그는 일본군에게 가장 공포스러운 명장이었다. 동북항일련군 제1로군의 총사령, 중공 만주성위의 군위대리서기를 담임하였다. 동북항일련군의 최고리더였으며 김일성은 그를 매우 존경했다. 김일성은 말한다: "양정우의 두 눈은 유난히 빛났고 사람을 흡인하는 힘이 있었다. 사람값이 천금이라면 눈값은 800금이다. 양정우의 눈을 보자마자 나는 그가 충후하고 열정이 넘치는 사나이라는 것을 알았다." 신중국성립공로자 100명 중의 한 사람.

그러나 과연 중국의 입장에서 조선이라는 해방공간을 미소에만 맡겨두고 수수방관만 하고 있었을 것인가? 사실 중국대륙에서 중국혁명에 헌신한 모든 조선인들은 "조선의 독립"이라는 테제와 무관하게 활동한 사람은 존재하지

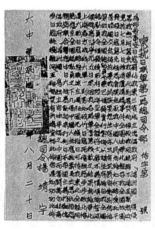

않는다. 그들에게 중국혁명이란 그것이 항일전선이었던 공산혁명이었던 모두 조선의 독립이라는 테제안에 포섭되는 문제였다. 따라서 조선의 해방공간에 대하여 조선의용군의 리더든지, 연안의 혁명기지에서 활약한 중국공산혁명의 리더든지, 동북항일련군에서 활약한 리더든지, 이들은 모두 김일성 못지않은 자격을 지니는 조선역사의 리더였다. 사실 중국혁명의 주류에서 본다면 김일성은 중앙과의 연계를 지니지 못한 변방의 빨치산 리더였고, 결코 친

김일성이 하바로프스크로 가게 된 것은 양정우가 장렬하게 전사한 후에 동북항일련군을 지대로 재편성하여 그 주력을 소련 영내로 월경시켰기 때문이었다. 김일성이 주둔한 곳은 "바스코예A야영"이라는 곳이었는데, 아무르강변에 있기 때문에 A야영이라고 불렀다. 이 사진의 현장이 바로 김일성 88특별여단의 주둔지이다. 옛 건물의 사진과 현재의 모습을 같이 실었는데, 이 오두막집이 지금 남아있는지조차 잘 알 수가 없다. 나는 2005년 4월 19일, 이곳을 방문했다.

근한 얼굴이 아니었다. 결국 김일성을 오늘의 김
일성으로 만든 것은 하바로프스크행이었고, 소
련연줄이었다.

하여튼 일본의 패망이 목전에 다가왔을 즈음
팔로군의 총사령관 주 떠朱德, 1886~1976(마오 쩌뚱
보다도 7세 연장이며 인민해방군의 창립자인 중국 혁명
의 최원로 중의 한 사람. 전술)는 동북에서 활약하고
있는 조선의용군에게 조선진출을 목표로 한 동
원령을 내린다. 『주덕해평전』의 저자는 "연안에
서 주덕의 6호명령을 받고 조선진출을 목표로 심
양까지 나왔다가 포츠담선언에 부딪히면서 무산
되었다"라고 기술하고 있는데, 그 명료한 자료
제시가 없어서 구체적인 정황은 알 길이 없으나,
동북무장세력의 조선진출은 원천적으로 봉쇄되

이 사진은 1945년 8월 일본이 패망한 후에 동북의 상황을 보여주는 위대한 사진 중의 하나이다. 이것은 1945년 11월 7일 심양에 집결한 조선의용군의 모습이다. 지금 심양엘 가봐도 이 역사의 모습은 그대로 남아있다. 역사의 오른편에 스탈린의 사진이 걸려 있다. 이것은 무엇을 의미하는가? 당시 동북을 해방시킨 것은 소련이었다. 공산당이 아니었다. 그리고 포츠담선언에서 중공은 도외시되었다. 다시 말해서 이 지역을 장개석이 떠맡게 된 것이다. 그러나 조선의용군은 장개석을 지원할 까닭이 없다. 그들은 굳게 뭉쳐 중국공산당을 지원했던 것이다. 동북은 조선의용군의 힘에 의하여 공산당이 안착할 수 있었던 것이다. 왼쪽 상단의 사진은 연변에 진출한 조선의용군 제5지대의 씩씩한 모습이다(1945년 12월, 연길).

9월 30일

조선의용군이 가장 많은 실전을 수행한 태항산 지역! 이 태항산 자락에 조선혁명
군정학교가 최초로 결성되었다. 1942년 5월 25일, 일본군의 참빗작전 속에 마친
팔로군총부를 십자령 너머로 퇴각시키는 데 혁혁한 공로를 세운 좌권 장군, 석정
윤세주, 진광화의 무덤과 기념비가 이 지역에 아직도 웅장하게 자리잡고 있다.

었다는 것을 의미한다. 다시 말해서 한국의 전후처리를 논한 포츠담선언(포츠담Potsdam은 베를린 서남방 교외에 있다)에서 중공이 전혀 이니시어티브를 잡을 수 없었다는 것을 의미한다.

중국의 대표는 지앙 지에스였지 마오 쩌뚱이 아니었다. 지앙은 당시 한국문제에 적극적으로 개입할 여가가 없었다. 그리고 뒤늦게 소련의 스탈린 수상이 참여하여 선언문에 함께 서명함에 따라, 이미 한국문제가 소련과 미국 사이에서 요리되는 반찬으로 종결되었다는 것을 의미한다. 따라서 중공은 무리한 조선진출을 기획할 수가 없었다. 동북의 한민족공동체의 운명에 관하여 가장 심오하고 넓은 관심을 지녀왔고 행동수반의 역할을 수행했던 주덕

풍요롭고 아름다운 땅, 연변지역 조선농민의 모습. 주덕해는 말한다:
"이 땅을 버리고 어디로 간단 말입니까?"

해에게는 조선진출이 봉쇄됨으로써 크나 큰 좌절을 맛봐야 했고, 또 동북의 조선동포의 운명에 관하여 명료한 인식을 재정립하게 된 것이다.

당시 동북의 조선인들은 우선 자신의 아이덴티티에 관하여 명료한 인식이 없었다. 자기가 중국인인지, 한국인인지, 그냥 조선에서 건너온 교민정도인지 잘 알수가 없었고, 또 무엇을 위하여 어떻게 살아야할지에 관해 원대한 포부를 지닐 수 없었다. 더구나 그 지겹고 끔찍한 일본제국주의자들이 패망하고 고국땅이 해방되었다는 소식은 그들의 삶의 행방에 관하여 깊은 고

연변의 조선족마을은 인정과 미풍양속이 넘치는 곳이었다. 『발자취총서』에서

민을 안겨주었다. 8·15해방이전 통계로 동북에 살고 있었던 조선족총인구는 216만 정도로 추정된다.

그러나 8·15해방을 전후로 해서 이 인구는 "민족대이동"을 시작하였던 것이다. 1945년 시점의 상황에서 만약 중국이 통일을 완수하고 국가로서의 명료한 청사진을 제시했다고 한다면, 동북의 조선인들이 서둘러 귀국하는 동요가 없었을 것이다. 만약 마오가 통일된 중국의 리더로서 포츠담선언Potsdam

Declaration에 싸인을 했다고 한다면, 당연히 조선의 남·북 분열은 세계사의 페이지에 등장하는 일이 없었을 것이다. 김일성이나 이승만과 같은 변방적 인물이 해방 후 조선의 리더로서 무리하게 권력을 장악하는 일도 없었을 것이다.

그런데 여하튼 조선은 해방공간이 된 반면, 중국은 치열한 국공내전에 돌입해야 했다. 동북에 진출한 조선의용군도 조선진출의 꿈을 꺾고, 당면한 동북의 인민해방전선에 국궁진췌鞠躬盡瘁, 있는 힘을 다해야 했다. 그러나 중국의 이러한 혼란을 피해 고국으로 이주한 조선의 동포들은 8·15 전후로 하여 약 100만명에 이르렀다. 이러한 혼란기에 동만, 북만, 남만의 동포들은 갈팡질팡하고 있었던 것이다. 이러한 정체성의 혼란기에 동북의 동포들에게 명료한 청사진과 가치관을 제시한 위대한 영도자가 바로 주덕해였다.

주덕해는 이 혼란시기에 동북지역을 다니면서 외쳤다. 그가 말한 것은 이데올로기가 아니었고 민중의 절절한 현실이었다:

"당신들은 왜 여기에 왔습니까? 무슨 이념을 실현하기 위하여 왔습니까? 당신들은 배고파서, 땅이 없어서, 농사지으러 바로 이 땅에 온 것입니다. 우리는 이미 반세기가 넘도록 이 땅을 개간하고 논밭을 만들며 어렵게 어렵게 생활터전을 닦아나갔습니다. 이제 이 땅은 우리 민족의 삶의 근간이 되었습니다. 우리가 특정시기의 이주민이라서 다시 조선으로 돌아가야 한다는 주장은 편면적입니다. 우리의 삶 그 자체가 되어버린 이 땅을 버리고 어디로 간단 말입니까? 어디로 간들 무슨 보장이 있습니까? 우리는 이 땅의 주인입니다. 이 땅의 주인으로서의 의식과 자세를 갖지 못하면 우리는 하루아침에 남의 땅에서 천시당하는 천덕꾸러기로 전락하고 마는 것입니다. 우리의 주체가 확립되어야만 남들이 믿어주는 것입니다. 조선민족의 번영과 발전은 이런 자세가 기초가 되어야 합니다. 이 땅을 버리고 어디로 간단 말입니까?"

사실 주덕해가 이러한 멧세지를 설파한 시점은 1949년 중화인민공화국이 성립하기 이전의 불안한 시기였으므로, 이러한 명료한 관점을 표방한다고 하는 것은 보통의 신념으로는 이루어갈 수 없는 것이다. 주덕해는 진실로 광대한 시야와 거시적 역사의식을 소유한 인물이었다. 그는 그러한 문제의식 속에서 1945년~49년의 기간동안 조선청년들을 격려하여 인민해방군의 영도하에 국민당과의 싸움에 적극 참여하여 빛나는 승리를 쟁취하도록 하는 한편, 중공중앙과의 연계속에서 일정한 구역을 조선민족의 자치구로 만드는 구역자치안을 력설하였던 것이다.

이 구역자치안은 어찌보면 중앙에서 보면 분열주의로도 비칠 수 있는 여지가 있지만, 워낙 동북지역의 해방투쟁이 8·90% 조선인의 노력에 의거한 것이기 때문에 의리상 그러한 오해의 소지가 없었다. 그만큼 중국공산당과 우리민족의 해방투쟁은 오랜 역사를 거치면서 일체감·연대감을 확보하였던 것이다. 조선의용군의 선전공작이 없이는 인민해방군은 소기의 전술전략적 성과를 올릴 수 없었다. 중국인민해방군 군가의 작자가 전남 광주출신의 정률성鄭律成, 1918~76이라는 사실은 그러한 유대감의 일면을 잘 설명해주는 것이다.

주덕해는 연안에서 양림, 무정, 서휘(리휘), 최창익, 허정숙, 진광화, 석정 윤세

주, 정률성, 김웅(왕자인) 등등의 수많은 조선의 영웅들과 깊은 교분을 나누었다. 주덕해는 모택동과 모택동의 심복 왕진상장(上將)의 주선으로 정률성을 만났고(정률성은 연안에서 모택동의 사랑과 존경을 받는 확고한 위치에 있었던 큰 인물이었다) 같이 주덕총사령관의 집에서 식사를 했다. 주덕해는 음악가다운 정률성의 감수성과 예술열정을 존중했고, 정률성은 주덕해의 폭넓은 인간성과 조직력, 그리고 강렬한 민족자부심을 존중했다. 두 사람은 깊은 우정을 맺었던 것이다(주덕해가 7년 연상이다). 주덕해가 연변지역에서 문예선전대 활동과 교육·학문활동을 중시하게 되는 것도 정률성과의 우정의 영향이 컸다.

하여튼 동북지역에 진출한 10만여 명에 이르는 팔로군·신사군 부대들과 2만여 명의 한족 간부들이 조선족집거구역에서 근거지를 튼튼히 구축할 수 있었던 것은 항일련군내의 조선민족투사들과 조선의용군투사들이 혁명단체를

정률성鄭律成, 1918~1976을 아직 많은 중국인들이 중국사람으로 알고 있고, 『중국인민해방군가』의 작곡자인 그가 우리나라 전남 광주 태생의 순한국인이라고 말하면 펄펄 뛰면서 화를 내는 사람도 많다. 그는 1933년 남경으로 건너가 약산 김원봉이 세운 의열단의 조선혁명간부학교를 졸업하였다. 연안 노신예술학원 음악학부에서 공부했고, 그곳의 교수가 되어 활약했다. 그는 작곡자일 뿐 아니라 "동방의 카루소"라고 불릴 정도로 노래를 잘 불렀다(테너가수였다). 1945년 12월, 그가 평양으로 간 후 그는 조선인민군협주단을 만들었고 또 『조선인민군행진곡』을 작곡했다. 윗 사진은 그가 협주단원을 이끌고 북한 지도부사람들과 기념촬영을 한 것인데(1948), 앞 줄 왼쪽에서 네 번째가 약산 김원봉이고, 한 사람 건너서부터 김두봉, 김일성, 박헌영이 앉아 있다. 본인은 넷째 줄 중앙에 있다. 왼쪽의 사진은 모친 최영은 여사와 북경에서 찍은 것인데, 최여사는 유서 깊은 사대부 가문의 사람이며 그의 자녀들이 모두 교육을 잘 받았고 항일투쟁에 헌신하였다. 사진은 이종한의 『정율성평전』(지식산업사, 2006)에 의함.

건설하고 인민무장대오를 조직하여 공산정권을 수립할 수 있는 기초를 닦아놓은 사실과 분리해서 생각할 수 없다. 해방전쟁기간에도 전 동북에서 약 6만 3천여 명의 우리민족 청장년들이 인민해방군에 입대하였는데 이것은 우리민족 매 17명당 1명이 참군하였다는 것을 말해준다. 그 가운데서 조선족이 집중된 연변 5개현에서만 해도 3만 4,855명이 참군하였는데 전 연변 참군자 총수의 85%를 차지한다. 3년해방전쟁기간에 연변 5개현에서 담가대, 운수대 등 전선근무에 참가한 사람은 연인원 20만 2,300명이었고, 우마차 등 여러가지 운수도구는

1만 9,200대가 동원되었다. 전선근무에 나간 우리민족의 농민·로동자·학생들은 적의 포화를 무릅쓰고 전선에 탄약과 식료품을 나르고 부상병을 후방으로 이송하였다. 그들은 해방전쟁의 승리를 위해 빛나는 공훈을 세웠다.

주덕해는 바로 이러한 공훈을 배경으로 자치구 구상을 강력히 밀고 나갔던 것이다. 다행히 이러한 구상을 깊게 이해해주고 대폭적으로 지지한 강력한 인물이 있었으니, 그가 바로, 동북항일련군의 지도자(제5군장)였으며 김일성과 같이 소련영내로 들어가 그를 끝까지 후견해준 김일성의 은인이자, 당시 길림성 성장이었던 저우 빠오종周保中, 1902~64이었다. 주덕해는 자신의 구상에 관하여 "그것은 배타성과 족장적 관습이 아니다. 타관땅을 개척했던 집단체의 동질성확보와 정체성에 대한 부단한 확인으로 보아야 한다. 다시 말해서 조선인들의 소속근거는 중국에서 땅을 개척하는 그 시각부터 이미 특정한 문화를 공유하는 민족공동체로서 시작되었기 때문에, 구역자치만이 중국현실체제에 적응되고 생존에 부합되며 우리민족의 정치적 지위를 확보할 수 있다"라는 명확한 입론으로서 못을 박았다. 저우 빠오종은 공화국 창립전야인 1949년 8월, 운남성으로 전근되어가기 전에(雲南省政府副主席), 중공중앙 마오 쩌뚱주석에게 편지를 보내었다: "먼저 연길지구에서 민족자치를 실현하는 것이 최상책이라고 생각합니다." 우리민족은 이 저우 빠오종이라는 고마운 인물을 기억해야 할 것이다(저우는 생긴 것만 보아도 매우 도량이 크고 인자한, 인간적인 인간이었다).

조선족에게 너무도 고마운 사람 주보중周保中

공화국이 창건되기 직전, 주덕의 "중국인민해방군총부명령"이 하달되면서 전 중국의 해방이 초읽기에 들어갔다. 이때 1949년 6월 15일부터 19일까지 뻬이핑에서 정치협상준비위원회 제1차 전체회의가 소집되었다(우리나라의 건준과 같은 느낌). 이 회의에는 전국적으로 중국공산당, 각 민주당파, 각 인민단체, 각 지구, 인민해방군, 각 소수민족 23지구에서 134명의 대표가 참가하여 정치협상회의의 조례와 공동강령, 정부방안과 선언을 기초하고, 새 중국의 국기, 국가, 국장 도안을 제정했는데, 이 영예로운 역사적 134명 중의 한 사람이 주덕해였다. 이 회의에서 180명의 전국위원회 위원이 탄생하였는데 주덕해도 위원으로 선거되었던 것이다.

이 인민해방투쟁시기에 주덕해가 "구역자치안"을 강력히 추진해나가는 그 이면에 같이 염두에 두었던 두가지 사태를 꼭 같이 언급해야 한다. 첫째는 교육이다. 주덕해는 자치구를 성립시키기 위해서는 반드시 그 자치구의 정신적 백본back bone을 형성하는 교육이라고 하는 시스템이 활성화되지 않고서는 불가능하며, 가능하다해도 민족정체성을 유지할 길이 없다고 보았던 것이다. 그런데 조선민족의 교육열, 향학열은 참으로 놀라운 것이다. 1906년 보재 이상설이 용정에 서전서숙을 창립하고, 1908년 김약연이 용정외곽 명동촌에 명동학교를 설립한 이래, 조선민족은 진달래가 피는 골골마다 수없이 학교를 세웠다. 이 교육열의 측면에서는 조선민족은 중국내에 존재하는 어느 소수민족보다도 선진의 전통을 지니고 있었다.

1935년 봄, 주덕해는 동북인민혁명군 제1단에서 류수처留守處 사업을 하였는데 그는 병으로 인하여 부대를 따라 떠나질 못하고, 소석향 수전촌이라는 곳에서 요양을 하게 되었다. 그해 7월, 주덕해는 수전촌 태창수 농민네 집에 있으면서 비밀리 유격대 조직사업을 하는 한편, 태창수의 집에다가 항일야학을 꾸렸다. 주덕해는 당시 24세였다. 그의 교육열정은 이때부터 이미 야학운동으로 시작되었던 것이다. 주덕해가 북만땅에 꾸린 야학교는 당시 최용건이 보청현에 꾸린 "군정강습소," 조상지가 바랑허골짜기에 꾸린 "제3군사령부전신학교," 허형식이 방정현에 꾸린 "단기훈련반" 등등의 학교와 함께 일제강점시기 중국공산당이 영도한 항일교육 기초시설의 역사에 당당한 한 페이지를 장식하고 있다. 그 후로 주덕해는 하얼삔제3지대 시절부터 북만땅에서 2만명이상의 조선족인재를 양성해내 유서깊은 "상지중학교"를 창설했고, 연변진출 후에는 연변대학의 모체가 되는 여러 단과대학을 창설하였다.

연변대학은 중국 소수민족지역에서 가장 일찍 설립한 민족종합대학으로 그 설립시기가 중화인민공화국의 성립보다 빠르다. 1948년 10월부터 논의가 시작되어 1949년 3월 20일에는 연길시 스탈린극장에서 연변대학 개학식이 거행되었던 것이다. 교명은 "동북조선인민대학"에서 "연길대학"으로, 다시 "연변대학"으로 확정되어 4월 13일 동북행정위원회의 비준을 받았다. 주덕해가 초대 총장, 림민호가 부총장, 김유훈이 교무처 처장, 박규찬이 비서처 처장을 맡았다. 주보중은 연변대학이 창립될 때, 개인의 명의로, 연변대학에 화물자동차 한대, 피아노 한대, 주단 한필을 증송贈送하였다. 참 눈물겨운 정경이다. 주덕해는 이러한 교육기관의 창설이야말로 민족자치구의 성립을 확고하게 만들수 있는 첩경이라고 생각했던 것이다. 주덕해는 초대총장으로서 연변대학 10대 운영방침, 연변대학 12년 교육사업 발전계획, 12년 과학연구계획의 제정에 직접 참여하였다.

주덕해가 노력한 교육체제정비사업은 여기에 그치지 않았다. 그는 유치원 교육으로부터 소학교, 중고등학교, 대학교육에 이르기까지의 완전한 교육체제를 확립하여 인재양성에 필요한 기본적 토대를 확고하게 쌓아나갔다. 그는 다양한 분야에 걸쳐 훌륭한 인재들을 후하게 대접하여 선생으로 모셔왔다.

또 하나는 토지개혁에 관한 것이다. 인민들이 안심하고 동북지역에서 살 수 있는 기반은 결국 "땅"이다. 해방투쟁기간에도 중공은 민중들에게 토지를 무상으로 배분하는 정책을 과감하게 밀고 나갔다. 토지개혁을 통하여 봉건적인 토지관계와 착취제도를 철폐하고, 빈하중농(모택동은 1927년 논문 「호남농민운동고찰보고」에서 중국의 농민은 부농, 중농, 빈농의 3종이 있다고 말했다. "빈하중농"은 빈농과 중농 중에서도 하층의 중하농을 의미한다. 빈하중농은 문혁 때 제일 자랑스러운 계급이 되었다)을 골간으로 하는 농민들이 주권을 쥐게 되었으며 땅을 분여받았다.

주덕해는 말한다: "토지개혁중에서 동북조선인민의 95%를 차지한 농민은 모두 마찬가지로 토지, 마소와 가옥을 나누어 가졌다. 20만 농호 매호에 평균 비옥한 논 한쌍 7무畝(한 무가 666.7m²)씩 나누었다… 정치건설에 있어서도 동북의 조선인민은 이미 자기 운명의 주인공으로 되었다. 전 동북조선인민의 74%를 차지한 길림·연변지구에 있어서 전원공서로부터 구·촌에 이르기까지 절대 대부분이 모두 조선인민이 자기절로(스스로) 선거한 조선간부이다." 이렇게 하부구조와 상부구조를 모두 갖추면서 자치구의 구상을 현실화시켜 나갔던 것이다.

1949년 10월 16일 소조한 가을 날, 햇볕은 연길역의 낡은 정거장 지붕 위에서 따갑게 재글거렸다. 상공에서는 가을 잠자리 떼들이 유유히 날아예고, 역사 북쪽으로 펼쳐진 휘연한 논벌에는 황금의 벼파도가 물결치면서 벼가 익는 매틀한 냄새를 실어왔다(『평전』기자의 표현임). 연길시민 5천여명이 입추의 여지도 없이 역광장을 메웠다.

"온다! 온다! 기차가 온다!"

  조선의용군행진곡이 울려퍼지고 시민과 학생들이 일제히 색기를 흔들며
환호하였다. 이것은 연길의 동포들이 중국인민정치협상회의 제1기 전국위원
회 제1차회의와 천안문 광장에서 열린 중화인민공화국 개국선포의식에 출석
하고 돌아오는 주덕해를 맞이하는 환영식행사였다. 아마도 이 날의 열렬한

환호야말로 주덕해, 인간 오기섭의 가장 행복한 순간이었을 것이다.

　그는 북경으로 떠나기 전에 『동북조선인민보』(연변일보의 전신)의 기자와 인터뷰를 했는데, 8월 29일자로 등재된 기사의 일단은 다음과 같다: "인민 자신이 대표를 선거, 파견하여 자기의 정권을 조직하고 자기의 령도자를 선거하게 하는 이러한 광범한 고도의 민주정치생활은 우리 동북조선인민으로서는 재래로 없었던 것이다. 동북조선민족의 백여년래의 력사는 즉 한책의 피눈물로 물들인 압박받던 력사이다."

　해방투쟁(제2차 국공내전시기) 3년이래 참군한 조선의 청년의 총계는 전 인구의 5% 이상을 차지하였던 것이다. 이 당시 어떤 사람들은 "무산계급의 조국은 소련이고, 민족의 조국은 조선이며, 현실의 조국은 중국이다"라는 다조국론을 운위하고 있었다. 주덕해는 이러한 견해야말로 조선인들의 소속감을 상실시키는 위험한 발상이라고 생각했다.

　주덕해는 말한다: "조선사람들은 다른 형제민족과 함께 광활한 북만·동만·남만 지구를 개척하였고, 여러 민족 인민들과 함께 반제·반봉건 투쟁을 벌여왔으며, 중화인민공화국의 창건을 위하여 우리민족공동체의 모든 힘을 기여하였습니다. 우리민족의 이 영광스러운 력사를 그 누구도 부인할 수 없습니다. 조선사람들은 중화민족의 떳떳한 가족입니다."

　중화민족의 떳떳한 일원으로서 조선민족의 확고한 아이덴티티를 지니자고 역설하는 주덕해의 논리야말로 당시의 복잡한 상황에서 선택할 수 있는 최상의 방편이었고 정도正道였으며 당위였다. 주덕해의 이러한 비전이 중공의 소수민족정책의 보편적 모델로 발전한 것이다.

1952년 9월 3일, 연변인민들은 드디어 민족구역자치의 새 역사의 장을 열었다. 1951년 주덕해와 최채는 뻬이징으로 가서 건국 2돐 경축활동에 참가했고, 그때 전국정치협상회의에서 주덕해는 연변이 조선민족자치구를 건립할 수 있는 주관조건과 객관조건을 다 구비하였으므로 중앙정부에서 조선족인민의 요구를 비준하여줄 것을 요청했다. 뻬이징의 흔쾌한 대답을 들은 주덕해는 연변에 돌아오자마자 "연변조선민족자치구준비위원회"를 건립하고 밑그림을 그리기 시작했다. 그리고 그 기본골격을 완성에로 이끌었다.

1952년 9월 3일, 연길시 인민광장에는 3만명의 군중들이 운집하였던 것이다. 내가 연길공항에 내린 날이 공교롭게도 9월 3일이었다. 지금도 연길에서는 9월 3일을 연변지치주성립기념 공휴일로 축하하고 있다. 그러나 인민광장을 메웠던 그 헤아릴 수 없이 많은 사람들의 함성과 감격과 회한과 감동을 가슴으로 기억하는 사람이 과연 몇명이나 있을까? 1952년 9월 3일에 성립한 인민정부의 정식명칭은 "연변조선민족자치구"였다. 그리고 1955년 12월 중화인민공화국 헌법의 규정에 의거하여 "자치구"는 "자치주"가 되었고, "조선민족"은 "조선족"으로 변경되었다. 성보다 작고 현보다 크며, 길림성의 영도를 받고 있는 이 자치지구의 정식명칭은 "연변조선족자치주"가 된 것이다.

그런데 한번 생각해보라! 연변조선민족자치구가 성립한 1952년 9월 3일은 한국전쟁이 최후의 고비를 넘기고 있었던 시점이기도 했다. 백마고지 등의 고지탈환을 놓고 치열한 공방전으로 능선의 주인이 수 없이 바뀌고 있었던 시점이기도 했다. 중국에서는 6·25전쟁을 "항미원조抗美援朝"라고 부른다.

연변조선족자치구성립 경축대회에서 연설하는 주덕해

미국의 침략에 항거하여 조선민주주의인민공화국의 해방전쟁을 지원한다는 뜻이다. 그렇다면 연변의 동포들은 어떠한 행동을 취해야 했을까? 당연히 중공군으로 한국전쟁에 참여했을 것이다.

1951년 4월 17일, 연변 각계 인민대표회의에서 항미원조 연변분회를 설립하였고 실제운동으로 항미원조를 지원하였던 것이다. 연변전원공서에서는 1,000여명의 여성간호원을 양성하여 한국전쟁에 파견하였다. 그리고 애국헌납운동을 전개하여 97억여원을 모금, 비행기 6대 반을 살 수 있었다. 2만여명의 이곳 조선족 동포들이 항미원조전쟁에 참가하였고 8천여명이 목숨을 잃었다. 당시 북한의 최용건과 같은 거물이 연변을 직접 방문하였던 것이다. 여기 연변열사능에는 항일투쟁시기, 국내해방전쟁시기, 항미원조시기의 3대에 걸치는 열사비군이 모셔져 있는 것이다. 내가 만약 6·25 참전용사라고 한다면 여기 열사능을 바라보는 감회가 어떠할 것인가? 동포끼리 총부리를 겨누는 그 피눈물로 뒤범벅된 이 민족사의 회한을 어디에 호소할 것인가?

이토록 치열하게, 자기 인생에 구비치는 파란만장한 역사의 물결을 충실하게 헤치고 나아간 주덕해의 최후는 너무도 비참한 것이었다. 문혁의 홍위병들은 연변자치주의 가장 위대한 거물인 주덕해를 타도하지 않으면 도무지 "혁명"을 완수할 수 없다고 생각한 것 같다. 주덕해는 아무리 트집잡으려 해도 트집잡을 건덕지가 없는 인물이었다. 그러므로 그에 대한 비난이(주덕해서기를 겨냥한 엉터리 대자보) 쏟아지면 주변의 양심적 인물들은 그를 옹호하는 발언을 했다. 그러면 그런 인물들이 먼저 타도의 대상이 됐다. "주덕해를 타도하고 전 연변을 해방하자"라는 구호가 난무하였다. 주덕해는 조리돌림을 당하고 감금을 당하면서도, 이 홍위병의 난동으로 인하여 조선민족지간에 분열이 생겨서는 아니되며 령도간부들이 한편으로 치우치는 발언을 하지 말 것을 당부했다.

주덕해의 감금소식에 중앙에서 우려를 표시한 사람은 다름아닌 주은래총리였다. 진실로 주은래의 도움이 아니었으면 주덕해는 비참하게 길거리에서 얻어맞아 죽었을 것이다. 주은래총리가 문화대혁명의 소란 중에서 노간부와 군대내의 장군들과 소수민족영도자들을 보호하려는 노력을 기울이는 모습은 찰스 디킨스의 역사소설 『두 도시 이야기*A Tale of Two Cities*』 속에 나오는 시드니 칼튼Sydney Carton의 모습을 연상시킨다. 주은래는 진실로 유일한 양심이었고 양식이었고 합리적 조정자였다. 주은래는 연변군관회의에 주덕해를 연변에서 빼내어 북경으로 이송할 것을 지시하였으며 비밀을 엄수할 것을 요구하였다.

1967년 4월 18일 밤 비밀리에 가족과 작별인사를 하고 북경행 특별열차에 오른다. 그 뒤 "문혁"시기에 주덕해 집물건을 전시했는데 큰 딸이 그곳을 가 보았다. 그 물건들은 모두 "제1백화상점"에서 꺼집어 내온 것들이었다.

북경으로 올라간 주덕해는 북경중앙직속기관초대소에 들어갔는데 이곳은 주은래가 노간부를 보호하는 비밀장소였다. 그러나 결국 이 초대소도 홍위병들에 의하여 습격당하고 만다. 주덕해는 7명의 노간부와 함께 "2·7차량공장"으로 재배치되었다. 주덕해는 이곳에서 독한 엽초를 피우면서 혹독한 노동을 한다. 기관차 배수 발브덮개를 수공으로 깎는 일에 종사했다. 그리고 1969년 9월에는 결국 호북성 무한 장옥령(이선념李先念이 유격전을 벌이던 곳) 부근에 있는 53농장으로 배치된다. 그곳에서 주덕해는 비지땀을 흘리면서 서서히 추위와 더위와 배고픔을 견디었다. 그리고 서서히 죽어갔다. 호북성 무한 53농장에서 유물로 회색중산복 한벌을 이 세상에 남기고 눈을 감지 못한 채 61세를 일기로 영면하였다. 1972년 7월 3일 저녁 9시 10분이었다. 그의 유서에는 단 한마디가 적혀있었다: "저는 연변에 돌아가겠습니다."

농민과 담소하는 주덕해. 인정이 넘치는 그의 얼굴을 보라! 그는 진정한 인민의 "지도자"였다.

연변지역 조선족의 삶의 역사를 알기 위해서는 빼놓을 수 없는 자료, 『중국조선민족발자취총서』 전 8권. 이 책에 수록된 몇 개의 옛 사진 자료는 이 『총서』와 『주덕해평전』에서 왔다. 1996년부터 발간되기 시작했는데 이 총서의 편집자로서 많은 이름이 올라 있지만, 실제로 가장 큰 공헌을 한 사람은 박창욱과 반룡해이다. 반룡해는 연대 마정학원 반창화 교수의 부친이다.

나는 수상시장 탄쯔에서 또 하나의 고귀한 서적을 발견했다. 『중국조선민족발자취총서』라는 8권 1세트의 전집인데, 조선족의 역사와 관련된 모든 사람들의 생생한 증언이 담겨져 있어 사료적 가치가 높은 책이었다. 그런데 가격이 너무 비쌌다. 500위앤을 달라고 한다. 우리나라 헌책방가격과 별 차이가 없었다. 그래서 350위앤만 하자고 했더니 탄쯔 주인이 막 화를 내는 것이다. 이 8권 한 세트 채우느라고 몇년을 고생했다고 하면서 절대 팔지 않겠다고, 빨리 가라고 손을 휘젓는 것이다. 동북조선민족의 역사를 고대·청말로부터(300년의 역사를 지닌 박씨골이야기 등등), 1980년대의 개혁·개방의 시기에 이르기까지 낱낱이 기록한 이 전집을 그대로 두고 갈 내가 아니라는 것을 훤히 꿰뚫어보고 있는 것 같았다. 8권의 제목은 다음과 같다. 1) 개척 2) 불씨 3) 봉화 4) 결전 5) 승리 6) 창업 7) 풍랑 8) 개혁.

그 탄쯔주인이 하도 쎄게 화를 내면서 소리를 버럭버럭 지르길래 사실 나는 좀 기가 죽었다. 저 8권 세트를 다 모으느라고 얼마나 고생을 했겠는가 하고, 그 사람의 책에 대한 애착에 대해 경외심이 생기는 것 같기도 했다. 결국 많이 깎지도 못했고 『주덕해평전』과 한두 권의 책을 더해서 500위앤에 샀다. 수상시장의 상인들은 큰소리치는 것이 장땡이라는 버릇이 있는 것 같다. 며칠 후에 가보니 8권 세트 『발자취총서』가 또 있었다. 내가 결국 그 친구 구라에 넘어간 것이다. 그러나 『총서』를 산 것에 관해서는 후회가 없다.

　내가 연변에 와서 바로 초기에 기초물품을 구입하느라고 백화점을 들낙거리는데 눈에 띄인 물건이 하나 있었다. 나는 하루종일 앉아서 글을 쓰는 사람이기 때문에 아랫도리가 시려운 것을 못견딘다. 한국에서는 뜨거운 온돌 바닥에 보온메리 속바지를 입으면 별 걱정이 없다. 그러나 여기는 워낙 추운데다가 난방이 온돌이 아니라 아랫도리가 시려울 수밖에 없다. 그런데 그것을 해결할 수 있는 위대한 물건이 있는 것을 발견했다. 캐쉬미어 실로 직조한 아랫도리 내의內褲인데 실로 그 제품의 질이 고급스러웠다. 몸에 짝 붙고 겉에다 바지를 입어도 전혀 드러나지 않는 제품이었는데 가볍고 포근하면서도 타이트했다. 하여튼 한국에서는 도저히 살 수 없는, 귀족 제품이었다. 그런데 제품 가격이 3,690위앤으로 붙어 있으니 보통 비싼 것이 아니다. 나는 그것을 2,790위앤에 할인해서 샀다. 회색계열이었는데 나는 그것을 사고나서 너무도 흐뭇해했다.

　그런데 수상시장에서 놀라운 사실을 하나 발견했다. 어느 리야카에서 팔고 있는 거의 동일한 수준의 제품을 발견한 것이다. 캐쉬미어를 여기서는 "양융洋絨"이라 말하는데 백화점 제품은 양융이 98%였지만, 여기 시장제품은 양융이 65%였다. 그렇지만 나머지 35%가 양모羊毛였기 때문에 거의 화학섬유가 섞이지 않은 순결한 자연제품이었으며 그 만든 품새가 매우 고급스러웠다. 그런데 그 제품의 가격이 89위앤인 것이다. 백화점제품가격의 30분의 1도 채 되지 않는 것이다. 가격차이가 심해도 너무 심했다. 나는 지체없이 수상시장 제품을 89위앤에 하나 샀다. 이 날은 더 욕먹기가 싫어서 깎지도 않고 샀다.

도올의 중국일기_1

2014년 7월 5일 상해희극학원에서 열린 제20차 인류공연예술학국제대회 Performance Studies International Conference. 뉴욕대학에서 시작되어 20년의 세월 동안 권위를 유지해왔는데 요번에도 공연예술에 관계된 다양한 분야의 학자들이 800명 이상 모였다. 나는 이 국제대회의 개막주제강연을 했다. 그 강연고는 우리나라 국악계의 가장 권위 있는 잡지 『라라』(통권 제16호. 2015년 1월. 편집장 유춘오)에 실렸다(www.lara.kr).

동일한 물건에 가격차이가 30:1이 되는 사회, 이것이 현재 중국의 과도기적 모습이다. 우리도 당연히 이런 시기를 거쳐왔다. 그러나 나는 백화점에서 30배 이상을 주고 산 물건이나, 시장에서 산 물건에 대하여 유감이 없었다. 그 나름대로 다 그럴만한 이유가 있는 물건이었다. 시장에서 산 털옷을 그냥 입을 수 없어 미지근한 물에 액체비누를 조금만 타서 살살 흔들어 탈수기에 말려서 햇빛에 널었는데, 역시 완벽한 유기적 제품이었고 그 포근한 느낌이 최상품에 가까웠다. 올 겨울 아랫도리에 관해서는 공포감이 사라졌다. 이제 진냥 공부만 하면 된다.

최근 나는 상해희극학원 제20회 인류표연학국제대회人類表演學國際大會에서 발표한 주제강연논문, "몸과 예술Interpretation of Body(mom) in Chinese Cosmology and its Relation to Art"를 중역中譯했다. 원문이 영어로 된 것인데 내용이 워낙 함축적이라서 번역하기 힘든 문장이다. 초역은 대민에 있는 나의 친구 주 리시朱立熙가 했고, 나와 내 아내가 매우 세심한 교정을 했다. 그것을 중국의 지성계를 대변하는 잡지,『문화종횡文化縱橫』의 편집장에게 보냈다. 오늘 편집장 위 성횡余盛峰에게서 늑달같이 전화가 왔다. 내가 보낸 논문을 받자마자 심취하여 세번 정독했다고 했다. 그것은 A4사이즈에 가득 타자하여 8장이나 되는 긴 논문인데 그렇게 읽어준다는 것이 너무도 고맙다. 중국의 지성계는 대체적으로 빈약하지만 감격과 성의와 향심向心이 살아있다. 내 논문을 읽고 너무도 큰 계발을 받았다고 했다.『문화종횡』게재는 문제가 없으며 자기네 잡지를 잊지 않고 원고를 보내준 것에 감사하다고 정중한 인사를 했다.

한국은 이미 "잡지문화"가 사라졌다.『사상계』나 옛날의『신동아』와 같은,

지성적이면서도 대중적인 잡지가 성립하지 못하는 문화가 되어버린 것이다. 빌 게이츠니 스티브 잡스니 하는 사람들이 그런 문화를 만들었다고는 하지만 나는 그런 문화양식의 변화를 감격스럽게 받아들이지 않는다. 빌이나 스티브 같은 사람들은 결코 예찬의 대상이 될 수 없다. 인류의 역사를 퇴보시킨 죄인일 수도 있다. 지금 우리나라에서 내가 글을 투고할만한 시사잡지성격의 매체가 『프레시안』 정도일 것이지만, 그것도 전자매체래서 글의 생명력을 보장하는 지속성을 결하고 있다. 결국 하루아침에 바뀌고 마는 글이 될 뿐이라면 "음미–계발–지속–실천"등의 대상이 될 수 없다. 종이는 아름다운 것이다. 종이 위에 새겨진 글씨에 닿는 나의 시선, 그것은 나의 생명의 일부가 되어 나의 내면으로 돌아온다. 『해피투데이』는 작은 잡지라도 과거 종이잡지의 정통의 맥을 잇고 있다. 중국의 『문화종횡』은 참 고급스러운 잡지인데 공산당의 재정적 지원으로 유지되고 있다. 내 글이 그곳에 실리면 많은 지사들이 내 글을 음미하게 될 것이다. 이런 일들이 그나마 내가 연변에 살고 있고 보람이라면 보람이 될까?

북경교통대학 시아 하이산夏海山교수로부터 전화가 왔다. 11월에 나의 대강연을 초치하겠다는 것이다. 11월 중순에는 뻬이징에 갈 수 있을 것 같다.

10월 1일, 수요일. 너무도 아름다운 날씨

이날 부로 나는 도서관에서 나의 자리를 철수했다. 더이상 춥고 썰렁하여 도서관에서 공부할 수 있을 것 같지를 않기 때문이다. 나는 앉어버릇하는 자리에 계속 앉고 싶어서 방석과 책 한권과 잉크병 하나를 계속 놓아 두곤 했는데, 고맙게 청소하는 아줌마들도 치우지 않았고, 학생들도 내 물건을 가져가지 않았다. 연변의 젊은이들은 정직한 것 같다.

오늘 9월 3일 내가 왔던 같은 OZ351편으로 나의 "환인–집안 고구려기행"에 참가하기 위하여 나의 제자 5명과 아내의 막내동생 최무영교수부부 2명, 도합 7명이 연길공항에 내렸다. 나의 고구려기행은 원래 내가 기획했던 것이 아니고 마정학원 방호범원장이 기획한 것이다. 긴 명절기간 동안, 수업도 없고하니, 마정학원 원장의 입장에서 집안集安에 한번 모시겠다고 했던 것이다. 그렇다면 학교에서 보조금이 나올 수 있는 범위도 극히 제한되고 답사여행 자체가 매우 소극적인 관광이 되고 만다. 그러나 나는 집안기행이야말로 내 인생을 혁명시키고도 남을 거대한 사건이 될 것이라는 것을 직감했다. 그러기 때문에 나는 진짜 프로페셔날한 답사를 원했다.

나는 내 두발로 걸어다니며 EBS한국독립운동사 다큐멘타리 10부작을 만들어 본 경력이 있는 사람이다. 전문가적인 여행은 매우 세심한 사전답사와 지식과 특별한 시간 안배를 필요로 한다. 나는 이 여행을 위해 카메라 니콘 D610과 AF-S Nikkor 28-300㎜ 렌즈를 샀다. 전문가들은 와이드부터 거대망원이 하나로 압축된 이런 렌즈를 깔보겠지만, 니콘 신형렌즈는 진실로 걸작이라고 말해야 한다. 나는 대학교 때 평화봉사단으로부터 선물받은 Nikon F를 가지고 있었다. 우리나라에서 1960년대에 거대한 덩치의 니콘F를 가지고 있었던 사람은 몇 사람이 없었다.

나는 니콘과 매우 정이 들었다. 그뒤로 디지털 카메라가 판을 치면서 올림푸스를 가지고 있다가 캐논으로 바꾸었다. 그러나 나는 이상하게 캐논과 정이 들지 않았다. 요번에 제 위치 니콘으로 회복했는데, 역시 니콘은 나의 고향이라는 생각이 든다. 제한된 시간에 빠른 행보로 많은 영상을 획득할려면 와이드로부터 망원기능이 하나로 된 카메라를 활용할 수밖에 없다. 그런데 이런 카메라가 밝지 못한게 흠인데, 니콘 신형은 밝고 섬세하다. 망원렌즈를 갈아 끼는 시간에 고귀한 절호의 순간들을 유실하는 안타까움을 방지하기 위해서는 28-300㎜ 렌즈는 최적이다.

그리고 카메라 영상은 새벽부터 아침까지의 싱그러움을 담지못하면 날카로운 자연의 기운을 포착할 길이 없다. 영상을 위해서는 새벽부터 움직여야 한다. 오전 11시만 지나도 태양의 빛은 섬세함을 상실한다. 그것은 마치 빙수가 녹아 뭉그러지는 것과도 같다. 이런 여행을 감행하기 위해서는 우선 새벽부터 저녁시간까지 식당 식사 없이 부지런히 뛰어다녀야 한다. 한가하게 잡담하고 점심 먹느라고 궁둥이가 무거워지면 맥주한잔에 하루가 종을 땡치고 만다. 이런 여행은 보통 사람은 상상을 하기가 어렵다. 선방禪房이야기로 말하자면 용맹정진이고 군대이야기로 말하자면 완전군장 천리행군이다. 이런 여행을 하기 위해서는 사전에 충분한 체력을 비축해놓아야 하고, 여행 중에도 주색에 잠시라도 탐하면 빵꾸가 난다. 이런 여행을 하고 나면 보통 몇 킬로의 체중이 날아가는 것은 다반사이다.

그래서 나는 방호범원장에게 여행의 주체를 바꾸자고 했다. 내가 주체가 되어 방원장을 모시겠으니, 방원장은 원래 일이 많으신 분이니까, 편하게 호텔에서 쉬면서 연길에서 못다한 공무를 처리하면 될 것이라 했다. 그대신 일체 비용을 내가 대겠다고 했다. 여행사 주선만 해달라고 했다. 나는 후즈닷컴Hooz.com 영상팀과 통나무출판팀을 불렀다. 그런데 아내의 막내동생인 최무영교수가 이번 여행에 꼭 동참하고 싶다고 신청을 들이밀어서 내가 허락했다. 중고시절부터 내가 쭉 지켜본 최무영은 나의 처남이기 전에 우리 역사에 보기드문 천재라 해야 할 것이다. 과외공부 하나 안하고도 옛 경기에서 줄곧 일등만을 독차지했던 그는 단지 성적이 우수하다는 그런 사실만으로 천재반열에 드는 그런 인물이 아니다.

언젠가 조순선생께서 율곡선생이야기를 하시면서, "아 글쎄 천재라고 하지만, 천재라 칭하는 인간들 중에서도 등급이 천차만별이야!"라고 일갈하셨던 말씀이 생각이 난다. 머리좋은 천재는 많다. 그러나 그 머리를 어디에 어떻게 쓰는가? 그 머리좋음이 인간세에 과연 어떤 가치를 구성하는가, 그런 천재의 가치 사다리는 서열이 매우 복잡해질 수밖에 없다. 최무영은 내가 아는 한에 있어서, 후마니타스의 기본을 획득한 통재적 인물로서 과학적 통찰을 사회적 가치와 예술로 승화시키고 있는 인물이라 할 것이다. 그의 이론물리학은 지금 생명현상과 복잡계이론에까지 진출해 있지만 나는 그의 물리학은 인간학philosophical anthropology이라 말하고 싶다.

　그래서 요번 여행은 후즈닷컴팀, 통나무팀, 연변대학팀, 물리학자, 인문지리학자, 철학자, 언어학자 16명으로 구성된 대부대가 되고 말았다. 나는 여행사에 최고급 관광뻐스를 부탁했다. 그리고 편한 호텔예약을 요청했다. 대강 비용을 계산해보니 5만위앤은 족히 들었다. 우리 돈으로 계산해도 800만원이 넘는 것이다. 이것도 일체 한중간 비행기요금을 뺀 가격이다. 그러니까 중국인들이 중국에서 국내여행하는 비용도 만만치가 않다는 얘기다. 중국이 물가가 싼 곳이라고 우리가 내려다 보았던, 문화혁명 때문에 중국인민전체가 허리를 졸라매었던 그 시절은 이미 요순시절이라는 얘기다. 아마도 단군이래 우리 세대만이 잠깐 중국을 내려다 볼 수 있었던 유일한 세대가 아닌가, 그렇게 생각한다.

　한국에서 온 7명과 여기 있는 기존의 팀들과 합석해서 신왕부반점新王府飯店이라고 뻬이징카오야北京烤鴨로 유명한 집에서 정경일鄭京日교수와 함께 점심식사를 했다. 식사비용이 천위앤 정도 하니깐 만만한 가격은 아니다. 하여튼 정교수와 앉아서 식사를 하면서 환인―집안지역의 고구려유적의 현황에 대한 브리핑을 들었다. 정교수는 학술회의 논문발표준비로 한신대답사팀에도 우리팀에도 합류할 수가 없었다. 대신 우리에게 매우 귀중한 정보들을 제공해 주었다. 그리고 집안지역의 지리에 능통한 그 지역 토백이 노인 한 분을 소개해주었다. 이춘호李春浩라는 사람인데 그 분만 있으면 집안의 모든 형편이 풀려나갈 것이라 했다. 몇몇의 유적을 제외하고는 팻말도 없고 입구도 알수 없는 채 방치되어 있기 때문에, 전문지식가의 안내가 없으면 장소를 찾다가 시간을 다 허비하고 방황하게 된다는 것이다. 이춘호씨는 공안하고도 친하니깐, 무슨일이 발생해도 오해없이 풀릴 것이라 했다.

어쨌든 결과적으로 이상적인 안배가 된 셈이다. 정경일교수와도 같은 전문가와 같이 가면 자세한 설명도 듣고 배우는 것이 많겠지만 그만큼 "느낌의 자율성the autonomy of Feeling"이 축소될 수도 있다. 느낌이란 주체적이고 오리지날할 수록 좋다. 느낌이란 자유로운 상상의 바다로 던져지는 것이 좋다. 무지無知 속으로 나를 던지는 것이다. 나는 평생을 광개토대왕비와 더불어 같이 살아왔다. 나는 고대철학과 재학시에 이름을 별로 들어본 적이 없는 어느 한학자가 광개토대왕비 전문을 빈칸없이 복원하여 자기 나름대로 완벽하게 해석해낸 재미있는 책을 한권 샀다. 지금도 나의 서가 어디엔가 쑤셔박혀 있을 터이지만 지금 나는 나의 자료를 만질 수 없는 동북에 있는지라, 희미한 기억만 있다. 그러나 그런 정통 스칼라십에서 벗어난 책일 수록 재미난 상상력을 유발할 수도 있다.

그 뒤로 내가 고대철학과 4학년일 때 공주 송산에 있는 무령왕릉이 발굴되어 고대사에 대한 신선한 관심을 촉발시켰다. 그리고 그 뒤로 내가 대만에 유학하고 있을 때 마왕 뛔이 무덤의 발굴소식을 어렴풋이 들었다. 그리고 일본에 유학하면서 마왕 뛔이 자료를 샀고, 또 이진희李進熙선생의 요시카와 코오분칸吉川弘文館에서 나온 『광개토대왕릉비의 연구廣開土大王王陵碑の硏究』(1974년 10월 초판)를 사서 샅샅이 읽었다. 나는 이진희의 연구서의 치밀한

탁본비교론에 매료되면서도, 이진희가 비문 그
자체의 해석에 진입하지 못하고 있다는 사실과 또
탁본만을 비교할 것이 아니라 지금이라도 당장 실
물을 놓고 검증해야만 옳다는 아쉬움과 답답함이
가슴에서 들끓어 올랐다. 당시 문혁의 소용돌이
속에 중국대륙은 금단의 동토로 꽁꽁 닫혀있었다.
지금도 나의 관념속의 집안集安은 너무도 먼, 너무
도 현묘玄妙한 신화의 공간이다. 그곳을 직접 내 두
눈과 두 발로 가서 보고 만져볼 수 있다는 감격은

오랫동안 그리워하던 연인과의 상봉보다도 더 풍요로운 감정을 나의 의식
세계에 유발시킬 수 있는 것이다.

정교수는 말했다:

"광개토대왕비는 AD 414년 갑인甲寅년에 건립되었습니다. 그 건립
된 그 자리에 1mm의 이동도 없이 그 모습대로 서 있습니다. 올 해가
정확하게 그 비가 탄생된지 1600년을 맞이하는 해입니다. 1600주년
을 맞이하는 그 자리에 도올선생님과 이 정도의 학자·전문가군이 그
자리를 찾아간다는 것은 특별한 의미가 있습니다. 환인·집안의 유적
은 여러분들께서 몸으로 확인할 수 있는 우리 고대사의 진실한 현장
입니다. 그런데 우리는 암암리 고대사를 신라중심으로 이해하는데 너
무 익숙해 있습니다. 그러나 고구려는 남쪽의 역사와는 스케일이 너
무 다릅니다. 근본적으로 다른 시공의 감각을 여러분께 제공할 것입
니다. 유적만 보지 마시고, 주변의 산하山河를 같이 보십시요. 그리고
비록 오늘 전혀 다른 사람들이 살고 있다고 할지라도 그 지역에 사는

사람들의 삶의 현장도 같이 관찰하면서 상상력을 동원해 보십시요. 고구려는 결코 죽어있는 유물의 집합체가 아닙니다. 오늘 여기 우리 가슴에 살아 움직이는 맥박입니다."

나는 얼마 전에 에집트 나일강변으로 여행을 했다. 나그함마디 문서의 현장을 찾아서. 그것도 대략 그 문서가 항아리의 흑암속에 갇혀 사막속에 파묻힌 후 1600년만의 사건이었다. 그 1600년은 역사적 예수의 실체에 접근할 수 있는 기회를 제공하는 무시간적 시간이었다. 그러나 그것은 남의 나라 남의 민족이야기, 서구문명의 뿌리가 우리실존에 강요한 지저분한 신화쓰레기의 청소에 관한 "정지된 시간"이다. 그러나 여기 집안의 1600년은 정지된 시간이 아니다. 유적은 정지해 있었을지 모르지만, 그 전승은 역사의 핏줄을 만들었고 우리 혈관을 구성하였고, 그 혈관을 흐르는 뜨거운 피를 제공하였다. 그것은 정지된 시간이 아니라 우리의 무의식, 혹은 집단무의식, 혹은 아키타입을 지배한 부단히 발전하고 헝크러진 생성의 시간이다. 나는 지금 그 생성의 시간의 홍류속으로 다이빙할 수 있는 순간을 초조하게 기다리고 있는 것이다.

한국가요에 특별한 관심이 있는 최무영교수가 일송정을 가보고 싶다고 했다. 사실 답사일행은 연길부근이나 백두산에 관한 일체의 여로가 취소되었기 때문에 연변지역을 느껴볼 수 있는 기회가 오늘 밖에는 없었다. 마침 마땅한 차편이 없었기 때문에 택시를 세 대를 잡아서 떠났다. 연길에서 용정龍井시내를 통과하여 교외로 나가는데, 현재 행정구역상으로는 그곳은 화룡시和龍市에 속하고 있다. 일송정이 있는 산을 벽암산碧巖山이라고도 하고 비암산琵巖山이라고도 하는데 실제로 푸른 바위나 비파같이 생긴 바위가 있어서 붙여진 이름이 아니고, 이곳에 와서 평강벌·서전벌을 개척한 조선인들이 이 산에 특별히 뱀이 많았기 때문에 "뱜산"(=비암산)이라고 부른데서 그 토속적 우리 말이 전화된 것이다. 사실 이곳에 사는 사람들에게는 이 일송정이나 비암산이 특별히 유명한 곳이 아니다. 『연변조선족자치주지명록』에도 기재되어 있지 않다.

그런데 왜 한국인들이 이곳을 찾는가? 그것은 『선구자』라는 노래가 너무 유명하고 한 때 운동권가요로도 애창되어 그 진실여부를 떠나 아무 것도 모르고 그냥 부르기만 할 때는 그 가사가 주는 느낌이 너무 아득하게 낭만적이며 열렬한 애국심을 불러일으키며, 또 멜로디가 참으로 감동적인 수작이기 때문이다. 『선구자』라는 노래는 윤해영尹海榮, 1909~1956이 작사한 것을 조두남趙斗南, 1912~1984이라는 음악가가 작곡한 것으로 알려졌다. 그런데 조두남은 1932년 이 곡을 작곡할 때 하얼삔의 한 여관에서 윤해영을 만나 가사를 받았는데, 윤해영은 그 뒤로 홀연히 사라져 행방을 알지 못했다고 자술하고 있다. 그런데 최소한 이 자술만은 천프로 만프로 거짓말인 것이 만천하에 드러났다.

윤해영은 함북에서 태어나 연변에서 교사로 근무한 경력이 있는데 그는 1940년대 만주국 관제 단체인 오족협화회五族協和會("오족"이란 일본, 조선, 만주, 몽골, 한족을 지칭한다. 대동아공영권이념의 충실한 구현체였다)의 선전을 담당하던 주요간부였다. 그가 작사한 노래 『아리랑 만주』는 만주국 건국 10주년을 기념한 만선일보의 공모전에서 당선된 작품이며, 위만주국에서 정책적으로 보급한 노래 『낙도만주』 또한 그의 작품이었다. 그가 작사한 노래들의 대부분이 조두남 작곡이었으며 이 둘은 계속해서 같이 활동했던 것이다. 그러니까 두 사람 모두 별 의식없이 일본사람들이 시키는대로 먹고 산 사람들일 뿐이다. 사실 이 지역에서 당시 시인이나 작곡자로서 살아간다는 것이 소규모 유랑극단팔자를 면치 못하는 배고픈 신세이고 보면 뭐 그리 탓할 것도 없겠지만,『선구자』가 너무도 위대한 항일운동가이며 전 민족의 사랑을 받는 "제2의 애국가"의 반열에 오르게 되니깐 뽀로가 나게 마련인 것이다. 예술가는 너무 유명해지면 불리해진다. 윤해영은 해방 후에는 북한으로 가서 또 북한의 토지개혁을 찬양하는 노래를 만들기도 했다. 사실 아무렇게나 굴러먹는 인생인 것이다. 연민을 가지고 보아줄 수는 있으되, 존경을 표할 대상은 아닌 것이다. 용정에서 태어나시고 용정에서 자라나신 문익환 선생께서, 바로 자기 동네를 읊은 노래이건만 절대 이 노래를 부르시지 않았다고 하는 것도 그 유래를 아는 사람들에게는 입에 담고 싶지 않은 사연이 있었던 것이다.

사실 『선구자』는 우리들에게 유명한 노래가 아니었다. 내가 어렸을 때만 해도 전혀 알려지지 않은 노래였다. 『선구자』의 원곡은 『용정의 노래』라는 노래였으며 그 가사도 만주를 떠도는 유랑민의 애환을 표현한 서정적인 노래였다. 그런데 해방 후에 한국에 와서 음악가로서 활동하면서 이 노래를 그럴듯하게 개작한 것이 대힛트를 친 것이다. 조국의 광복을 염원하던 선구자들의 민족기상과는 애초로부터 거리가 먼 노래였다. 이 노래는 1960년대 기독교방송국에서 "정든 우리가곡"이라는 프로그램의 시그널뮤직으로 7년간 사용함으로서 더욱 애창되었던 것이다.

일송정 푸른솔은 늙어 늙어 갔어도
한줄기 해란강은 천년두고 흐른다
지난날 강가에서 말달리던 선구자
지금은 어느곳에 거친꿈이 깊었나

사실 이러한 정서는 전혀 현실성이 없다. 용정에는 일본의 간도총영사관(현재 용정시 인민정부청사로 사용되고 있다)이 있었으며 삼엄하게 통제된 한국인 촌락만 있었다. "강가에서 말달리던 선구자"는 기실 위만주국에서 늠름한 기상을 펴고 말달리던 관동군 장교들 밖에는 없었다. 이들이 만든 『낙토만주』니 하는 괴뢰정부를 찬양하던 가사의 이미지를 전위시킨 것일 수도 있다. "조국을 찾겠노라 맹세하던 선구자"니 하는 가사도 너무 노골적으로 변절을 숨기려는 의도로 각색한 천박한 기운이 흐르는 어감으로 해석될 여지도 있다. 하여튼 쌩피를 본 것은 조두남기념관을 만들려고 했던 마산시였다. 관광자원으로서의 가치도 퇴색했다. 『선구자』는 부르지 않기운동의 대상으로 타락했다.

앞으로 『선구자』는 우리민족에게서 잊혀질 것이다. 그러나 나는 이 노래를 아직도 좋아한다. 아련한 추억이 있고 그 자체로 탁월한 멜로디이기 때문이다. 예술가로서 사는 사람들은 조두남의 삶을 귀감삼아 위선적 둔갑은 하지 말아야 할 것이다. 사실 이런 문제는 모든 지식인들에게 끊임없는 반추의 대상이 되어야 한다.

그런데 중국대륙 또한 질병을 앓고 있다. 한국사람들이 이곳을 많이 찾으니까, 이곳에 호텔같은 숙박시설을 지으려 했는데 그 시설이 짓다말고 방기된 채 흉물로 남아있었다. 그런데 최근 또 어떤 업자가 불하를 맡은 모양이다. 일송정까지 올라가는 길에 계단을 만들고 흉물 뼈대를 다시 살리는 공사를 하고 있었다. 공사장 감독이 큰 훈장을 차기라도 한 것처럼 큰 소리로 떵떵거리면서 여기 접근 못한다고 되돌아가라고 엄포를 놓는 것이다. 방법이 없었다. 그래서 벽암산을 지나 평강벌平崗로 갔다. 평강벌은 조선인들이 논농사를

개척한 너른 평원인데 그 한가운데를 해란강海蘭江이 굽이친다. 무영군은 해
란강을 꼭 한번 손으로 만져보고 싶다고 했다. 조선인 아낙들이 빨래하던 그
풍요로운 하천의 모습을 연상했을 것이다. 나의 장인이 평북 신의주사람이고
대륙을 왕래한 사람이기 때문에 무영이는 아버지의 배영背影을 느껴보고 싶
었을 지도 모른다. 평강벌을 가로지르는 길을 어렵게 찾아 해란강에 도착했
을 때 우리는 또다시 경악했다. 물이 다 말라버렸고, 한국의 4대강공사와 같

은 큰 공사가 한참 진척중이었다. 지구상 어디든지 낭만이라는 낭만은 다 사라지고 있다. 황혼의 평강벌에 굽이치는 황금 벼이삭 들판위에 우뚝솟은 비암산을 바라보며 이곳을 개척한 선현들에게 묵념 한순간, 씁쓸하게 일송정을 뒤로했다.

왼쪽이 비암산 일송정이다. 광활한 평야는 서전벌 전경이다. 오른쪽에 보면 평강벌을 흘러나온 해란강이 굽이 치고 그 주변으로 도시가 보이는데 그것이 바로 용정이다. 저 멀리 지평선 중앙에 솟아있는 삿갓 같은 산이 앞에서 소개된 모아산이다. 모아산 너머가 연길이다. 이 사진은 2005년 5월 24일 촬영한 것이다.

— 흥미진진한 고구려기행이 제2권에 계속됩니다 —

도올의 중국일기 제1권
Doh-ol's Diary in China

2015년 10월 3일 초판 발행
2015년 12월 10일 1판 3쇄

지은이 도올 김용옥
펴낸이 남호섭
편집책임 김인혜
편집·사진 임진권
편집·제작 오성룡, 신수기
표지디자인 박현택
인쇄판출력 발해
라미네이팅 금성L&S
인쇄 봉덕인쇄
제책 제일문화사
펴낸곳 통나무

주소: 서울시 종로구 동숭동 199-27
전화: (02) 744-7992
팩스: (02) 762-8520
출판등록 1989. 11. 3. 제1-970호
값 19,000원

ISBN 978-89-8264-451-1 (04910)
ISBN 978-89-8264-450-4 (세 트)